近世大名墓の新視点3

近世大名家墓の形成と背景

刊行にあたって

近世大名墓所の考古学的調査は、一九四五年五月の「戦災で廃墟となった増上寺徳川将軍墓の改葬」に伴う調査が一九五八〜六〇年の工事に伴って実施され、さらに、一九四五年七月に「戦災で失われた仙台経ケ峯の伊達家墓所の再建」に伴う発掘調査が一九七四年〜八一年に実施された。一九四五年に戦災によって失われた徳川将軍家（増上寺）と仙台藩主伊達三代藩主の霊廟跡の調査は、近世大名墓所を考古学の方法で調査した嚆矢例であり、以降、各地で大名家墓所の改葬・修築に伴う調査例が見られるようになった。

個々の調査例は、考古学をはじめ歴史学界の耳目を引き、近世大名家の豪壮華麗な実相の片鱗が考古学的資料の顕現により知られるようになっていった。一方、近世考古学の重要性が認識され、近世考古学が俄に注目されるようになった。その動きに呼応して二〇一一年に大名墓研究会（中井 均 会長）が設立された。以降一〇年間に、一〇回の研究会を開催、研究集会の資料一〇冊の編集と刊行、二冊の論文集（『近世大名墓の成立』二〇一四、『近世大名墓の展開』二〇二〇）を編んで、大名墓の考古学的調査と研究を先導して大きな成果を挙げた。

他方、近世大名の関係墓所の考古学的調査を実施してきた石造文化財調査研究所（松原典明 代表）は、大名墓研究会の活動と並走して近世大名墓を汎全国的に視野のもと『近世大名墓要覧』（二〇一〇）を編み、『近世大名葬制の基礎的研究』（二〇一八）などを世に問うてきた。そして大名墓研究会の休止の状況に鑑み、新たに「近世大名墓の新視点」シリーズを編集する意図のもと、すでに『墓からみた近世社会』（二〇二一）『近世大名の葬制と社会』（二〇二一）を刊行した。

この度、如上の動向を踏まえて『近世大名家 墓の形成と背景』を編むことになった。既刊の二冊と同様に多くの識者の協力を得ることが出来たのは幸甚であった。

近世大名墓所の研究は、徳川将軍を頂点とした武家階層によるヒエラルヒーの時代を対象とする。将軍のもと整然とした中央の政治組織のもと地方の直轄支配が確立し、武家諸法度・禁中並公家諸法度・寺院諸法度の制度は、農民階層に対する検地・五人組制度・寺請制の浸透完遂による幕藩体制の展開でもあった。

その宗教政策は諸寺院法度の制定により仏教の国教化の方向を示したため、宗教儀礼は仏教的規範を主体に行われるのを旨としていた。それは葬墓儀礼にも当然及んでいたものと推考され、事実その展開は記録・文献類に認められている。かかる仏教の国教化において礼を尊ぶ儒家思想は古来の神道思想とともに武家の間に伏流として流布していた。

近世における葬制・造墓のあり方に、それが果して反映されているか否か。墓の実態・造墓の実相を考古学的調査により資料の分析によって検討することも問題提起となるであろう。形而下のモノから形而上のコトを考える方法の検討が求められるのは当然である。

近世の葬墓のあり方を考古学の方法で考えていく場合、このような視点を無視することは出来ないであろう。問題提起の一つの方策は、対象資・史料の個々の調査であり、その検討である。大名家とその家臣諸家の「墓」資料には問題解決の端緒を読み取ることが出来る筈である。それは、文献史料（記録）であり考古学資料（墓）であり、その総括検討である。家臣の葬儀は、藩主のそれと軌を一にしていることが支配的であろう。菩提寺院との相関紐帯も等閑視することも出来ない。そこには皮相を超越した実相を把握し得る可能性に豊んだモノがあり、コトの姿が理解される。

『近世大名家 墓の形成と背景』は、執筆諸氏のユニークな方法論が対象事例を通して沈潜している主旨を容易に察することが出来るであろう。一つの試みと言えようか。

二〇二四年一月

立正大学特別栄誉教授　坂詰秀一

近世大名家 墓の形成と背景

刊行にあたって　坂詰秀一

Ⅰ　大名家の葬制と親族形成

上総国久留里藩主黒田家と旗本中山家の墓所について　村上達哉　1
加賀藩主前田家の死と埋葬　北脇義友　35
近世京極家の祖先祭祀と墓所造営　松原典明　60
美作国津山藩主森家・松平家の墓所・菩提寺について　乾　貴子　89
熊本藩細川家墓所成立考
―国元墓所空間形成過程の再検討―　下高大輔　125

Ⅱ　儒者の葬制

幕府儒官・医官人見家の墓制について　阿南大輔　157

Ⅲ　東アジア研究への視点

朝鮮王朝加封胎室石物における蓮葉図像に関する研究　金　炳完　189

近世日本の「胞衣納め」と葬制　松原典明　211

Ⅳ　大名墓研究と学際的研究の連携

遺骸と科学分析 2
―沖縄県南城市神座原古墓群の人骨分析から―　水野文月　松下真実　235

あとがき　264

執筆者紹介　270

I

大名家の葬制と親族形成

村上達哉
北脇義友
松原典明
乾　貴子
下高大輔

上総国久留里藩主黒田家と旗本中山家の墓所について

村上達哉

一　中山氏・黒田氏と能仁寺

中山氏は「武蔵七党」と総称される中小規模の武士団の一つ、丹党の武士である加治氏の庶家であり、その子孫が現在の飯能市中山を本貫地とし中山氏を名乗った。明治九年（一八七六）に中山信実《のぶざね》が明治政府に提出した「中山家譜」によると、中山姓を名乗るようになったのは家勝《いえかつ》の時とされ、はじめ山内上杉氏に属していたが、その後、後北条氏の属将になったとある。[1] その息子の家範《いえのり》も後北条氏に属し、八王子城で戦ったが落城に際し自害している。

中山家範には息子がおり、長男が照守《てるもり》、次男が信吉《のぶよし》（水戸藩付家老中山家初代）である。照守について「寛政重修諸家譜」[2]は「天正十八年小田原城没落の後加治の郷に潜居す。八月東照宮父が忠死を御感あり。弟信吉とともにめされて拝謁し御家人に列し」と記している。照守の跡を継いだ直定《なおさだ》の二男が直張《なおはる》であり、「寛政重脩諸家譜」によると正保二年（一六四五）、一二歳の時に父直定の遺跡のうち五〇〇石を兄直守《なおもり》から分け与えられた（図1）。以後、本稿では照守を初代とする系統を「照守系中山家」、直張を初代とする系統を「直張系中山家」とし、双方について触れる場合には「両中山家」と記す。直張は上野国館林藩家老である黒田用綱《もちつな》の娘を正室に迎えたが、その三男が直重（後の黒田直邦）である。直重は外祖父の用綱に養われ黒田姓を名乗り、江戸の神田にあった館林藩上屋敷にて徳川徳松（江戸幕府第五代将軍徳川綱吉長男）に近侍した。天和三年（一六八三）に小普請となってから以降も出世を重ね、ついには元禄一六年（一七〇三）常陸国下館藩主（一五〇〇〇石）となった。享保一七年（一七三二）には上野国沼田藩主（三〇〇〇〇石）となり、その頃には飯能・中山をはじめとする現飯能市域の一五ヶ村が黒田領に加えられていた。直邦没後、二代直純は国替えを命じられる。上総国久留里《くるり》藩主となり、以後黒田家は久留里藩主として代を重ね、幕末を迎えることとなる（図2）。

旗本である両中山家と久留里藩主黒田家が菩提寺としたのが、現飯能市大字飯能、天覧山《てんらんざん》南麓に所在する曹洞宗の寺院、武陽山能仁寺《ぶようさんのうにんじ》である。能仁寺は黒田直邦が宝永三年（一七〇六）に記した『武州能仁寺記』によると、中山家範が、父家勝の冥福を祈って創建したとある。直邦は宝永七年（一七一〇）には「能仁寺鐘銘并序」において、家勝が萬年寺の僧斧屋文達《ふおくぶんたつ》を招いて創建したとも記しており、近世中頃にはすでに創建に至る経緯が定かではなかった[3]。

浅見徳男氏はそれぞれの没年、すなわち家勝（天正元年〈一五七三〉没）・家範（天正一八年〈一五九〇〉没、享年四三歳）・斧屋文達（弘治三年〈一五五七〉没、享年五六歳）及び活躍した年代から、能仁寺の創建を一六世紀半ば頃と推定している[4]。坂口和子氏も創建年代について同様の指摘をした上で、創建の経緯について、家勝が斧屋文達を招き禅道場として結んだ庵を、息子の家範が能仁寺として完成させたと推測している[5]。

能仁寺の再建は宝永三年（一七〇六）一月に始まり四月に落慶するが、同年四月一五日、すでに下館藩主

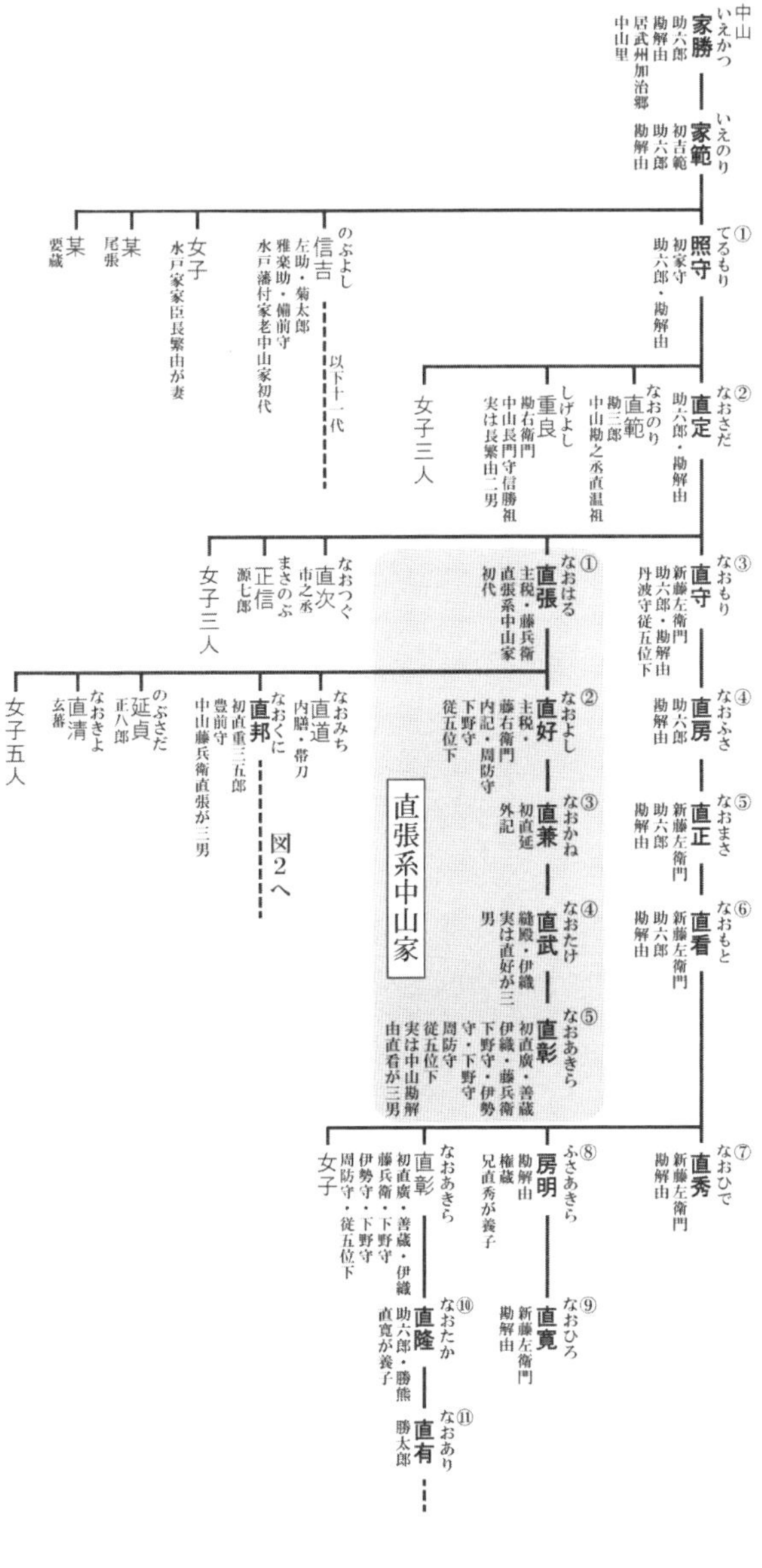

中山 いえかつ 家勝 助六郎 勘解由 居武州加治郷 中山里
いえのり 家範 初吉範 助六郎 勘解由
①てるもり 照守 初家守 助六郎・勘解由
のぶよし 信吉 左助・菊太郎 雅楽助・備前守 水戸藩付家老中山家初代
以下十一代
女子 水戸家家臣長繁由が妻
某 尾張
某 要蔵
②なおさだ 直定 助六郎・勘解由
なおのり 直範 勘三郎 中山勘之丞直温祖
しげよし 重良 勘右衛門 中山長門守信勝祖 実は長繁由二男
女子三人
③なおもり 直守 新藤左衛門 助六郎・勘解由 丹波守従五位下
①なおはる 直張 主税・藤兵衛 直張系中山家初代
なおつぐ 直次 市之丞
まさのぶ 正信 源七郎
女子三人
④なおふさ 直房 助六郎 勘解由
⑤なおまさ 直正 新藤左衛門 助六郎 勘解由
⑥なおもと 直看 新藤左衛門 助六郎 勘解由
②なおよし 直好 主税・藤右衛門 内記・周防守 下野守 従五位下
③なおかね 直兼 初直延 外記
④なおたけ 直武 縫殿・伊織 実は直好が三男
⑤なおあきら 直彰 初直廣・善蔵 伊織・藤兵衛 下野守・伊勢守・下野守 周防守 従五位下 実は中山勘解由直看が三男
直張系中山家
なおみち 直道 内膳・帯刀
なおくに 直邦 初直重三五郎 豊前守 中山藤兵衛直張が三男
図2へ
のぶさだ 延貞 正八郎
なおきよ 直清 玄蕃
女子五人
⑦なおひで 直秀 新藤左衛門 勘解由
⑧ふさあきら 房明 勘解由 権蔵 兄直秀が養子
⑨なおひろ 直寛 新藤左衛門 勘解由
なおあきら 直彰 初直廣・善蔵・伊織 藤兵衛・下野守 伊勢守・下野守 周防守・従五位下
⑩なおたか 直隆 助六郎・勝熊 直寛が養子
⑪なおあり 直有 勝太郎
女子

図1　中山家系図

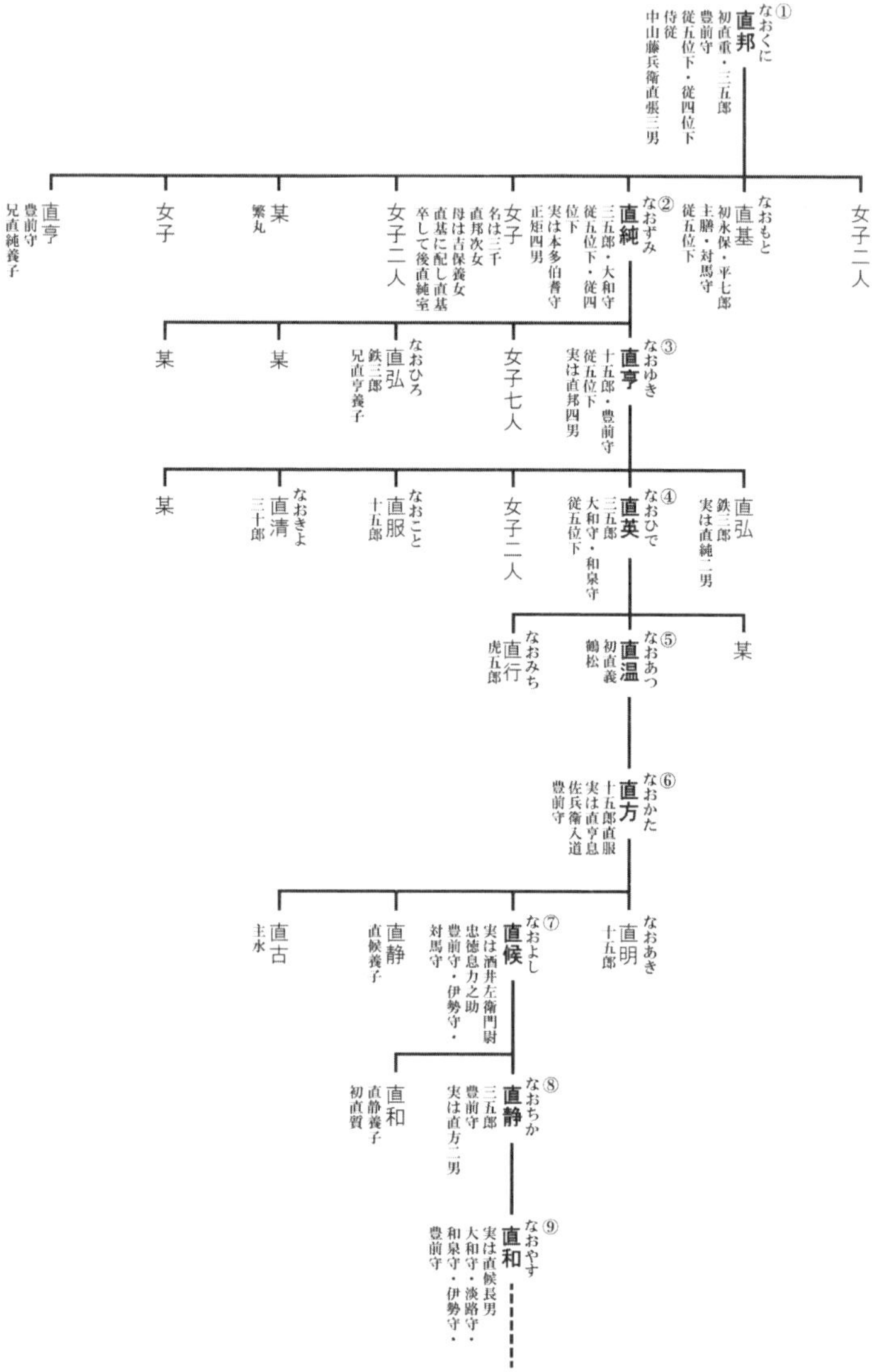
①なおくに 直邦
初直重・三五郎
豊前守
従五位下・従四位下
侍従
中山藤兵衛直張三男
女子二人
なおもと 直基
初永保・平七郎
主膳・対馬守
従五位下
②なおずみ 直純
三五郎・大和守
従五位下・従四位下
実は本多伯耆守正矩四男
女子
名は三千
直邦次女
母は吉保養女
直基に配し直基卒して後直純室
女子二人
某
繁丸
女子
直亨
豊前守
兄直純養子
③なおゆき 直亨
十五郎・豊前守
従五位下
実は直邦四男
女子七人
なおひろ 直弘
鉄三郎
兄直亨養子
某
某
直弘
鉄三郎
実は直純二男
④なおひで 直英
三五郎
大和守・和泉守
従五位下
女子二人
なおこと 直服
十五郎
なおきよ 直清
三十郎
某
某
⑤なおあつ 直温
初直義
鶴松
なおみち 直行
虎五郎
⑥なおかた 直方
十五郎直服
実は直亨息
佐兵衛入道
豊前守
なおあき 直明
十五郎
⑦なおよし 直侯
実は酒井左衛門尉
忠徳息力之助
豊前守・伊勢守・
対馬守
直静
直侯養子
直古
主水
⑧なおちか 直静
三五郎
豊前守
実は直方二男
直和
直静養子
初直質
⑨なおやす 直和
実は直侯長男
大和守・淡路守・
和泉守・伊勢守・
豊前守

図2　黒田家系図

となっていた黒田直邦は先に触れた『武州能仁寺記』を記している。また一二月一五日には、直邦から能仁寺に香華料として、米一〇〇俵、黄金一〇〇両が寄進されている。直邦はこの他にも大鐘の新鋳寄進、黄金の寄進など、能仁寺の外護者としてその再興に尽力している。このような庇護の下、能仁寺は武蔵における大叢林としての威容を整えていった。

二　両中山家・黒田家墓所の造営

能仁寺はすでに述べたように天覧山南麓に位置し、その境内は天覧山（標高一九七ｍ）の中腹から麓にかけてを占めている。伽藍は広く南に開いた谷の底部につくられた平坦面を中心に配置されている。本堂の北側には「能仁寺庭園」（飯能市指定名勝）がある。庭園様式は池泉鑑賞式蓬莱庭園で、桃山時代の作庭とされている。

能仁寺墓地は天覧山南側斜面上に、伽藍がある谷を囲むように広がっている。両中山家・黒田家墓所は、能仁寺墓地内において三ヶ所に分かれて配置されている（図3）。照守系中山家墓所（図3中①・写真1）は本堂北西側に位置している（能仁寺が刊行した『武陽山能仁寺』では「西墓地」と表記。以後本稿においてもそれに準ずる）。黒田家歴代当主墓所（図3中②・写真2）は本堂北側にあり墓地内で最も高い場所にある。そして黒田家・直張系中山家墓所（図3中③・写真3）は、黒田家歴代当主墓所の下方、本堂北東側に位置している（『武陽山能仁寺』ではこの二つの墓所を指し「東墓地」としている。以後、本稿において黒田家歴代当主墓所及び、黒田家・直張系中山家墓所を一体的に扱う際には「東墓地」の語を用いる）。

両中山家と黒田家墓所にみられる各墓標の概要及び現状の位置関係について、図と表にまとめた（図5～7、表1・2）。墓標形態の変遷を把握する都合上、西墓地と東墓地に分けて表と図を作成している。表において各

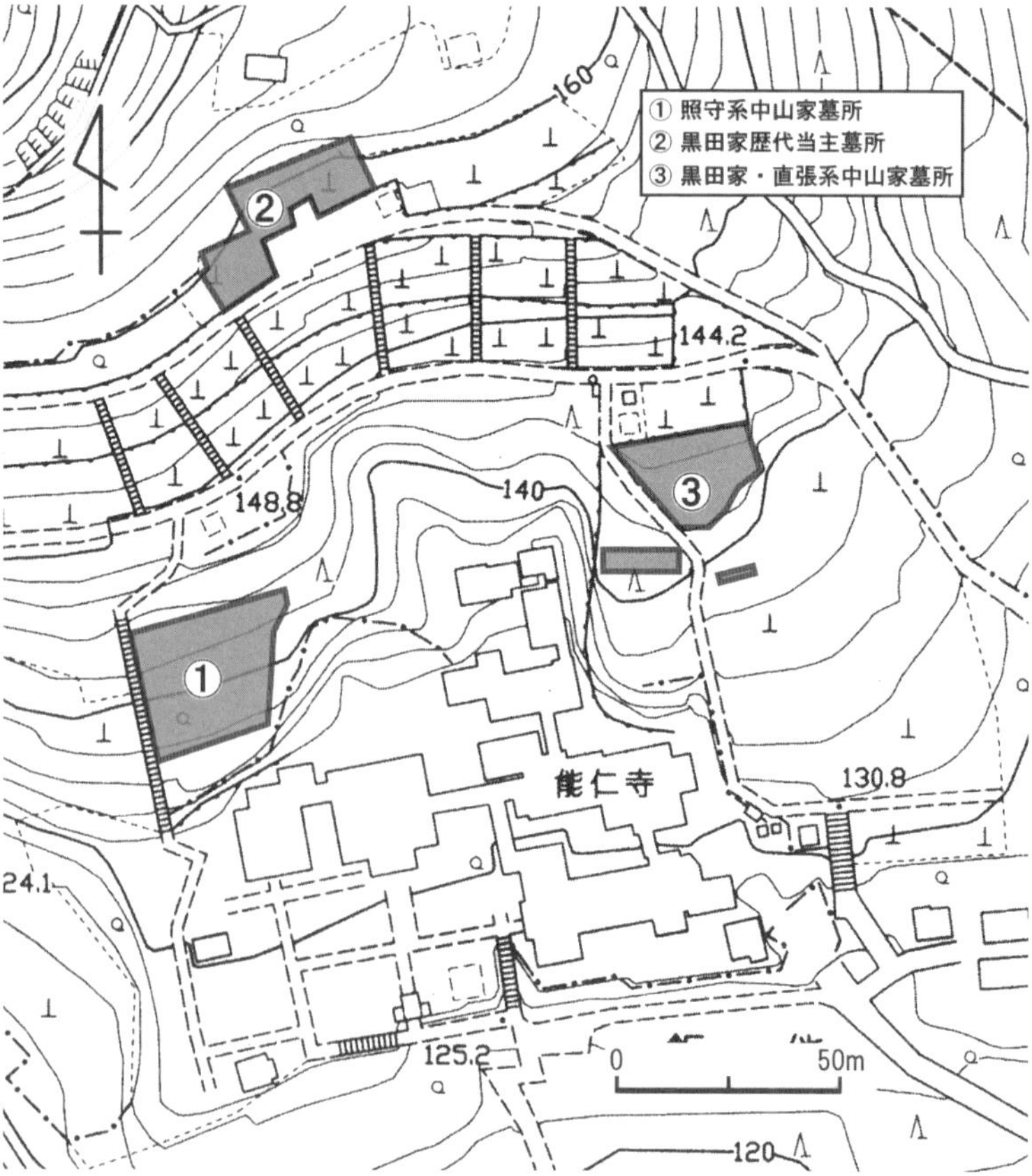

図３　両中山家・黒田家墓所配置図

写真２　黒田家歴代当主墓所

写真１　照守系中山家墓所

墓標は没年順で並べており、西墓地・東墓地それぞれで1から順に算用数字にて番号を付した。図においてもこの番号を用いている。混同を避けるために、例えば西墓地の墓標に対し表1・図5にて1と付した墓標番号を本文では「西1」と表記する（東墓地も同様）。表には、『武陽山能仁寺』にて各墓標に付されている番号の欄（「文献№.」）を設けた。

ここで近世の能仁寺境内を描いた絵図の存在を紹介しておきたい。天保一三年（一八四二）完成の「飯能村絵図」（飯能市指定文化財、以下「絵図」と記す）である（図4）。「絵図」には両中山家・黒田家墓所が描かれており、墓所形成を考える上で参考資料になり得るものと考える。家勝・家範墓標は自然石を表現しており、また、「酒ヨリ廟所」と描かれているのは旗本酒依家の墓所と思われ、墓所区画を意識して描いている点など、「絵図」は、ある程度当時の状況を反映して描かれたものと評価したい。「絵図」は記された文言から、文政八年（一八二五）に制作を開始、文政一一年（一八二八）に草稿作成、天保一三年完成とわかる。「絵図」は黒田家歴代当主墓所の墓標配置から、文政一一年時点での両中山家・黒田家墓所の様子を示しているものと考えられる。

写真3　黒田家墓所

まず、照守系中山家墓所（西墓地　図5）において、没年順に墓標がどのように配置されたかを見ていく。西墓地は三つの段が造成されており、本稿では仮に上から上段・中段・下段と呼称しておく。中山家勝墓標（西1）は上段西端部（墓所北西角部）にあり、その下、中段に中山家範墓標（西2）がある。更にその下、下段に中山照守墓標（西3）が立っており、三基の墓標は同一の主軸方位線上にある。このように、三基の墓標が縦一直線に並ぶ配列は、意識的なものである可能性が高い。

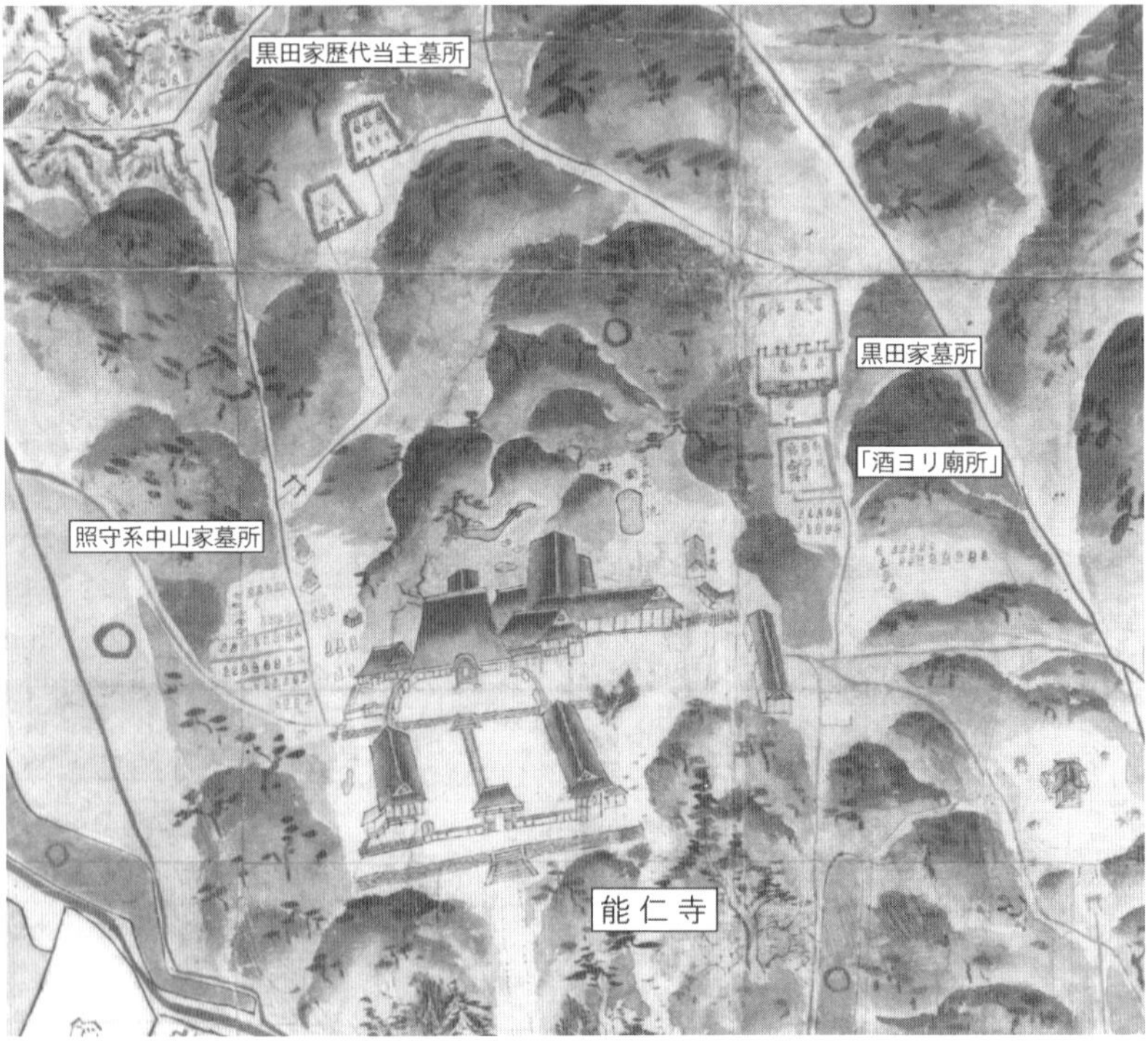

図4　「飯能村絵図」部分

「絵図」に描かれた照守系中山家墓所を見ると、家勝・家範・照守墓標が一列に並んでいるのが見える。おそらく照守墓標の右側に二基並んでいるのは、照守室と二代直定墓標と思われる。その他には、柵に囲まれた二基の墓標が見えるのみで、他に墓標が描かれているのは、照守・照守室・二代直定墓標及び柵に囲まれた墓所の下（南側）の区画と、線で示された道を挟んで西側の区画である。

柵に囲まれた墓所は誰の墓所か。現状における墓標の位置から考えるに、可能性が高いのは中山直張夫妻である。すでに述べたように、中山直張夫妻は黒田直邦の実の父母である。おそらく柵に囲まれた中には直張墓標と直張室墓標及び墓碑があったものと思われる。照守墓標や直張夫妻墓所の下に描かれている五基の墓標については、三代以降の歴代当

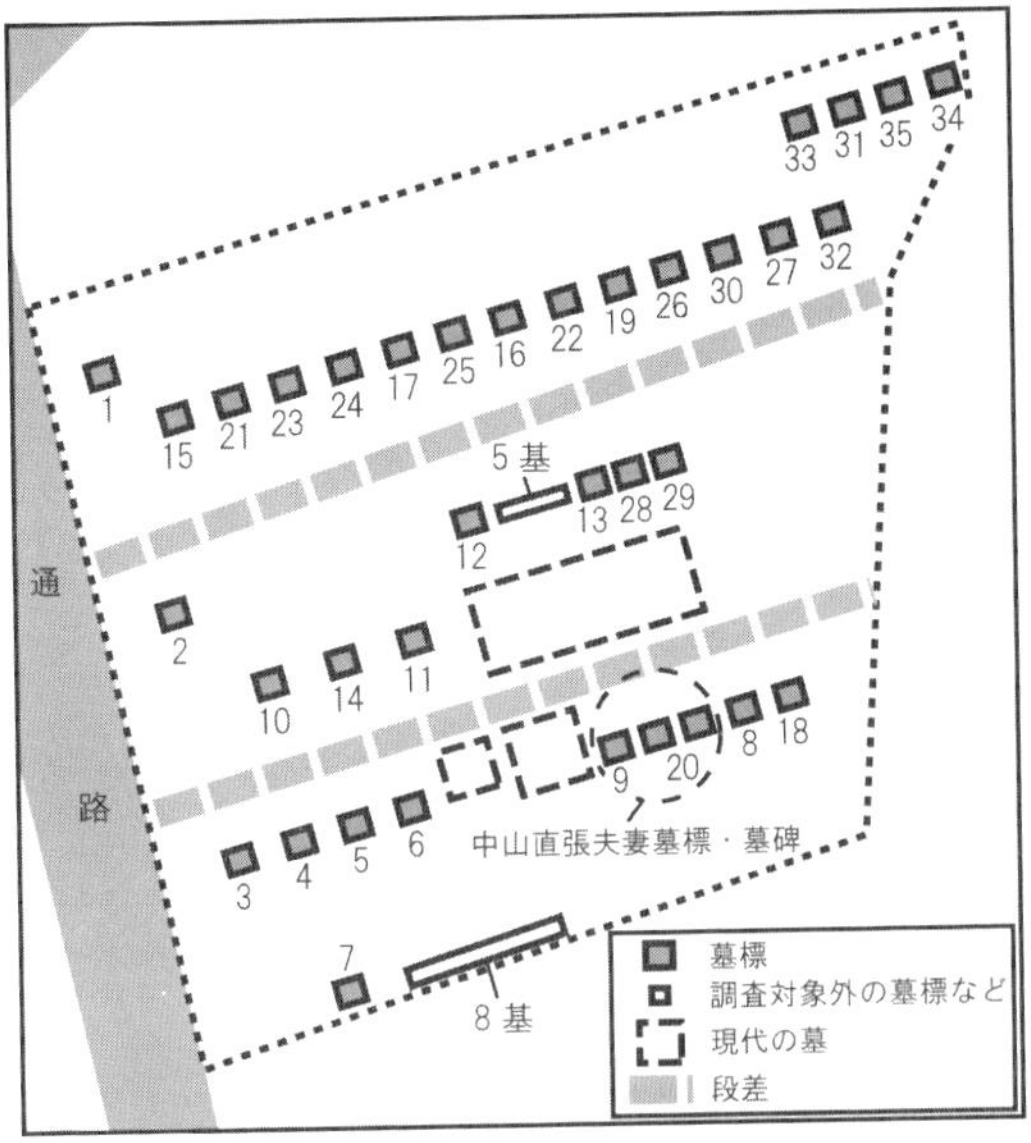

図5　照守系中山家墓標配置図（西墓地）

主墓標の可能性が高いと考えられる。ただ、文政一一年当時までに亡くなっている三代以降の当主は五人以上おり、数の一致を見ない為、歴代当主墓標だとしても誰のものか特定できない。

また、道を挟んで西側の墓所のうち一番北の区画は、現状では能仁寺歴代住職墓所となっている。おそらく絵図でも歴代住職墓所が描かれているものと推察する。想像の域を脱しないが、歴代住職墓所の南側が四つに区画され、そこに並んでいる墓標は照守系中山家の人々のものではないか。

以上をまとめると照守系中山家墓所は、文政一一年（一八二八）当時では現在見られる墓所より広かったと思われる。家祖（家勝・家範）及び、初代照守夫妻と跡を継いだその息子（二代直定）の墓所があり、その東側に少し離れて、中山直張夫妻の墓所がある。この二つの墓所の南側に一区画あり、おそらく歴代当主（あるいはその室も）の墓標があったものと思われる。そして道の西側にもう四区画あり、そちらにも歴代当主・室をはじめとした照守系中山家の人々の墓標があったものと推測する。大略このような配置にあった照守系中山家の墓標が、後世において墓地の整理に伴い移設され、現状に見られる配置になったのであろう（図5）。

次に、黒田家歴代当主墓所（図6）を見てみる。「絵図」中黒田家歴代当主墓所の部分を見ると、柵に囲ま

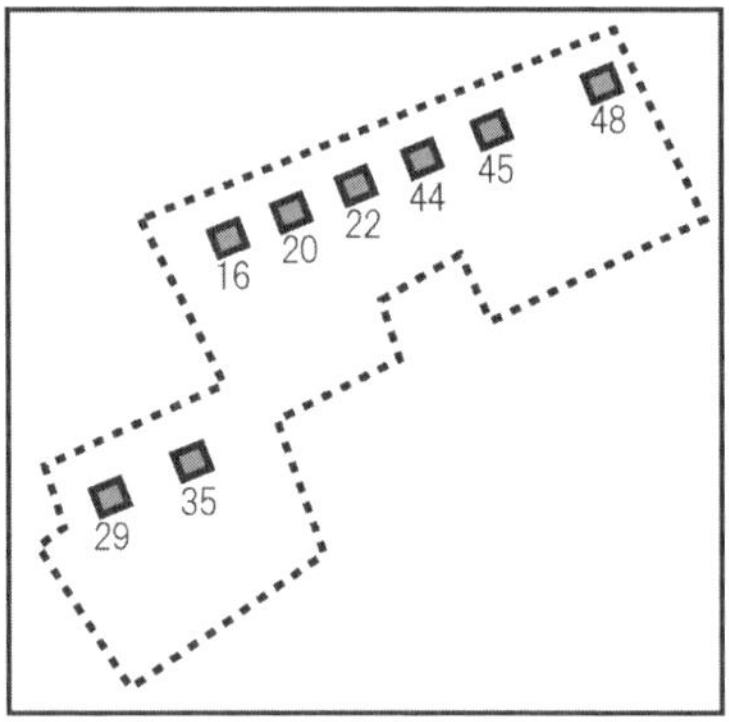

図6　黒田家歴代当主墓標配置図（東墓地北）

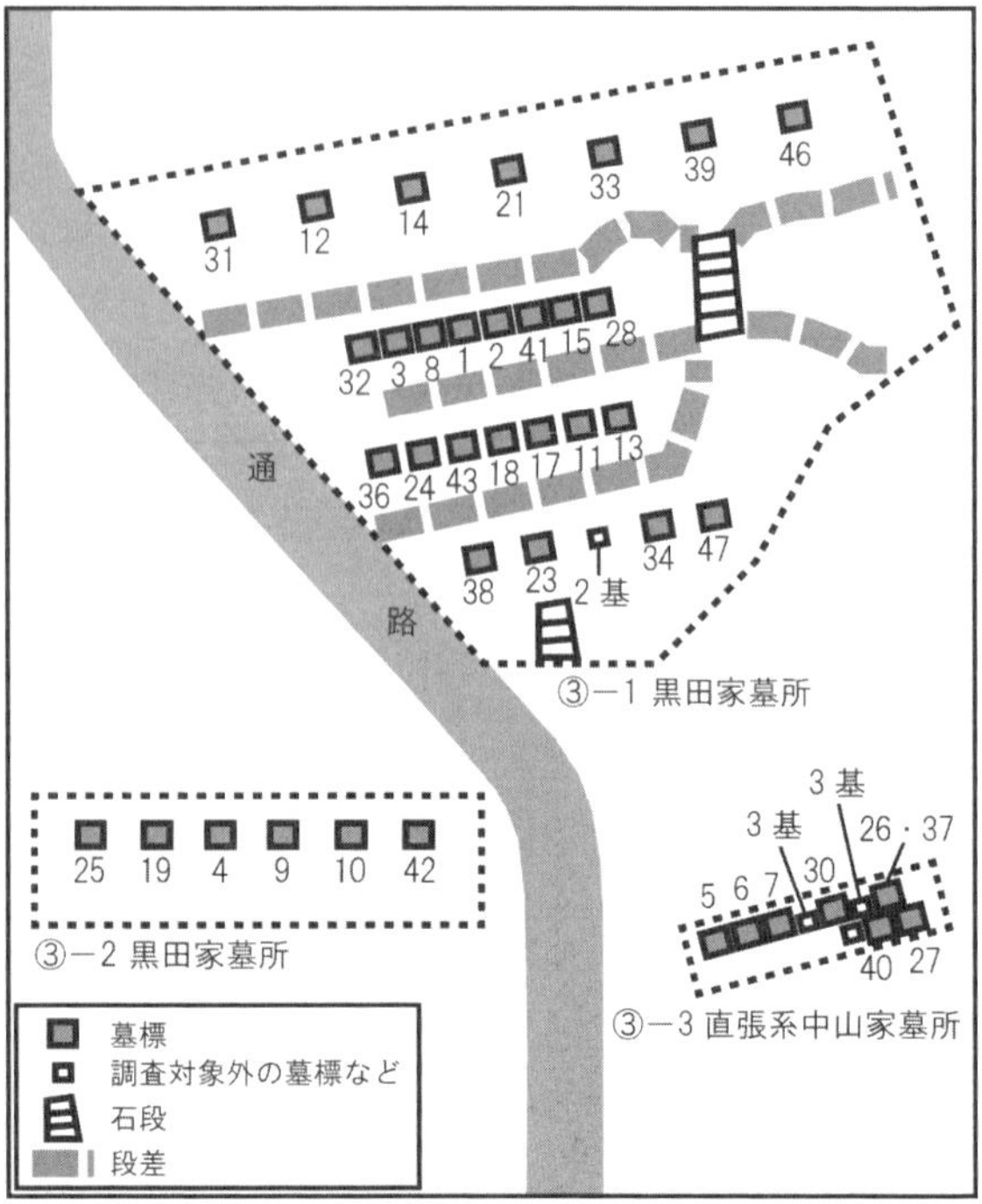

図7　黒田家・直張系中山家墓標配置図（東墓地南）

れた二ヶ所の墓所がある。右上の柵内にある三基の墓標は、久留里藩主黒田家二代直純・三代直亨・四代直英の墓標と思われる。その左下の柵内にある一基の墓標は、五代直温の墓標であろう(6)。

現状にみる黒田家歴代当主墓所は「絵図」に描かれた様子と矛盾しておらず、素直に捉えると、墓所が当初造営されたまま現在に至っていると思われる。続いて黒田家・直張系中山家墓所（図7）を検討してみよう。「絵図」の黒田家・直張系中山家墓所に該当する場所及びその周辺の部分を見ると、線で囲い示された墓所が、上から連続して三段見える。その下には少し離れて区画された墓所があり、先に少し触れたが「酒ヨリ廟所」と記されている。「酒ヨリ廟所」の下に墓標の列が並んでいるのが見え、更にその右下にも墓標が並ぶ場所が描かれている。

現状の黒田家・直張系中山家墓所と比較すると、おそらく上の三段の墓所（上から順に、「上段」「中段」「下段」と表記する）は現状の黒田家墓所（図7③―1）を含んでいるものと思われる。現存する通路西側の黒田家墓所（図7③―2）は「絵図」には見られない。直張系中山家墓所（図7③―3）も同様である。逆に「絵図」に描かれている「酒ヨリ廟所」は現存していない。酒依家の人物の墓標は、現状では黒田家墓所の中に三名の墓標が見える（東1・2・3）。また以上に述べたように「絵図」で描かれた墓所の様子は、現状の墓所と大きく異なっているため、黒田家・直張系中山家墓所においても西墓地（照守系中山家墓所）同様、墓地の整理と墓標の移設があったものと思われる。

「絵図」に見られる三段の墓所に立つ墓標については、描かれた墓標の形や位置関係などを基に現存する墓標と同定することは困難である。ただ、可能な範囲で検討してみよう。現状、黒田家墓所の最上段に存在するのは、歴代当主室の墓標である。故に「絵図」における三段の墓所においても、上段の四基は歴代当主室の墓標ではないかと推測するものである。「絵図」草稿が作成された文政一一年の時点で、没していた歴代当主室は五名おり、即ち初代直邦室・二代直純室・三代直亨室・四代直英室・六代直方室である。没年が最も早いのは三代直亨室（宝暦八年〈一七五八〉五月六日）であり、初代直邦室（宝暦八年〈一七五八〉一一月一九日）にわずかに先行する。三代直亨室の墓所造成が具体化した時点で、当時まだ存命していた初代直邦室の墓所の位置が意識され、三代直亨室の墓標を上段に建てることは、避けられた可能性が考えられる。そうすると、「絵図」

中上段の四基は初代直邦室墓標（東12）・二代直純室墓標（東14）・四代直英室墓標（東21）・六代直方室墓標（東33）と推測され、現状とほぼ一致する。

「絵図」中、中段の三基と下段の一基の墓標については、歴代当主室もしくはそれに準ずる身分にある人物の墓標が想定できる。候補として三代直亨室墓標（東11）はもちろん、黒田直基墓標（東4）、鉄三郎直弘墓標（東23）・十五郎直明墓標（東34）が挙げられよう。しかしながら、これらの墓標は現状見られる位置と、「絵図」に見られる位置が必ずしも一致しておらず、あくまで「可能性がある」と指摘するに留めておきたい。

三　墓標形態の変遷

墓標の形態分類に関しては、宝篋印塔・五輪塔・笠塔婆を除き、松原典明氏による儒者墓標形態の二分類（円首・圭首）を参考にした(7)。黒田家墓所にみられる墓標の多くは円首を呈している。

墓標形態の変遷について西墓地（表1）から見てみる。年代順に追っていくと、中山家勝墓標・家範墓標は自然石、初代照守墓標は無縫塔、初代照守室墓標（西4）と二代直定墓標（西5）は宝篋印塔であるが、その後の中山市之丞直次墓標（西8）から四代直房室墓標（西21）までの一四基は、一基の例外（西19・自然石）を除き五輪塔を採用している。そしてその後に造立された一四基の墓標は全て笠塔婆である。このように、西墓地の墓標は、自然石・無縫塔・宝篋印塔など初期の墓標（中山家勝墓標から正保二年〈一六四五〉一月一九日没の二代直定墓標までの五基）は別として、ほぼ五輪塔と笠塔婆の二種類で占められている。墓標形態の選択に関し、統一性が意識されている可能性を考えても良いかもしれない。

五輪塔から笠塔婆への変化には年代的な境界線を想定できる。指標となるのは西墓地で最も新しい五輪塔である中山直房室の墓標（享保四年〈一七一九〉没）と、初めて笠塔婆が採用された中山民部直堅室墓標（享保一二年〈一七二七〉没）である。

続いて東墓地（表2）だが、黒田家墓所（図7中③—1）には旗本酒依家の墓標が三基含まれている（東1～3）。酒依家の三基の墓標は五輪塔であり、被葬者の没年は延宝三年（一六一五）から貞享二年（一六八五）にかけてである。一方、黒田家・直張系中山家の墓標で没年が最も古いものも五輪塔である。黒田家初代直邦の婿養子で、跡を継ぐ前に亡くなった黒田直基（享保六年〈一七二一〉没）の墓標（東4）がそれだ。黒田家墓所には他にも五輪塔があり、直張系中山家二代直好室墓標（東8）や五代直彰墓標（東32）が挙げられる。ただ先述したように、直張系中山家墓所（図7中③—3）は、黒田家墓所の南東に別のまとまりで存在している。その直張系中山家墓所には五輪塔が三基みられる（東5～7）。この三基の被葬者の没年も、黒田家・直張系中山家墓所の中では比較的古く、享保一三～一八年（一七二八～一七三三）にまとまっている。

すでに触れたように西墓地では、没年が享保一二年（一七二七）以降の被葬者は墓標形態が笠塔婆一色となるのだが、東墓地ではどうであろうか。表2にまとめたように、寛延三年（一七五〇）没の黒田家二代直純嫡子（東9）と、宝暦六年（一七五六）没の直純息の墓標（東10）に笠塔婆がみられるが、その後の宝暦八年（一七五八）没の三代直亨室の墓標（東11）には円首が採用され、それ以降は少数の例外（笠塔婆：東31、五輪塔：東32、東36・43・48は圭首と思われる）を除き、墓標形態は円首である。東墓地においても墓標形態の選択に関し、統一性が意識されている可能性を考えて良かろう。

東墓地の円首墓標の統一性について黒田家に限り、もう少し掘り下げておく。円首の墓標について横幅（下端）・奥行・高さを計測し、墓標形態の分類を試みた（表3）。それぞれの計測値について比率を確認したところ、墓標の横幅に対する高さの比率に有意性が認められた。比率の数値にはいくつかのまとまりがみられ、横

表1　西墓地（照守系中山家墓所）近世墓標一覧

No.	代数	被葬者	墓標形態	墓標正面にみられる戒名など	没年月日	「文献」No.	備考
1		中山勘解由家勝	自然石	能仁寺殿大年全椿大居士	天正元年（一五七三）七月二五日	24	能仁寺開基。中山家範父
2		中山勘解由家範	自然石	獅翫院殿本室宗無大居士	天正一八年（一五九〇）六月二三日	13	中山家勝息。中山照守父。初名吉範
3	①	中山勘解由照守	無縫塔	無相院殿可山宗印大居士	寛永一一年（一六三四）一月二二日	2	
4	①	中山照守室	宝篋印塔	永真院殿名応誓誉大姉	寛永一五年（一六三八）一二月七日	3	
5	②	中山勘解由直定	宝篋印塔	高鑑院殿等山英勝大居士	正保二年（一六四五）一月一九日	4	三五〇〇石
6	②	中山直定室	五輪塔	勝寿院殿明安貞玖大姉	寛文八年（一六六八）三月二四日	5	北条家臣石巻市之丞女
7		守田茂兵衛娘	観音菩薩立像	月光院殿露滴栄秋大姉	寛文一一年（一六七一）七月一九日	1	享年一七歳。守田茂兵衛は三代直守家臣と推測されている
8		中山市之丞直次	五輪塔	空閑院殿喜栄勇歓大居士	寛文一二年（一六七二）四月二〇日	11	中山直張弟。後孫は水戸家に仕える
9		中山藤兵衛直張	五輪塔	寒松院殿石岸條鉄大居士	延宝八年（一六八〇）一一月三〇日	8	中山照守孫。直張系中山家初代。黒田直邦父
10	③	中山勘解由直守	五輪塔	無得院殿鉄顔良関大居士	貞享四年（一六八七）七月一八日	14	四〇〇〇石
11		中山式部直安	五輪塔	智旭院殿見応了性居士	元禄二年（一六八九）五月一七日	16	四代直房弟
12		中山図書直温	五輪塔	本立院殿孝安全忠居士	元禄八年（一六九五）五月一七日	19	四代直房弟。一〇〇〇石
13		中山帯刀直道	五輪塔	正覚院殿法山浄眼居士	元禄一二年（一六九九）二月一二日	21	中山直張次男。黒田直邦兄
14	③	中山直守室	五輪塔	清法院殿妙曜日心大姉	元禄一四年（一七〇一）六月一八日	15	大久保教隆女
15	④	中山勘解由直房	五輪塔	自照院殿心操道無大居士	宝永三年（一七〇六）四月二九日	25	三〇〇〇石
16		中山直勝	五輪塔	智徳院殿白勇心牛居士	宝永三年（一七〇六）八月三〇日	32	四代直房二男、四代直房弟直温養子
17	⑤	中山勘解由直正	五輪塔	見性院殿直指成心大居士	正徳四年（一七一四）三月二日	29	三〇〇〇石
18		中山直次室	五輪塔	勇光院殿浄法祖清大姉	正徳四年（一七一四）三月一〇日	12	中山直張弟直次室。屋代越中守忠正女
19		中山民部直堅	自然石	不識院殿廓翁了然大居士	正徳五年（一七一五）一〇月一九日	33	中山直張弟直次息。徳川光圀に仕える
20		中山直張室	五輪塔	慈広院殿建徳清勇大姉	享保三年（一七一八）八月二二日	10	黒田直邦母。黒田信濃守直相女
			円首	（石碑）		9	中山直張室（黒田直邦母）の墓誌

No.	代数	被葬者	墓標形態	墓標正面にみられる戒名など	没年月日	「文献」No.	備考
21	④	中山直房室	五輪塔	本知院殿心月妙円大姉	享保四年（一七一九）四月二二日	26	水戸中山備前守信治女
22		中山民部直堅室	笠塔婆	嶺松院年室清樹大姉	享保一二年（一七二七）三月二二日	31	
23	⑥	中山勘解由直看	笠塔婆	維摩院殿黙翁祖然大居士	享保一三年（一七二八）九月五日	27	
24	⑦	中山勘解由直秀	笠塔婆	修徳院殿華嶽直秀大居士	寛保二年（一七四二）四月一七日	28	
25	⑧	中山勘解由房明	笠塔婆	曹渓院殿光天房明大居士	宝暦七年（一七五七）一〇月二一日	30	
26	⑨	中山勘解由直寛	笠塔婆	祖岳院殿大棟直寛大居士	天明三年（一七八三）一〇月一五日	34	
27	⑩	中山勘解由直隆	笠塔婆	永松院殿紹山直隆大居士	寛政三年（一七九一）一〇月九日	36	
28		中山勘解由直寛実母	笠塔婆	真性院殿妙玄悲光大姉	寛政九年（一七九七）四月一八日	22	九代直寛実母
29		（不詳）	笠塔婆	安祥院本応妙心大姉	文化一〇年（一八一三）四月二八日	23	
30		中山勘解由直有祖母	笠塔婆	献珠院殿妙悟日栄大姉	文政二年（一八一九）七月一三日	35	一一代直有祖母
31	⑪	中山勘解由直有	笠塔婆	能持院殿麟山直有大居士	文政四年（一八二一）四月	39	
32		中山勘解由直隆実母	笠塔婆	心華院殿奇顔芳秀大姉	文政四年（一八二一）八月九日	37	一〇代直隆実母
33		（不詳）	笠塔婆	善性院良温妙真童女	文政五年（一八二二）一一月二四日	38	
34		高麗五郎	笠塔婆	大隆院殿天徳真興大居士	嘉永元年（一八四八）六月二八日	41	一二代直恒息
35	⑪	中山直有室	笠塔婆	善持院殿妙淳実操大姉	元治二年（一八六五）三月二五日	40	水戸中山備前守信敬女

※ヘッダ行の「文献」No.は『武陽山能仁寺』墓番号を示す。

表2　東墓地（黒田家歴代当主墓所、黒田家・直張系中山家墓所）近世墓標一覧

No.	代数	被葬者	墓標形態	墓標正面にみられる戒名など	没年月日	「文献」No.	備考
1		酒依権右衛門吉政	五輪塔	覚了院殿自得源心居士	延宝三年（一六七五）一一月二〇日	34	
2		酒依権右衛門吉政室	五輪塔	清鏡院殿正室妙智大姉	寛文八年（一六六八）一月一八日	35	
3		酒依昌隅	五輪塔	虎白院殿吉山良祥居士	貞享二年（一六八五）三月一四日	32	
4		黒田直基	五輪塔	円通院殿普雄英観大居士	享保六年（一七二一）一〇月八日	16	従五位下対馬守丹治真人直基 黒田家初代直邦養子
5	中②	中山直好	五輪塔	転心院殿当法宗輪大居士	享保一三年（一七二八）五月一二日	7	
6	中③	中山外記直兼	五輪塔	双樹院示英勇寂居士	享保一七年（一七三二）八月一三日	8	

No.	代数	被葬者	墓標形態	墓標正面にみられる戒名など	没年月日	「文献」No.	備考
7	中④	中山直武	五輪塔	嵩嶽院殿覚宝輪円居士	享保一八年（一七三三）六月八日	9	
8	中②	中山直好室	五輪塔	有法院殿常説智院大姉	享保一九年（一七三四）一月二三日	33	
9		黒田直純嫡子	笠塔婆	呈書院雲瑞玄亀童子	寛延三年（一七五〇）四月九日	17	
10		黒田直純息	笠塔婆	龍徳院吉山禅長童子	宝暦六年（一七五六）四月二一日	18	
11	黒③	黒田直亨室	円首	盛陽院殿容顔奇妙大姉	宝暦八年（一七五八）五月六日	29	
12	黒①	黒田直邦室	円首	寿量院殿法安貞華大姉	宝暦八年（一七五八）一一月二九日	40	
13		黒田直亨息女	円首	黄梅院万聡歔喜童女	宝暦九年（一七五九）五月一二日	30	
14	黒②	黒田直純室	円首	華厳院殿光耀妙徳大姉	宝暦九年（一七五九）七月四日	41	黒田家初代直邦娘
15	中⑤	中山伊勢守直彰室	円首	寂照院殿月桂妙心大姉	安永四年（一七七五）七月六日	37	
16	黒②	黒田直純	円首	春晃院殿故中大夫行和州大守丹治真人勝融直純大居士	安永四年（一七七五）一二月一七日	48	
17		黒田直亨息	円首	直指院一葉了利童子	安永八年（一七七九）九月一三日	28	
18		黒田直亨息	円首	雲松院冷鶴月果童子	天明二年（一七八二）一一月二九日	27	
19		黒田直英嫡子	円首	花香院殿春暁幻夢童子	天明三年（一七八三）二月一六日	15	
20	黒③	黒田直亨	円首	松樹院殿従五位下豊州大守丹治真人元栄直亨大居士神儀	天明四年（一七八四）一月一七日	49	
21	黒④	黒田直英室	円首	祇園院殿功林貞徳大姉	天明四年（一七八四）七月一八日	42	
22	黒④	黒田直英	円首	泰崇院殿従五位下行前泉州大守丹治真人雄山直英大居士	天明六年（一七八六）七月一八日	50	
23		黒田鉄三郎直弘	円首	青雲院殿節翁全忠大居士	天明七年（一七八七）三月二八日	21	黒田家二代直純二男
24		黒田直純息女	円首	普明院殿瑞雲恵祥大姉	天明八年（一七八八）七月一二日	25	
25		黒田虎五郎直行	円首	桃源院紺陵祖園禅童子	寛政六年（一七九四）三月一日	14	黒田家四代直英息子
26		中山要人直與	円首	陽寿院殿遺林瑞栄居士	寛政八年（一七九六）一月一八日	11	中山幾太郎真翁、一一〇〇石
27		中山伊織直経	円首	真量院殿寛節道宥居士	寛政一〇年（一七九八）八月六日	13	直張系中山家五代直彰孫
28		黒田直弘実母	円首	智鏡院安窓貞穏大姉	寛政一一年（一七九九）三月一六日	38	黒田家二代直純二男直弘実母
29	黒⑤	黒田直温	円首	賢良院殿従五位下守和州大守丹治真人潤徳直温大居士	寛政一三年（一八〇一）七月二四日	46	
30		中山要人直與妹	円首	円入院殿妙浄日相大姉	寛政一三年（一八〇一）七月三一日	10	

No.	代数	被葬者	墓標形態	墓標正面にみられる戒名など	没年月日	「文献」No.	備考
31	黒③	黒田直亨側室	笠塔婆	竺応院殿大法妙仙大姉	享和二年（一八〇二）八月四日	39	黒田家六代直方実母
32	中⑤	中山直彰	五輪塔	盛徳院殿文献直彰大居士	享和三年（一八〇三）四月一〇日	31	
33	黒⑥	黒田直方室	円首	慧光院殿清安勇浄大姉	享和三年（一八〇三）一〇月一四日	43	
34		黒田十五郎直明	円首	霊樹院殿玉峰英林大居士	文化八年（一八一一）八月一二日	22	黒田家六代直方長男「世子」
35	黒⑥	黒田直方	円首	観樹院殿入道従五位下守左衛門佐丹治真人正眼大居士神儀	天保三年（一八三二）四月	47	
36		六代黒田佐兵衛入道殿息女	（圭首）	惺覚院殿南窓董禅童女	天保三年（一八三二）五月二三日	24	表に童子六名連記
37		中山要人直與室	円首	長昌院殿久室妙円大姉	天保四年（一八三三）八月一二日	11	
38		黒田直静息	円首	寛柔院殿温良勇義大童子	天保一〇年（一八三九）二月二〇日	20	
39	黒⑦	黒田直侯室	円首	瑞興院殿禎山妙祥大姉	天保一一年（一八四〇）六月二〇日	44	
40		中山直遷	円首	盛陽院殿光照久円真興居士	天保一一年（一八四〇）九月一一日	12	
41		中山傾次郎父	円首	宝光院殿崑山道琳居士	天保一四年（一八四三）三月八日	36	
42		黒田直静嫡子	円首	仙苗院殿花林幻英大童子	天保一五年（一八四四）二月一九日	19	
43		黒田直亨息女	（圭首）	晧陽院殿仙慶妙台大姉	弘化二年（一八四五）八月一七日	26	堀内蔵頭直晧室
44	黒⑦	黒田直侯	円首	喬松院殿従五位下行前対州大守丹治真人道濡直候大居士	嘉永三年（一八五〇）三月二七日	51	
45	黒⑧	黒田直静	円首	天倫院殿従五位下豊前州大守丹治真人専徳直静大居士神儀	安政元年（一八五四）四月二六日	52	
46	黒⑨	黒田直和室	円首	清香院殿梅梢妙薫大姉	安政四年（一八五七）一月一〇日	45	
47	黒⑧	黒田直静室	円首	天寿院殿妙本日映大姉	慶応二年（一八六六）一一月五日	23	
48	黒⑨	黒田直和	（圭首）	従五位黒田直和之墓	明治九年（一八七六）一月一四日	53	

※ヘッダ行の「文献」No.は『武陽山能仁寺』墓番号を示す。

幅の数値と組み合わせて円首墓標は次に挙げる五分類が可能である。

A　歴代当主の墓標

横幅五四・三〜五六・一㎝、高さ一六六・七〜一七二・三㎝、横幅一に対する高さの比率は二・九七〜三・一三。

B　歴代当主室・世子などの墓標

横幅五三・八〜五五㎝、高さ一四五・二〜一五二㎝、横幅一に対する高さの比率は二・六六〜二・八。

C　歴代当主の息の墓標

横幅三九・三㎝、高さ一〇八・一㎝、横幅一に対する高さの比率は二・七五。

D　歴代当主の嫡子・息女などの墓標

横幅三三・七〜三五・七㎝、高さ九四・四〜九九㎝、横幅一に対する高さの比率は二・七七〜二・八三。

E　歴代当主の側室や息の墓標

横幅三二〜三三・五㎝、高さ八六・五〜八七・八㎝、横幅一に対する高さの比率は二・六二〜二・七一。

このように被葬者の身分に応じて、墓標の大きさが分けられている。大別すると、歴代当主(A)、歴代当主室・世子など（B）、歴代当主の息・嫡子・息女・側室（C〜E）というように分けられよう。

墓標分類C〜Eは大きさに（主に高さにおいて）違いがみられる。戒名の院（殿）号や位号を確認すると、CとDに大きな違いはみられないが、CとEでは違いが明確である。Cの墓標に院殿号の戒名が刻まれているのに対しEでは院号、Cの墓標にみられる位号が「大童子」であるのに対しEでは「大姉」「童子」である。

表3はそれぞれの分類において、高さの対横幅比率の数値が小さな墓標から順に並べてある。分類中初出の墓標を網がけで示したが、A・D・Eにおいて比率の平均値に近い数値を持つ墓標は、分類中初出の墓標にほぼ該当している。例外的にBにおいては初出の墓標が比率最小値の墓標だが、二番目に古い墓標は比率の平

均値に近い数値である。以上を踏まえると、A歴代当主の墓標は二代直純墓標を手本に造られており、横幅一尺八寸に対し、高さ五尺六寸を意識していると思われる。そしてBの墓標は三代直亨室墓標と初代直邦室墓標で、横幅一尺八寸、高さ四尺九寸を、Dの墓標は三代直亨息女墓標で、横幅一尺一寸、高さ三尺一寸五分を、Eの墓標は三代直亨息墓標で、横幅一尺五分、高さ二尺八寸五分をそれぞれ前例とし、以後同様の大きさを踏襲した可能性を考えたい。

　黒田家墓所の円首の墓標には以上のような規定が存在していると思われるが、そもそも墓標形態に円首を採用したのは誰の墓からであろうか。それは、多峯主山頂近くに造営された、黒田直邦墓（飯能市指定史跡多峯主山黒

No.	代数	被葬者	院(殿)号、位号	備考	横幅	奥行	高さ	比率（対横幅）		分類
					単位：cm			横幅	高さ	
20	黒③	黒田直亨	院殿、大居士		56.1	41	166.7	1	2.971	A
22	黒④	黒田直英	院殿、大居士		55.5	40.7	167.6	1	3.020	A
45	黒⑧	黒田直静	院殿、大居士		55.7	41	170	1	3.052	A
16	黒②	黒田直純	院殿、大居士		55.7	41	170.2	1	3.056	A
29	黒⑤	黒田直温	院殿、大居士		55.1	40.5	169.4	1	3.074	A
35	黒⑥	黒田直方	院殿、大居士		54.3	39.5	169.2	1	3.116	A
44	黒⑦	黒田直侯	院殿、大居士		55	40.2	172.3	1	3.133	A
11	黒③	黒田直亨室	院殿、大姉		54.8	37.1	146.2	1	2.668	B
23		黒田鉄三郎直弘	院殿、大居士	直純二男	54.2	36.7	145.2	1	2.679	B
21	黒④	黒田直英室	院殿、大姉		53.8	36	145.5	1	2.704	B
34		黒田十五郎直明	院殿、大居士	直方長男「世子」	54.6	36.5	148	1	2.711	B
14	黒②	黒田直純室	院殿、大姉	直邦娘	55	36.7	149.5	1	2.718	B
33	黒⑥	黒田直方室	院殿、大姉		54	36.5	147	1	2.722	B
12	黒①	黒田直邦室	院殿、大姉		54.5	36.5	148.5	1	2.725	B
39	黒⑦	黒田直侯室	院殿、大姉		55	36.6	151.2	1	2.749	B
47	黒⑧	黒田直静室	院殿、大姉		54.3	37	152	1	2.799	B
46	黒⑨	黒田直和室	院殿、大姉		54	36.5	151.2	1	2.800	B
38		黒田直静息	院殿、大童子		39.3	39.4	108.1	1	2.751	C
19		黒田直英嫡子	院殿、童子		35.7	23.4	99	1	2.773	D
25		黒田虎五郎直行	院、禅童子	直英息子	33.9	22	94.4	1	2.785	D
13		黒田直亨息女	院、童女		33.7	23.2	95.2	1	2.825	D
24		黒田直純息女	院殿、大姉		34.5	23.8	97.5	1	2.826	D
42		黒田直静嫡子	院殿、大童子		33.7	22.1	95.5	1	2.834	D
28		黒田直弘実母	院、大姉	直弘実母	33.5	24.5	87.8	1	2.621	E
17		黒田直亨息	院、童子		32.2	24.2	86.5	1	2.686	E
18		黒田直亨息	院、童子		32	24.8	87	1	2.719	E

※グレーの帯は、分類中初出の墓

表３　黒田家円首墓標分類一覧

田直邦墓 図８・写真４）の円首を呈する墓碑であろう。直邦の没年は享保二〇年（一七三五）であり、黒田家墓所における円首の墓標の初出である三代直亨室墓標（東11）に約二三年先行する。三代直亨室墓標は直邦の墓碑に倣ったものと考えて良いだろう。ただし、それはあくまで円首の採用という墓標形態の選択に関してのみの話である。直邦墓碑の高さの対横幅比率は一・八三であり（横幅六〇cm、高さ一一三cm）、墓標分類Bよりも高さが六寸ばかり低い。このように、黒田家墓所における墓標形態での円首採用の遡源は、黒田直邦の墓碑に求められる。能仁寺墓地の歴代当主墓所を含む黒田家墓所と、多峯主山黒田直邦墓は、改めて言うまでもないが一体的に捉えておくべきものである。

四　墓碑・墓標に刻まれた銘文

西墓地には中山直張室墓碑（西20、写真５）があり、東墓地では初代直邦室墓標（東12、写真７・８）・二代直純室墓標（東14、写真９・10）・十五郎直明墓標（東34、写真11・12）の三基の側面に銘文が刻まれている。ここではそれらの銘文と共に、多峯主山黒田直邦墓にある頌徳碑（写真６）の銘文を取り上げ、若干の検討を加えたい。銘文については市史や報告書、様々な関連文献[8]に掲載されているものが多い。本稿ではそれら既出のものを参考にしつつ、改めて現地にて調査を行い照合した。墓碑・墓標に関わる被葬者の没年順に掲載する。

【①中山直張室墓碑（慈廣院健徳清勇夫人黒田氏碑）銘文】

慈廣院健徳清勇夫人黒田氏碑銘

夫人姓橘諱巌信州刺史黒田直相長女夫人有家孝友善事於親友愛弟妹既笄嫁吾家君而事大姑必

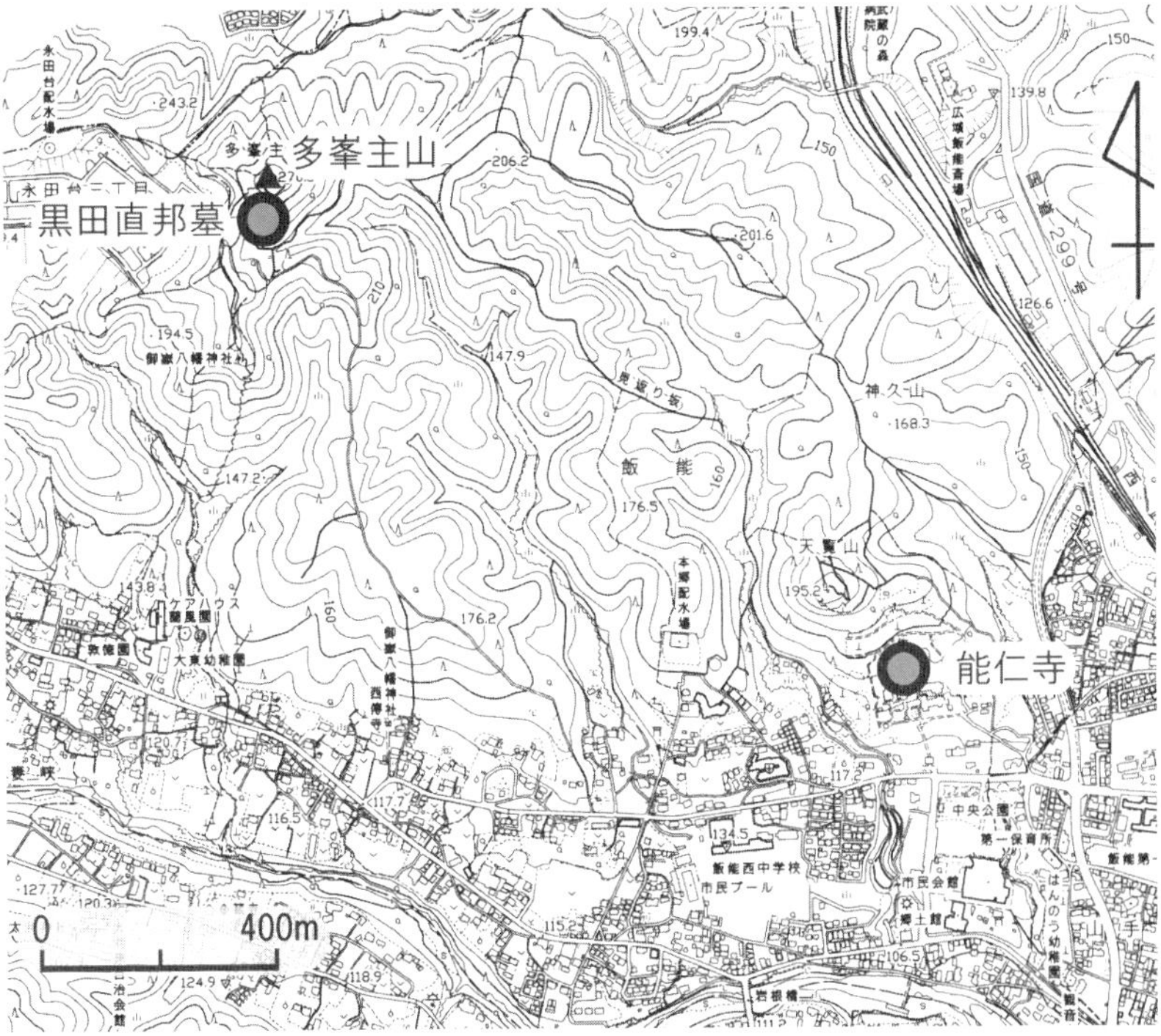

図８　黒田直邦墓・能仁寺位置関係図

写真４　多峯主山黒田直邦墓所

敬必孝睦家婦介婦必恭必親生男五人女三人嫡直好為野州刺史次直道次直重従四位下豊州刺史下館城主次延貞次直清為外舅直常之子興直好皆　常憲公時列近侍女三人皆得良壻男女多夭晩年侍定省者唯直好直重両子耳初家君有才藝而不知於人亦不走朱門不媚権貴是以士而終焉夫人始則士之妻後則列候之母居貧不窶窶富不奢仁篤慈恵温恭貞烈言動不失縄墨高朗而不傷其柔厳格而不害其和愛人善誘善導使夫少長咸安懐之是以慕恩者如百川入海飛鴻帰巣一仕其家永不忘其恩夫人常語曰人當知自足一日歎曰蘇東披可謂知道者己作赤壁賦曰物與我皆無盡也又何羨乎又曰天地之間物各有主苟非吾之所有雖一毫而無取唯江上之清風山間之明月熟味此意無求無避矣苟非知道者安能若斯乎女弟數病教之曰當制情欲執着必病我近來頗能此事故無病享保三年七月以老臥病直重奉長服表絹綢裏江州布夫人曰吾衣此而享子之志徐而乃言曰過吾分也如吾志則表裏皆布已子舞厠近侍慣見華美桟恐後來若流奢侈昔孫性為親賦民銭雖知有仁不免汚名直重謹書神病漸彌留禅僧圓哲來問夫人曰無有病若唯不思善不思悪是己又語侍妾曰萬物皆在于我又何乎永耶先是其家遺回禄而寓居人家及新室成病甚篤夫人曰冀於吾家而死直好直重合力共謀以乗舩以長輿不動病牀而移新室既安於牀而拝曰以乃等之力得安臥新室是皆　君恩之所至也曁此時猶不忘　君恩如斯矣其平日嘉言善行不遑記之臥新室一目以七十八歳如睡而終享保三年八月廿二日也越廿五日葬武州加治郷武陽山能仁寺境先考墓側號慈廣院健徳清勇夫人銘曰

高山應響　幽谷斯聲　銘頌難黙　令徳有名　愛人虚己　維仁維誠　獨秀原野　蘭菊芳盈
忽捐新室　哀哉家塋　重扃維閟　永詒休明　　従四位下行豊前守丹治真人直重謹識

写真５　中山直張室墓碑

写真６　黒田直邦頌徳碑

【②黒田直邦頌徳碑銘文（琴鶴丹墀公墓碑銘）】（一行目は銘文の一段上に横書きの篆書で刻まれている。）

琴鶴丹墀公墓碑
享保二十年乙卯三月二十六日丙申　故列相中大夫拾遺沼田候琴鶴丹墀公薨越閏三月
十八日戊午葬于武州高麗郡加治郷多峯主山世子使純誌其墓四月　世子襲封沼田候
越明年丙辰諸大夫羣臣議立碑於其墓曰我　先公琴鶴府君以特秀之姿歴事四
朝奉職唯謹晏子所謂一心可以事百君者豈是之謂與　今孝友慈仁其天性也自少爲官出入
朝廷五十餘年亟蒙
國恩進爵増秩卒至候善地有名城可謂富且貴矣然　公自視欿然不敢以貴富加於人可謂恭
矣好施不問有亡親屬故舊咸被其澤可謂惠矣爲鴻臚行官政十歳聽訟折獄民人莫敢不服

可謂明矣是以毎列相闕衆皆願以　公補之後　公果爲列相傳
儲君　朝野相慶以爲得人而未有一人害之者也非有徳能如是哉至若　公之陰徳在人而人
未之及知者抑何限也古人有功徳者必刻諸金石　公不可以無銘宜勒諸石以示後世　嗣
君曰大夫議是遂命有司立碑於其墓左使純銘之純固辭不獲命乃叙其事以爲銘　公諱直
邦姓丹墀中山氏冒母姓黒田氏琴鶴其別號也銘曰
於戯丹墀宣化苗裔千有餘載匪絶復継昭穆相承三十一世維　公修徳其興勃焉修徳伊何
禮儀不愆樂道好善孝奉祖先維孝維友施于有政尊賢下士臨時能敬匪驕匪吝愛育百姓
公之忠誠知無不爲民之所服天斯福之能終令聞永固厥基

太宰純　撰幷書
東都堀直高篆白井順應護作

写真７　初代直邦室墓標

写真８　初代直邦室墓標（銘文）

【③初代直邦室墓標銘文（壽量院殿墓誌銘）】

【右側面】

壽量大夫人今久畱里矦　丹墀公之母君也名土佐姓源柳澤氏
故甲斐矦保山公之女壽量其法号也先矦　琴鶴公以
憲廟命娶　夫人無子養田中矦之子以　夫人所生次女配之是為
今矦事詳太宰先生所撰先矦墓誌不必具云　夫人性嚴慤貞正
常為人所憚好讀書寫字最工和歌寶曆八年戊寅夏四月忽寢疾
不起荏苒困篤矦日侍坐看病　夫人未曽一言口病苦依然常談
耳疾病尚猶然故左右衆婢亦以為吾　大夫人無病患其嚴正可
如也冬十一月廿五日薨以天和二年壬戌五月十二日生於東都

【裏面】

為年七十七越十二月四日葬高麗郡加治郷能仁寺其明年己卯
春二月有司議立碑於其墓請尚賢銘之尚賢曰太宰先生既作先
矦墓誌今也尚賢辱知愛之厚何辭焉遂銘其碑陰銘曰七十有七
婉娩自得讀書作歌不啻四德加治之郷深山幽谷立石表墓克孚
於國

原　尚賢　撰
關　其寧　書
水沼泰貫護作

【④二代直純室墓標銘文（華嚴院殿墓誌銘）】

【右側面】

華嚴大夫人故執政丹墀真人黒田　直邦公之次女也　母君柳
澤氏故甲斐候源吉保公之女號　壽量院　夫人名三千華嚴其
法號也　直邦公無子養田中候之子配之　夫人生男二人不幸
而夭故養　先君之末子　直亨公為子　夫人所生女子六人皆
得良壻　夫人性仁恕寛厚温恭貞烈終日安座不妄言笑常集郡
兒愛之為樂　夫人平日言行嚴然以是可見寶暦九年己卯秋七
月忽寢病不起　直亨公日侍坐女子六人在座右　夫人未曾言

【裏面】

病苦病漸彌留閏七月四日如睡終以元禄十五壬午秋七月十六
日生　東都為年五十八閏七月九日葬武州高麗郡武陽山能仁
寺先塋之東同年冬十月有司議建碑越稱　夫人德誌其墓銘曰
婦德肅雍婉容敬直温順令名刻石永久

大森親誠　撰
水沼泰貫護作
三井親和敬書

【⑤十五郎直明墓標銘文（世子直明君墓誌銘）】

【右側面】

文化八年八月十二日
今候之世子多治比真人十五郎君薨葬于武州高麗郡
能仁寺先塋之側焉　世子以文化二年九月五日生諱
直明十五郎其小字側室北郷氏之所生年三歳立為
世子幼而岐嶷嬉戯無逸不妄為讙飲食有度不愆乎時
其遇待臣莫有適莫毎顧左右曰汝等盍退食乎吾知汝

写真９　二代直純室墓標

写真10　二代直純室墓標（銘文）

【裏面】
等勞矣仁恕天性不假師傅之訓者如此年僅七歳而殤
嗚呼死生有命無如之何尚徳與藩臣之末大夫大森子
令尚徳誌其墓不可固辭聊述其所聞云爾
文化八年辛未十一月二十二日
久畱里　森信秀護作
原尚徳　誌
東　都　闗克明　書

写真11　十五郎直明墓標

写真12　十五郎直明墓標（銘文）

銘文は以上のとおりだが、ここで注目したいのは銘文末尾の部分に刻まれた人物達についてである。中山直張室墓碑の文は黒田直邦によるものであり、息子が母の墓碑銘を記している。これに対して黒田直邦頌徳碑(9)は太宰純《だざいじゅん》（春台《しゅんだい》）が撰文と書、篆書が堀直高《ほりなおたか》で、白井順應《しらいじゅんのう》の「護作」である。墓碑造立にあたり複数の人物が各々の役割を果たしており、そのようなあり方は残り三基の墓標造立でも踏襲されている。初代直邦室墓標では、原尚賢《はらしょうけん》撰、関其寧《せききねい》書、水沼泰貫《みずぬまやすつら》護作、二代直純室墓標は大森親誠《おおもりちかみつ》撰、三井親和《みついしんな》書、水沼泰貫護作、十五郎直明墓標は原尚徳《しょうとく》文、関克明《こくめい》書、森信秀護作である。

結論を先に述べると、撰文を担当する人物は、久留里藩の顧問（儒員）や家老、侍医で、漢文を作ることに秀でている人物が選ばれている。書・篆を担当した人物は、春台を別とし、堀直高・関其寧・三井親和・関克明に関しては、久留里藩との特別な関係性が見てとれなかった。堀直高については不明だが(10)、他の三者については名高い書家として世間に知られた人物、という捉え方が適当のように思える。

「護作」の人物については、おそらく墓碑（墓標）造立の責任者と思われる。白井順應は元文四年（一七三九）正月に家老に昇進する人物であり(11)、水沼泰貫は初代直邦室墓標を造立した当時、すでに家老であった。森信秀は寛政五年（一七九三）時点で「物頭(12)」とあり、十五郎直明墓標が造立された文化八年（一八一一）には更に昇進していた可能性がある。以下に主な人物について触れておく。

○太宰　純（春台）

名は純、通称は弥右衛門、字を徳夫・春台・紫芝園と号した。延宝八年（一六八〇）信濃国飯田に生まれ、延享四年（一七四七）に江戸で没した。享年六八歳。江戸時代の代表的な儒学者の一人であり、荻生徂徠の高弟として、経学と経世論を継承した思想家として知られている。

旧久留里藩士森勝蔵が、久留里藩家臣一一二名の人物伝を記録した『黒田家臣傳稿本』（以下『稿本』と記す）にも春台の項があり、次に一部引用する。「〜（前略）豊州黒田直重〔後直邦〕公厚ク聘シテ儒員トナシ、食禄二十口ヲ賜ヒ、寵遇日渥ク、禄ヲ増シ席ヲ進メ、執政〔俗云家老〕格ニ累進シ、顧問ノ士ト為ス、氏亦血誠、意氣凛乎タリ、享保十七年、壬子三月、公下館ヨリ封ヲ沼田ニ移サセラル、ヤ、一大経濟ノ建言アリ、公之ヲ容レ、御家法大ニ定マルト云フ、二十年、乙卯三月、公薨スルニ及ヒ、直純公氏ヲシテ墓誌銘ヲ誌サシム、（後略）〜」(13)

『稿本』におけるこの記述から、太宰春台の黒田家における立場がうかがい知れる。また、黒田直邦頌徳碑銘文と共に、二代直純の依頼により墓誌銘を記していることもわかる(14)。

○原尚賢・尚徳

『稿本』には「氏名ハ尚賢通稱ヲ逸ス醫ヲ以勤仕ス頗ル文学アリ是ニ於テ壽量院殿墓誌銘ヲ撰テ之ヲ獻スト〜（中略）〜又云フ尚賢ノ祖雲澤ト稱シ醫ヲ以テ業ト爲ン太宰彌右衛門藩ヲ去テ臨終ノ際雲澤其遺言ヲ承リ南郭ヲシテ其墓銘ヲ誌サシムト又云フ原尚徳ナル者アリ文化八年辛未十一月世子直明君ノ墓誌銘ヲ撰ム尚徳ハ尚賢ノ子ナラント参考ノ爲メ茲ニ之ヲ記ス」(15)とある。また、初代直邦室墓標銘文において「太宰先生既作先矦墓誌今也尚賢辱知」とあるが、東京都文京区の江岸寺《こうがんじ》にある原尚賢とその妻の墓標(16)に刻まれた銘文中に「受經於太宰先生」と見え、太宰春台の著作の一つ『斥非』には原尚賢の序がある。以上に挙げたことから、原尚賢は久留里藩の侍医であると共に太宰春台の門人であったと考えられ、その息子が原尚徳であることが分かる。尚徳も父と同じく久留里藩の侍医であった。「久留里藩家臣系譜」によると、尚賢と尚徳共に「雲沢《うんたく》」を通称としていたようである(17)。

○大森親誠

『稿本』には「氏名ハ親誠通稱小平太小字山三郎貞享三年丙寅十一月十二日播州姫路ニ生ル父ヲ親英〔通稱

六郎左衛門〕ト云ヒ母ハ中島氏幼ヨリ炮技ヲ父親英ニ受ケ又文学ヲ好ム～（中略）～正徳元年辛卯七月ヨリ四年甲午三月ニ及フ其間常州下館武州中山野州日光等ヘ供奉スル事前後五回ニ及ヘリ公暇ヲ賜ハリ始メテ下館城ニ到ラセラル、時紀行ヲ誌サル之ヲ暇記ト稱シ今ニ傳フ氏玉韻ヲ和シ獻スル所ノ詩巻中ニ擧ケラレタリト～（中略）～享保元年丙申四月六日親英家督八十石ヲ賜フ側用人ト爲リ又用人ニ轉シ祿二十石ヲ加賜ス五年庚子四月廿五日公居宅ニ光臨黄金時服ヲ賜フ十七年壬子二月家老ト爲リ五十石ヲ加賜セラル～（中略）～二十年乙卯三月廿六日公薨ス遺命ニ依リ奉行ト爲テ葬儀一切ノ事ヲ司ル此時落髪シテ多峰主山上ニ宿シ香華ヲ捧ケ中陰終而能仁寺ニ歸ル後又廟窟土木ノ惣奉行ト爲ル（後略）～」[18]。

このように、親誠は直邦にとって最も近い家来であったと言える。それに加え「文学ヲ好ム」「玉韻ヲ和シ獻スル所ノ詩」とあるように漢文の素養があったことから、二代直純室墓標銘の撰文を担当したのであろう。

五　結びにかえて

以上に、上総国久留里藩主黒田家と旗本の両中山家の墓所について概観してみた。墓所の造営については、「飯能村絵図」（文政一一年〈一八二八〉草稿作成）を参考に検討したが、黒田家歴代当主墓所の各墓標は、造営当初の位置を保っていると考えられた。

加えて、ここで改めて述べておきたいのは、側面に銘文を刻む墓標についてである。初代直邦室墓標・二代直純室墓標・十五郎直明墓標の三基だが、これらの墓標が建てられる溯源に、黒田直邦が亡母の墓標脇に建てた墓碑や、直邦自身の墓の脇に建てられた頌徳碑の存在がある。つまり、初代直邦が自らの母など親しい故人の墓所造営の際に行っていた行為を二代直純と家臣が踏襲し、幾代かを経て六代直方と家臣が行ったと捉えられる。黒田家墓所は、その造営に藩祖の影響が脈々と受け継がれている。

能仁寺墓地は直邦の祖先である照守系中山家墓所に始まり、幕末までの黒田家歴代当主及び累代縁者の墓所が遺されている。黒田直邦という人物を理解する上においても、また、近世大名の墓所形成に関し、いかなる思惟が影響を与えていたのかを考える上においても、その重要性は論を俟たない。各墓所が末永く、これまでと同様に守られていくことを願うものである。

最後になりましたが、黒田家・両中山家墓所の調査をご快諾くださった能仁寺住職の萩野伸治師、本稿を記す機会を与えてくださったのみならず、様々な局面でご教示とご指導を賜った石造文化財調査研究所代表の松原典明氏、作図に関するデータの使用を許可し、お見守り頂いた飯能市立博物館館長の尾崎泰弘氏、そして飯能市教育委員会生涯学習課の熊澤孝之氏に御礼申し上げます。

註

1　中藤榮祥編　一九九六年『常寂山智観寺誌』（常寂山智観寺　三〇二頁）。
2　「寛政重修諸家譜」巻第六五九　丹治氏　中山　国立国会図書館デジタルコレクション。
3　浅見徳男　一九九一年「能仁寺略史」（『武陽山能仁寺』武陽山能仁寺　四二頁）。
4　註3に同じ。四三頁。
5　坂口和子　一九九一年「開基中山氏三代に思いを馳せる」（『武陽山能仁寺』武陽山能仁寺　六四頁）。
6　五代直温の墓所が現位置に造営される経緯が、能仁寺文書「賢良院様御送葬之控」に記されている。四代の東隣と現位置とが候補に挙げられ、後者が選ばれた。飯能市史編集委員会編　一九八八年『飯能市史』通史編（飯能市　二四三〜二四八頁）。
7　松原典明　二〇一二年「儒者ネットワークと喪禮実践」（『近世大名葬制の考古学的研究』雄山閣

二八九～二九四頁）。

8　上総古文書の会編　二〇一〇年『黒田家臣傳稿本―上総久留里藩主黒田氏家臣の記録―』（上総古文書の会）、黒田土佐子（柴桂子監修）二〇〇八年『「石原記」「言の葉草」―大名夫人の日記―』（桂文庫）。

9　黒田直邦墓と頌徳碑については、松原氏が三田藩九鬼家墓所の墓所様式理解の過程にて取り上げ、黒田直邦の知識人との交流と思想的背景にも言及されている。松原典明　二〇一九年「三田藩九鬼家墓所の形成と藩主の思惟」（『石造文化財』11　石造文化財調査研究所　七五～七八頁）。

10　残念ながら現時点において、堀直高に関しどのような人物であったかを知ることが出来ていない。同時代の旗本に堀直高がいるが、堀杏庵など堀姓の儒学者の子孫である可能性もある。明確にできなかった。

11　家臣人名事典編纂委員会　一九八八年『三百藩家臣人名事典　第二巻』（新人物往来社　一二〇・一二一頁）。

12　「久留里藩家臣系譜」及び森勝蔵の編纂による「藩制一班　巻之三　家中代々調書」の記述中に、諱が信秀、通称四郎兵衛を名乗る森姓の人物がいる。（上総古文書の会編　二〇一〇年『黒田家臣傳稿本―上総久留里藩主黒田氏家臣の記録―』上総古文書の会（一・五五・五六）頁）。

13　註12にて挙げた文献に同じ。四八頁。

14　墓誌銘は黒田直邦の出自（丹党のおこりから中山氏までの流れの説明を含む）、直邦の事績と死に至るまでの経緯などが記されている。註12に挙げた文献の四八～五〇頁を参照されたい。

15　註13に同じ。一四一・一四二頁。

16　原尚賢夫妻墓標の墓標形態は円首を呈し、右側面・裏面・左側面にかけて銘文が刻まれている。その点において初代直邦室墓標・二代直純室墓標・十五郎直明墓標に類似する。撰文は松﨑惟時、書は関其寧、墓標を建てたのは息子である原尚徳である。

17　註13に同じ。（四三）頁。

18　註13に同じ。二六・二七頁。

加賀藩主前田家の死と埋葬

北脇義友

はじめに

本稿では、加賀藩主前田家及び支藩藩主の死とそれに伴う埋葬という一連の事象について、考察していくことを目的とした。

藩主の死亡日が、複数あることがあるのは、よく知られている。しかし、このことについて、深く掘り下げた研究は少ない。そのなかで、大森映子[1]は岡山藩や人吉藩を例に挙げて、その原因の一つが「末期養子の禁」に関係していることを明らかにした。幕府は亡くなる直前に、急遽養子を取って跡を継がせること（急養子）を禁止していた。これは次第に緩和されたが、生前に養子を選定することは変わらなかった。しかし、実際には、死後も生きていることを装い養子願を出した。このことで、実際の死亡日と公の死亡日とにずれが生まれたとした。筆者は加賀藩主の実際の死亡日と公の死亡日の乖離について見ることにした[2]。そして、死後どのようにして、生きているように装ったかを見ていきたい。そのことで、武家社会において死がもたらすの意味について、その一端を見ることができると考えた。

藩主の埋葬法については、松原典明が儒教の影響を受けていることを指摘した[3]。筆者は藩の史料を基に岡山藩・土佐藩の埋葬法について論じた[4]。そこでは、一七世紀後半の一時期藩士や家臣の間に儒教が広がり、儒教の埋葬法を取り入れたことを明らかにした。儒教では、親の遺体を火葬することは遺体を傷つける行為として嫌った。北陸地方は「真宗大国」と言われるように極めて浄土真宗の影響が強い地域である。加賀藩支藩の富山藩において、明治初期に幕藩期の慣習を聞き取り調査した「慣例調書」によると、士族の約半分は土葬で、平民は八〜九割は火葬であった[5]。また、真宗地域では火葬が多いことが指摘されている[6]。そのような社会状況のなかで、埋葬法において儒教の影響を受けていたかどうかは興味深いところである。そこで、史料や改葬時の資料を基に、藩主の埋葬がどのように行われたかを明らかにしたい。

加賀藩の埋葬については、『野田山・加賀藩主前田家墓所調査報告書』（金沢市、二〇〇八年）がある。ここでは前田家文書の中にある治脩（一八一〇年卒）の石棺御棺等図を示しながら墓の構造を示した。また、金沢市立近世資料館で「野田山墓地」企画展（二〇一三年）が行われ、斉敬（一〇代藩主二男）・治脩（一一代藩主）の棺と香隆院（一一代藩主長男）の埋葬図が紹介されている。これらの先学の研究に一部屋上屋を重ねるところもあるが、史料を基に加賀藩の埋葬について論じていきたい。

一　藩主の死亡日

（一）加賀藩の死亡日

史資料を基に、藩主の死亡日を表1[7]に示した。幕府によって編纂された『寛政重修諸家譜』と異なっている例が見られる。慶安の変（一六五一年）を契機に「末期養子の禁」が緩められたが、①生きていること、②一七才以下五十才以上の場合は例外とすること、③江戸で亡くなった場合、幕府の役人が見届ける（判元見届[8]）ことが条件である。しかし、実際には亡くなった後に養子を決めている。そのために、死亡日時をずらす必要がでてくる。

　死亡時刻が異なるのは、吉徳である。彼は延享二年（一七四五）六月一二日に金沢城で亡くなった。「今暁寅上刻御逝去ニ候得共、江戸表之御首尾御都合有之ニ付、御隠密ニテ七半時過御披メ有之[9]」と実際は朝方亡くなったが、夕方に亡くなったとした。江戸表との関係で死亡日時を意図的にずらしている。

　二つの死亡日をもつのは、延享三年（一七四七）一二月に江戸で亡くなった宗辰に始まる。『寛政重修諸家譜』及び加賀藩の菩提寺である天徳院文書「御法号等書上帳」・富山藩市川文書「宗国略御系図　全[10]」では共に一二日に亡くなったと記している。しかし、墓碑銘では八日と刻んでいる。そこで、『政隣記[11]』を基に見ていくことにする。七日には、腹痛のため八十嶋貞庵他三名の医師が対応した。八日の昼過ぎ幕府の医師橘宗仙院に診てもらった。御用番老中堀田正亮に「御病体次第不軽」と報告し、一門・医師衆に知らせた。九日には御用番に「弥指重之旨」と告げた。

表１　加賀藩主の死亡日

代数	名前	和暦	西暦	死亡日 寛政重修諸家譜	死亡日 宗国略御系図	死亡日 御法号等書上帳	死亡日 墓碑銘	死亡場所	その他
初代	利長	慶長 19 年	1614	5/20	5/20	5/20	5/20	高岡	
3 代	光高	正保 2 年	1645	4/5	4/5	4/5	4/5	江戸	
2 代	利常	万治元年	1658	10/12	10/12	10/12	10/12	小松	
4 代	綱紀	享保 9 年	1724	5/9	5/9	5/9	5/9	江戸	
5 代	吉徳	延享 2 年	1745	6/12	6/12	6/12	6/12	金沢	
6 代	宗辰	延享 3 年	1747	12/12	12/12	12/12	12/8	江戸	急養子
7 代	重煕	宝暦 3 年	1753	4/12	4/12	4/12	4/8	江戸	急養子
8 代	重靖	宝暦 3 年	1753	10/15	10/15	10/5	9/29	金沢	急養子
9 代	重教	天明 7 年	1786	6/12	6/12	6/12	6/12	金沢	
世嗣	(斉敬)	寛政 7 年	1795	6/30		6/30	6/27	江戸	
10 代	治脩	文化 7 年	1810		1/9	1/9	1/7	金沢	
11 代	斉広	文政 7 年	1824		7/12	7/12	7/10	金沢	

2 つの死亡日をもつ藩主を太字で示した。天徳院文書「御法号等書上帳」(『野田山加賀藩主前田家墓所調査報告書』2008 年) による。「宗国略御系図　全」(天保 4 年、市川伯昭) 富山県立図書館蔵 (市川文書－ 4) による。

幕府の医師曲直瀬養安院ら七名が朝から夕方まで詰めた。宗仙院も午前中までいた。そして、医師たちが幕府の奏者に病状を詳しく述べた。一〇日には一門と相談し、宗辰の弟重煕を養子にすることを決め、「御養子御願書御判本為御見届、御大目付衆之内御招之趣ニ相成」とした。大目付水野忠啓の来訪を要請し、七半時（一七時）に水野忠啓による判元見届が行われた。そこでは、まず書院に通され、医師も含めて容体が述べられた。その後料理を出そうとしたが、役儀としてきたのでお茶・たばこ以外は無用と断られた。家臣の案内で、安芸守・肥後守・修理太夫・前田信濃守を伴い居間書院後ろの杉戸際まで来た後、家臣が持ち出した判を見届けた。再び書院に戻り、一同が書付を熟覧して終わった。合わせて①いとこ以上の書立、②御詰医師中の書立、③御容体書、④御詰の御一門方の書立を提出した。御詰医師中の書立では九名の医師の名前が挙がっている。いとこ以上の書立では弟重煕をはじめとする七名の名前が挙がっている。「武田叔安老・村田長安老（共に医師）を以て、但馬守様（重煕）并御家老中へ御内々上位有之、深く御隠密」[12]としているように医師が深く関わっている。一一日には、「次第ニ大切之体ニ御座候」と書かれた容体書を提出した。一二日には、「御病体御指重」になり、医師を呼び寄せた。亡くなると、老中に報告した。『政隣記』では、「今十二日卯ノ后刻御逝去ト御弘ニ候得共、実ハ八日申ノ下刻（一七時）也」[13]とし、公には一二日としているが実際には八日に亡くなったとしている。藩文書「日記頭書」[14]では、「申ノ下刻御落命ニ候得共、御隠密と候事」と八日に亡くなったとしている。家臣の日記「大野木克實日記」[15]では、八日には次第に指重り、九日には殊のほか大切になり、一二日の卯刻亡くなったとしている。

重煕は宝暦三年（一七五三）四月に江戸で亡くなった。その死を藩文書の「謙徳公御代日記」[16]を通して、見ていくことにする。六日に体調を崩したことから、七日には今まで診てもらった町医者入江広丹に加え、幕府の医者望月三英・武田長春院・森宗乙・井上交泰院・村田長庵に診察してもらった。その結果、病状が良くないことを一門に知らせた。八日には「御気色御勝不被成」と御用番に知らせた。「実者今昼過御逝去」と内実はこの日に亡くなったことを記している。九日には「御気色不軽」と御用番に届けた。一〇日には幕府の使者が来て、病状について尋ねられた。そして、「御気色指重」と御用番に届けた。一門の浅野宗恒（広島藩主）・佐竹義真（久保田藩主）・南部利雄（盛岡藩主）・保科容章（会津藩主後見役）・前田長泰（高家旗本）・前田利與（富山藩主）・前田利道（大聖寺藩主）が集まり、吉徳の子を養子とすることを決めた。浅野宗恒と前田長泰が養子願を御用番に持参した。危篤である旨を本国に伝えた。「但大御目付衆御判元見届ニハ御越無之」と判元見届はなかった。一二日には、朝方亡くなったことを御用番に届けた。『政隣記』では「謙徳公御代日記」に添って書かれているが、「実者今昼過御逝去ニ候得共、公辺へ之御様子有之御隠密也」[17]と詳しく書いている。興味深いのは死後投薬に携わった医者が日ごと変わっていることである。七日から三英、八日から長庵、一〇日から長春院と変化している。「大野木克實日記」では、一二日に亡くなったとしている。「日記頭書」では八日「今昼過御逝去」[18]としている。

重靖は、金沢において宝暦三年（一七五三）九月に一九才の若さで亡くなった。この時の様子を『政隣記』で追っていくことにする。二九日には「四時過御前御塞」になり、「御精神御慥ニ被為在候、健次郎殿を被為召、御意も有之候」と養子となる健次郎を呼んで話をした。実際には、墓碑銘からこの日に亡くなっている。翌月一日には「御気色御勝レ不被遊候」、三日には「御気色御指重之趣」と次第に悪化していった。四日には江戸表に医師の派遣を求めた。五日に亡くなると、次のことを家臣に告げた。「少将様御病気中、拙者共御前被召出、御養子之儀健次郎様へ御願置被成候間、右之通可奉心得候、若御逝去被遊候ハ、御家中之人々健次郎様へ御奉公可申上候」と生前に健次郎（重教）を養子にするよう遺言したことを告げた。九日には幕府の医者森宗乙が江戸を立ったが、一〇日には死去したことを知り、江戸に帰った。「日記頭書」では、二九日は「暮頃御塞直ニ御披不被候由[19]」と、病状の公表を控えたとした。

世嗣と期待された斉敬は、寛政七年（一七九五）六月に一八才の若さで亡くなった。「観樹公御葬式諸雑記巻一[20]」では六月晦日（三〇日）に亡くなったと記され、『寛政重修諸家譜』でも同日である。しかし、『政隣記』では晦日に亡くなったとしながらも、「実ハ今月廿七卯ノ二刻御逝去之事[21]」と書かれ、墓碑銘でも二七日と刻まれている。

治脩は文化七年（一八一〇）に金沢で亡くなっている。このことについて『政隣記[22]』で追っていくことにする。四日には「指引」になり、医者が昼夜にわたって詰めた。七日には甚だ「指詰」になった。八日にはついに「指重」の状態になり、富山藩・大聖寺藩より医者が一人ずつ招聘された。また、幕府に医者派遣の願いを出した[23]。九日の辰の中刻に亡くなった。墓碑銘では、七日と刻んでいる。

斉広は、文政七年（一八二四）七月に金沢で亡くなった。その様子を政務日記「諸事留帳[24]」でみていくことにする。一〇日には「御所労指引」、一一日には「御所労指重」と次第に悪化していった。そして、一二日朝には「最早御大切至極被為及候」と危篤状態となり、その後「不為叶御療養」と亡くなったとしている。しかし、別の文書では「御都合に付十二日ご逝去之儀に御発なり。御内実は十日なり[25]」としている。墓石には十日と刻んでいるが、墓誌には一二日に亡くなったとしている[26]。

（二）支藩藩主の死亡日

加賀藩には富山藩（一〇万石）と大聖寺藩（七万石）の二つの支藩があった。まず、富山藩についてみていくことにする。

富山藩主の死亡日を表2に示した。家譜①の「富山前田御家譜」は明治時代に作成された。家譜②の「富山候家譜」は加賀藩文書である。家譜③の「御家譜略図　全」は富山藩家臣市川伯昭によって作成された。利與以外三つの家譜は死亡日が同一であり、『寛政重修家譜』と合致している。墓碑銘では、複数で家譜との違いが見られる。富山藩では、利幸以降二つの死が常態化し、その多くは急養子である。それを具体的に見ていきたい。

二つの死亡日をもつのは宝暦一二年（一七六二）に亡くなった利幸に始まる。死亡日は家譜や墓碑銘から九月四日である。「富山候御家譜」[27]によると、六月より病気になったことから、参勤延引の届を幕府に出した。八月末より重病となった。三月に生まれた実子隆丸[28]がいたが、生得病弱なことから弟靭負を養子する願いを九月一日に提出した。「但此願之儀尤於江戸表本家納得之上重キ事ニ付、本家ヨリ酒井左衛門尉殿江内談有之相極ル趣也」と、本家と内々に相談して決めた。三日には危篤になったことを幕府に告げ、四日に亡くなったことを届けた。『政隣記』によると、八月四日に亡くなったとしている。これについて「隆丸当歳ト雖モ嫡男タル上ハ家督ノ譲リヲ受ヘキノ所、十七歳マテハ遥ノ義成長ノ程難計、此義本家ニ於テモ同意ノ趣ニ因テ、利幸末期ニ及テ利与を嗣子ニ立テ家督ヲ譲ル」としているように、幼少とはいえ実子が継ぐのが本来であったが、今後の成長が予測できないことから本家と相談したことが挙げられる。なお、ここで一七歳という点が大きな起因となっている。

利久は、家譜をみると天明七年（一七八七）八月に江戸で亡くなったとしている。その経過を「富山候御家譜」により、順を追って見ていくことにする。四日に病が重くなり、医師栗原昌庵・養安院・橘隆庵に診てもらった。六日の朝には大目付が判元見届に来て、藤堂佐渡守・前田安房守・先手倉橋三左衛門・村上内記、医師曲直瀬養安院・橘隆庵・栗原昌庵、坊主頭二人・坊主三人が立会った。そして、「手揮候ニ付印形仕候」[29]と記して藩主の印が押された養子願を御用番に本家納得の上持参した。そこには、医師養安院・橘隆庵・橘宗仙院から治療を受けていることを記している。七日に亡くなったとした。しかし、墓石に刻まれた死亡日は七月七日であることから、死後に養子願が出された。これらのことから、死後に容体書・養子願・判元見届が行われたことが分かる。

　利謙は享和元年（一八〇一）六月に江戸で亡くなったが、家譜では八月二六日に亡くなったとしている。それを「富山侯家譜」を通してみていくことにする。八月二三日には病状が悪化し、医師吉田快庵・橘宗仙院・吉田栄安・養安院に診てもらっていることを幕府に伝えた。二五日には急養子願書を幕府に提出した。この時妾腹の啓太郎がいたが、幼いことから利道の子を養子とした。この願書には吉田快庵・橘宗仙院・吉田栄安・養安院が治療に当たっていることを書き添え、藩主の花押欄には「手揮候ニ付印形仕候」としている。この願書については本家納得の上に提出した。判元見届は同日昼大目付が行った。立ち会ったのは織田出雲守・前田大和守・本多大隅守・先手市岡丹波守・彦坂九兵衛・柴田三左衛門、御典医吉田快庵・橘宗仙院・吉田栄安・養安院、坊主頭

表2　富山藩主の死亡日

代数	藩主名	西暦	和暦	死亡日						死亡場所	その他
				寛政重修諸家譜	家譜①	家譜②	家譜③	戒名帳	墓碑銘		
初代	利次	1674	延宝2年	7/7	7/7	7/7	7/7	7/7	7/7	江戸	
2代	利甫	1706	宝永3年	4/19	4/19	4/19	4/19	4/19	4/19	富山	
3代	利興	1733	享保18年	5/19	5/19	5/19	5/19	5/19	5/19	江戸	
4代	利隆	1745	延享元年	12/20	12/20	12/20	12/20	12/20	12/20	富山	
5代	利幸	1762	宝暦12年	9/4	9/4	9/4	9/4	9/4	9/4	富山	急養子
7代	利久	1787	天明7年	8/7	8/7	8/7	8/7	8/7	7/7	江戸	急養子
6代	利與	1794	寛政6年	8/29	8/29	8/22	8/22	8/29	8/22	江戸	
8代	利謙	1801	享和元年		8/26	8/26	8/26	8/26	6/25	江戸	急養子
9代	利幹	1836	天保7年		7/26	7/26	7/26		7/20	富山	
11代	利友	1853	嘉永6年		12/20				12/10	富山	急養子
10代	利保	1859	安政6年		8/18				8/18		

2つの死亡日をもつ藩主を太字で示した。家譜①は「富山前田御家譜」（[仮-51] 富山県立図書館蔵）・家譜②は「富山侯家譜」（[16.19-003] 加越能文庫）・家譜③は「御家譜略図　全」（[仮-52] 富山県立図書館蔵）による。戒名は「公譜要略」（[前-30] 富山県立図書館蔵）による。墓碑銘は「婦負郡長岡御廟所御代々御墓絵図」[前-257] 富山県立図書館蔵）による。

一人・坊主四人である。二六日には寅之中刻に亡くなったとした。しかし、墓碑から二ヵ月前の六月二五日に亡くなっている。

利幹は富山で天保七年（一八三六）七月二〇日に亡くなった。藩文書『利幹公御事　霊昭院様御逝去御葬式略留[30]』は二六日から書き始め、二六日の今暁丑の中刻に亡くなったとした。

利友は跡目を決めることなく富山で嘉永六年（一八五三）一二月一〇日に亡くなった。藩文書「嶽院様御病気御逝去一件手控[31]」では、亡くなった翌日の一一日から始まっている。一一日には「今暁八ツ時前、殿様ご病気昨夜以来俄ニ不被遊御勝候旨、御医者何も罷出拝診仕候処、不一形御容躰之由申聞有之」と急に病気が悪化したことから、医師に診てもらうと、ひとかたにならずとの診断を受けた。そこで、医者より容体書が出され、江戸表に早飛脚で知らせた。平癒を願い、寺社に祈祷を申し付けた。一方で一三日には極内々に遺骸を棺に納めた。一六日には、「殿様不被遊御勝、御急変之程も難計旨御医者中ゟ申聞候」との診断を受ける。一七日には「殿様御疲労不一形」ということから、容体書を御用番に提出する。一九日には「殿様御病気次第ニ指重」になったことから、金沢・大聖寺に容体書を送った。仮養子主計を養子にすることを決めた。翌日二〇日に「今朝丑之下刻御医者中寄合所へ罷出、殿様御事唯今御絶脈被遊候」と早朝亡くなったとした[32]。加賀藩の年寄奥村栄通の御用留でも二〇日に亡くなったとしている[33]。しかし、実際には墓碑銘から分かるように一二月一〇日に亡くなっており、死後文書を整えたことがわかる。

次に大聖寺藩についてみていくことにする。その藩主の死亡日を表3に示した。大聖寺藩で特徴的なことは、一八世紀後半から急養子が増えていることと、公辺の死亡日をほぼ墓碑銘に刻んでいることである。

二つの死亡日が見られるのは元文二年（一七三二）九月六日に亡くなった四代藩主利章からである。『寛政重修諸家譜』及び墓碑銘では七日に亡くなったことになっている。しかし、『政隣記[34]』では、「実者六日御卒去に候得共、御首尾有之、七日御卒去と御届被成候事」と六日にしている。

利物は天明八年（一七八八）九月二七日に江戸で亡くなった。一方『寛政重修諸家譜』と同様に、家臣笠間亨[35]の日記では一一月五日丑の中刻亡くなったと記している。『政隣記』では二七日夕方より体調を崩したとしながらも、「実ハ今廿七日夕御卒去、併御養子御僉儀等之趣有之[36]」とし、亡くなった後に養子を決めたことが記されている。その後の様子を『政隣記』で追っていくことにする。九月以来、医者養安院の治療を受け、一〇月になっても連日御医師が詰めた。一六日には大聖寺より家老が来た。一一月二日には、危篤の旨を幕府に届け、三日には幕府の使者が見分に来る。四日には幕府御用番に養子願を差し出し、翌日暁に亡くなったとした。

利精は寛政三年（一七九一）九月に大聖寺で亡くなっている。彼は素行の悪さから廃位となり、幽閉を余儀なくされた。家臣の日記では一五日に指重になり、一七日には午前中に金沢御医師横井元秀が来

表３　大聖寺藩主の死亡日

代数	藩主名	西暦	和暦	死亡日 寛政重修諸家譜	死亡日 家譜（公辺）	死亡日 系譜	死亡日 戒名	死亡日 墓碑銘	場所	その他
初代	利治	1660	万治３年	4/21	4/21	4/21	4/21	4/21	江戸	
2代	利明	1692	元禄５年	5/13	5/13	5/13	5/13	5/13	江戸	
3代	利直	1710	宝永７年	12/13	12/13	12/13	12/13	12/13	江戸	
4代	利章	1732	元文２年	9/7	9/ 6(9/7)	9/7	9/6	9/7	信州	
5代	利道	1781	天明元年	1/14	1/14	1/14	1/14	1/14	江戸	
7代	利物	1788	天明８年	11/5	9/27(11/5)	11/5	11/5	判読不明	江戸	急養子
6代	利精	1791	寛政３年	9/17	9/15(9/17)	9/17	9/17	9/17	大聖寺	
8代	利考	1805	文化２年		12/25(1/21)		12/25	1/21	江戸	急養子
9代	利之	1836	天保７年		12/10(12/15)			12/15	大聖寺	
10代	利極	1838	天保９年		9/12(10/4)			9/12	大聖寺	急養子
11代	利平	1849	嘉永２年		7/7(8/19)			8/19	大聖寺	急養子
12代	利義	1855	安政２年		4/20(5/23)			5/23	江戸	急養子
13代	利行	1855	安政２年		5/23(1/22)			正月	金沢	急養子

２つの死亡日をもつ藩主を太字で示した。家譜は「大聖寺侯家譜等」（加越能文庫）による。そこには、公辺の死亡日も記している。系譜は「系譜」（加越能文庫）による。戒名は「公譜要略（下）」（富山県立図書館蔵）」による。墓碑銘は「加賀市指定史跡大聖寺城跡大聖寺藩主前田家墓所確認調査報告書」（加賀市教育委員会 2017 年）による。

て、午中刻（正午）になくなったとしている。その一方で「御卒去ハ一昨十五日朝之由也、乍併当時御縮中ニ而御卒去ト申事ハ如何敷事故、金沢江御伺ニ而今日迄相延由也」[37]と幽閉中なので、加賀藩に伺いをたて、死亡日を延ばしたとした。ここで興味深いのは、死亡日を本藩に伺いを出したことである。

利考は文化二年（一八〇五）一二月二五日に江戸で亡くなった。家臣の日記「日記抜書」[38]によると一二月頃から体調を崩し、翌年一月二五日には差重になった。二〇日には大目付井上美濃守の判元見届が行われ、月番に急養子願が提出された。実際には前年の一二月二五日に亡くなっている。

利極は天保九年（一八三八）に大聖寺で亡くなった。「大聖寺候家譜等」によると、重病になり実子がいないことから一〇月四日に養子願を提出し、同日亡くなったとしている。しかし、同文書に実は九月一二日に亡くなったと記している。墓碑銘も一二日に亡くなったと刻んでいる。

利平は嘉永二年（一八四九）に大聖寺で亡くなった。「大聖寺候家譜等」によると、重病になり実子がいないことから、八月一八日に養子願を提出した。一九日に亡くなったとしている。しかし、同文書に実は七月七日に亡くなったと記している。

利義は安政二年（一八五五）に江戸で亡くなった。「大聖寺候家譜等」では、五月二〇日には重病になり、二二日には養子願を提出した。そして、二三日に亡くなったとしている。しかし、同文書に実は四月二〇日に亡くなったと記している。家臣の日記「御用方手留」[39]では、四月二八日には体調が悪くなり、幕府の医師多紀楽真院・辻元為春院に診てもらったが、よくならなかった。五月二三日暁丑の下刻に亡くなったとしている。このことから、亡くなってから幕府の医者に診察を受けたことにしている。

利行（幼名豊之丞）について「大聖寺候家譜等」には次のように書いている。安政二年（一八五五）五月四日には加賀藩主斉泰室溶姫の養子となった。利義の忌服後病気の為に長旅ができないことから、七月一二日に名代をもって利行が家督相続をした。九月一五日には幕府に桃之助の丈夫届を提出した。九月一七日には「病気増長不得、且公役可勤躰無之[40]」ということから、養子桃之助への家督相続を願い出た。一〇月二九日には家督相続が認められ、利行は病身により隠居した。一一月八日には加賀藩主斉泰より療養のために大聖寺に行くことを願い出る。一二月一六日には金沢を立ち、一八日には大聖寺に着いたとしている。「実遺骸ニ付実性院ニ到着」と寺に入り、埋葬された。翌年一月二二日に大聖寺にて亡くなったと書きながらも、実は金沢で五月一六日に亡くなったと記している。一方で藩士が書いた「御用方手留」では、五月一八日には次第に衰弱していったとしながらも、「御内実之処ハ、夜前五時前指詰り[41]」と内実は一八日夜金沢で亡くなったと記している。一〇月二九日には桃之助が江戸城に登城し、豊之丞が隠居して養子桃之助が家督相続となった。一二月一六日には保養として金沢から大聖寺に向けて出発し一八日に着いたとしているが、実際には実性院に内葬した。翌年一月二二日巳の刻に亡くなったとした。死後、半年を経て埋葬されている。

二　死から埋葬へ

（一）加賀藩主

死から埋葬前までを遺骸の物理的移動の観点から、見ていくことにする。亡くなると、まず棺に入れられる。国元では、墓所の選定及び墓壙の工事が行われる。それが終わると寺に移動し、埋葬が行われた。それぞれの日数を表4に示した。そして、国元では亡くなると、二週間前後で埋葬が行われた。江戸で亡くなると、二週間前後江戸で安置された後金沢に運ばれた。これら具体的に見ていくことにする。

重教（一七八六年死）は六月一二日に金沢で亡くなると、一四日の夜明け頃に棺に入れ、七ツ時に二重棺に入れた。江戸で亡くなった世子斉敬（一七九五年死）では、棺の中箱に入った状態で国元に運ばれた[42]。重脩（一八一〇年死）の埋葬の絵図[43]（図1）を見ると、肌棺を中箱に入れている。これらのことから、亡くなると肌棺、中箱と二重の棺に入れられた。肌棺は厚さ一寸七分（〇・〇五二m）の桐を用い大きさ外法五尺八寸四歩（一・七七m）×二尺七寸四分（〇・八三m）、深さ二尺三寸四分（〇・七〇九m）である。中箱は厚さ一寸八分（〇・〇五五m）の桧を用い大きさ外法六尺五寸六分（一・九八八m）×三尺四寸六分（一・四八m）である。肌棺と

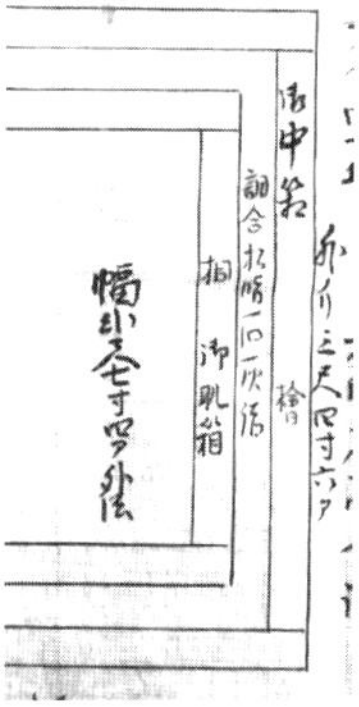

図1　治脩の棺

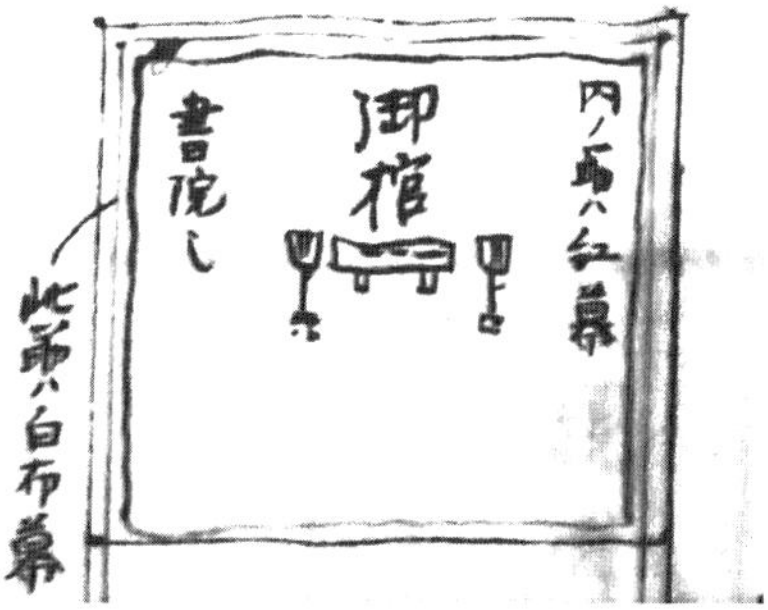

図2　遺骸の安置

表4　加賀藩主の死から埋葬までの日

名前	死去年	日にち	公表日	出発日	埋葬日	場所
前田利長	1614	5/20	5/20			高岡
前田利常	1658	10/12	10/12			小松
前田光高	1645	4/5	4/5			江戸
前田綱紀	1724	5/9	5/9	5/20	6/10	江戸
前田吉徳	1746	6/12	6/12		6/26	金沢
前田宗辰	1747	12/8	12/12	12/28	1/20	江戸
前田重熙	1753	4/8	4/12	4/25	5/13	江戸
前田重靖	1753	9/29	10/5		10/19	金沢
前田重教	1786	6/12	6/12		6/26	金沢
[前田重敬]	1795	6/27	6/30	8/7	8/25	江戸
前田治脩	1810	1/7	1/7		2/5	金沢
前田斉広	1824	7/10	7/12		7/28	金沢

中箱の間には、松脂と石灰を調合したものが詰められた。重敬の中箱は厚さ九分（〇・〇二七ｍ）で大きさは外法四尺九寸（一・四八五ｍ）×二尺六寸九分（〇・八一五ｍ）、高さ二尺八寸七分（〇・八七ｍ）である。共に長方形の棺である。

埋葬の準備ができると、寺に運ばれて葬儀が行われた。斉敬（一七九五年死）では、図2のように天徳院の書院上間に置かれている。部屋は白布幕で覆い、さらに紅幕が引かれ、中央に棺が置かれた(44)。

江戸から金沢への遺骸の移動について、綱紀の例を見ていくことにする。享保九年（一七二四）五月九日に江戸で亡くなると、その当日の夜には御棺納御用及び道中奉行を決める。一三日には訃報が金沢に達する。一四日には、遺骸を運ぶのに必要な人馬について「道中通人馬賃銀等過分高直ニ付、一統難儀仕段達御聴(45)」と高値に苦慮している。一五日越中境より金沢に至るまでの道を修理する。具体的には細い所を広くしたり、両方に玉縁を取り、砂を敷いた。また、小川に橋をかけ、大川には船橋をかけた。一六日には墓所の普請が始まり、人足毎日三千人余りであった(46)。一八日には「御棺製、幅五尺長六尺三重之御座棺也」としている。一九日には金沢において、棺の通る道を見分する。二〇日棺が江戸を出発する。このように人馬の用意や道の整備などが江戸出立まで行われた。それと同時に墓所の普請が行われた。六月七日金沢に着いた。一〇日天徳院の葬儀が終わると、野田山に葬られた。

宗辰は延享三年（一七四七）一二月八日に亡くなったが、公辺には一二日に亡くなったとしている。一五日には棺に入れられた(47)。このことから判元見届時点では、遺骸が布団の中に置かれていたことになる。遺骸は一二月二八日に江戸を立ち、一月一七日に天徳寺に着いた。一月六日には家老本多政昌が野田廟所を見分した。七日には寺を見分し、棺が着いてから葬式・法事までのことについて話し合った。一七日には再び本多政昌が廟所を見分した(48)。そして、一九日に埋葬された。

（二）支藩の場合

富山藩主利友は富山で嘉永六年（一八五三）一二月一〇日に亡くなったが、公辺では二〇日としている。一三日には「今暁極内々御体浴御入棺相済候由」[49]と公表日以前に棺に入れられた。

大聖寺藩主利行は安政二年（一八五五）五月二三日に亡くなったが、公には翌年の一月二一日に亡くなったとした。七月朔日の前日には加賀藩主斉広室真龍院から「御遺骸長ク其儘ニ被為成置候義、何与歟御内葬抔も出来不申ものニ候哉、非常等も有之義［甚御懸念］、其上筑前守様御住居与壁一重隔候迄ニ而詰僧も罷在、何廉御扣被遊候、仍而真龍院様ニも金谷御殿江不被為入候、何分御内葬抔之僉義方も無之ものニ候哉之旨等御意ニ付、御尤之御義ニ御座候」[50]と真龍院から内々に埋葬できないかの申し出があった。この件は結局実現できず、翌年の一月まで差し止められた。このことから、遺骸の対処に困りながらも長期間そのままにされたことと、公にされる以前に埋葬するという手段があったことが分かる。

三　藩主の埋葬

（一）加賀藩主一族の埋葬

光高（一六四五年死）の遺骸は天徳院にあったが、一九五二年に野田山墓所に移された。この時の作業記録によると、幅三尺（〇・九〇九m）四方の石棺の中に、高さ二尺五寸（〇・九五八m）・幅二尺（〇・六〇六m）の瀬戸焼の壺に納められていた[51]。

利常は万治元年（一六五八年死）に小松城で亡くなると、火葬が行われた。

綱紀の長男利清（一六七五年死）は二歳で亡くなった。遺骸は木棺に納められ、内法三尺の石槨に入れられた。石槨内は栗石で覆われ、光高の形式と同様であった。(52)

綱紀（一七二四年死）は野田山墓所に葬られ、その棺は『政隣記』によると、埋葬の二日前には幅五尺（一・五一五ｍ）長六尺（一・八一八ｍ）の棺が作られ、三重の座棺としている。(53)

重靖（一七五三年死）は天徳院に葬られ、その後野田山墓所に移された。移転した時の石槨を図3(54)に示した。それによると、外側は厚さ一尺五寸（〇・四五五ｍ）の戸室石を用い、その大きさは外法八尺五寸（二・五七六ｍ）×九尺三寸（二・八一八ｍ）である。その中に二重の木棺である。石棺と木棺の間には木炭、木棺と木棺の間には石灰が入れられていた。遺骸は足を前に出し、座った状態とみられるとのことであった。最も内側の内法は二尺二寸（〇・六六七ｍ）であった。(55)

重教（一七八六年死）は図4(56)のような石槨に納められた。石槨は厚さ六寸（〇・六六七ｍ）で内法五尺九寸四分（一・八ｍ）×八尺九寸四分（二・七〇九ｍ）であった。世子斉敬（一七九五年死）の埋葬法を図

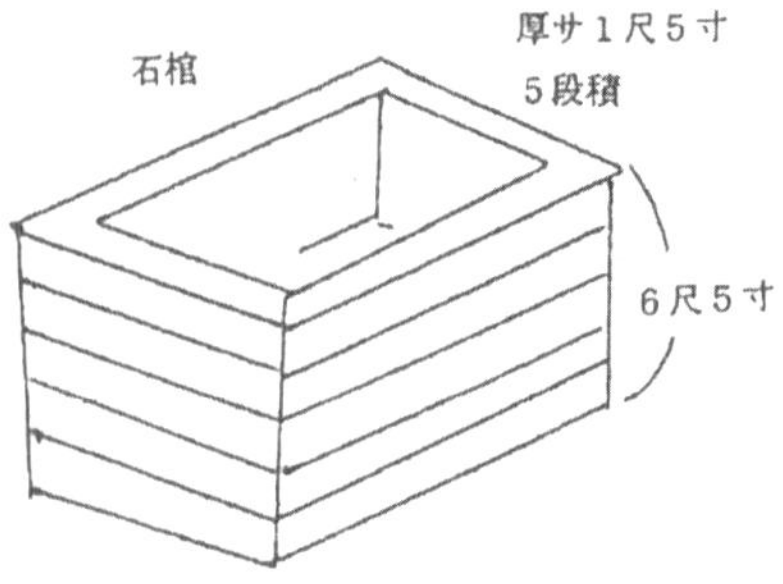

図３　重靖の埋葬の絵図

表５　棺の厚さ

藩主名	肌棺	中箱	外箱	石槨
重教				６寸
斉敬		９分	２寸２歩（草槙）	６寸
治脩	１寸７分（桐）	１寸８分（桧）	２寸２歩（草槙）	６寸

表６　詰めものの厚さ

藩主名	炭	石灰・松脂
斉敬	５寸	４寸５分
治脩	５寸	４寸５分

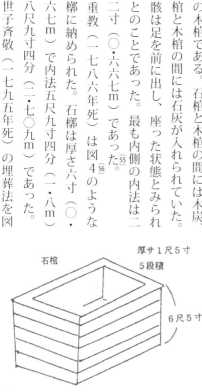

5[57]に示した。まず墓壙の中に厚さ六寸（〇・六六七m）で内法五尺三歩（一・六〇六m）×七尺二寸四歩（二・一九四m）の石槨が据えられた。その中に厚さ二寸二歩（〇・〇六七m）の外箱（草槙）が置かれ、石槨と外箱の間五寸（〇・一五一m）の炭が入れられた。埋葬時には江戸から来た中箱が外箱の中に入れられ、その間四寸五分（〇・一三六m）に石灰と松脂を詰められた。

治脩（一八一〇年死）の埋葬法を図6[58]に示した。その埋葬法も、斉敬と同様の構造をとり、踏襲している。死後中箱の大きさが決まると、外箱・石槨や詰め物の厚さが一定なことから、自動的に墓壙の大きさが決まることになる。江戸で亡くなった斉敬の場合、江戸から中箱の大きさが伝わると、それに沿って墓壙が掘られることになる。斉敬・治脩の棺の厚さ（表5）、詰め物の厚さ（表6）に示した。この時期には、埋葬方法も定形化している。

慶寧の室通子（一八六四年死）の埋葬は斉敬と同様で、石槨の大きさは六尺（一・八一八m）×八尺五寸（二・五七六m）であった[59]。

どのように墓壙が掘られたのであろうか。藩主について書かれたものは残っていないが、治脩の子利命

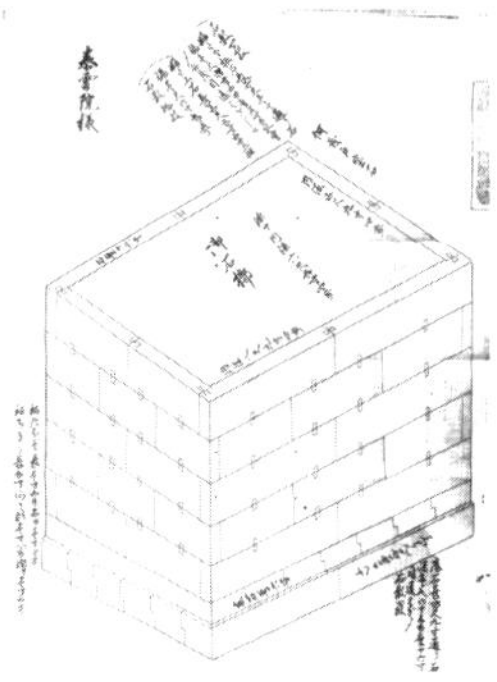

図4　重教の石棺

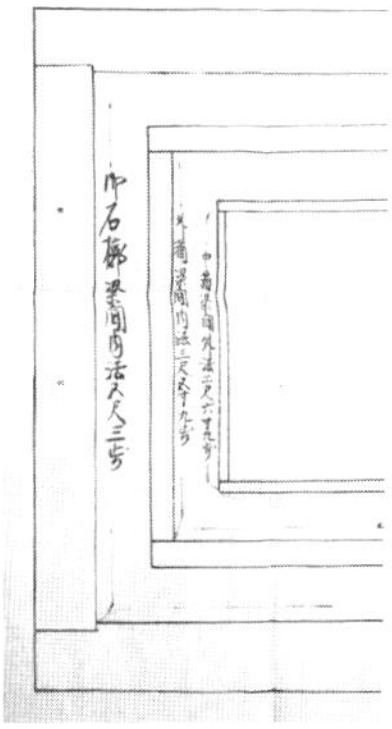

図5　斉敬の棺

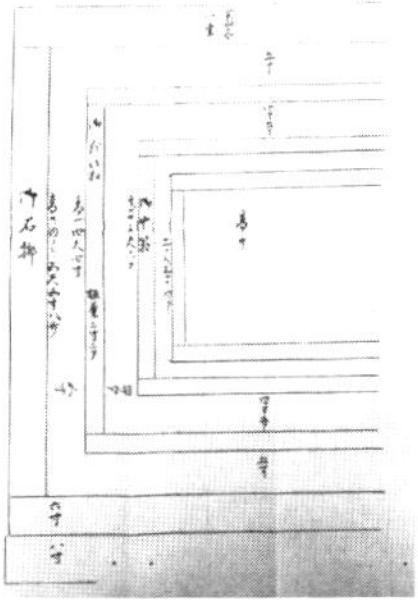

図6　治脩の棺

（一八〇五年死）の墓壙の絵図が残されている。それを図7に示した(60)。これを見ると墓壙は中段と下段の二段で掘られている。中段は階段状に掘られ、深さは一丈（三〇三m）である。中段にはろくろで棺を降ろすために火屋が建てられた。さらに、石槨の大きさに合わせて深さ八尺（二・四二四m）が掘られた。そして、五段に積まれた石槨の中に外箱が置かれ、その間には松脂石灰が敷かれている。

炭、石灰が用いたことが確認できるのは重靖（一七五三年死）で松脂は治脩の埋葬で見られる。これらは儒教の『朱子家礼』で見られる埋葬方法である。それによると、炭は木の根の侵入を防ぐためで、石灰は時間が経つと固くなることから虫の侵入や盗掘を防ぐことができるとしている。松脂は油を混ぜて瀝青を作り、それを塗料とした。さらに、重靖以降ブロック状の戸室石を五段組み上げる方法をとっている。

埋葬時には、墓誌が置かれた。墓誌は『朱子家礼』では間違っ

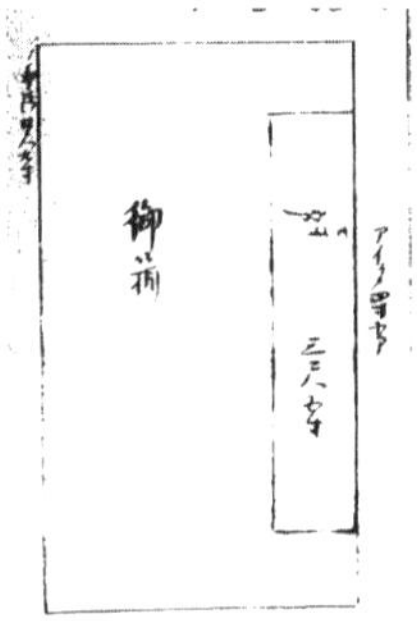
図8　斉敬の墓誌

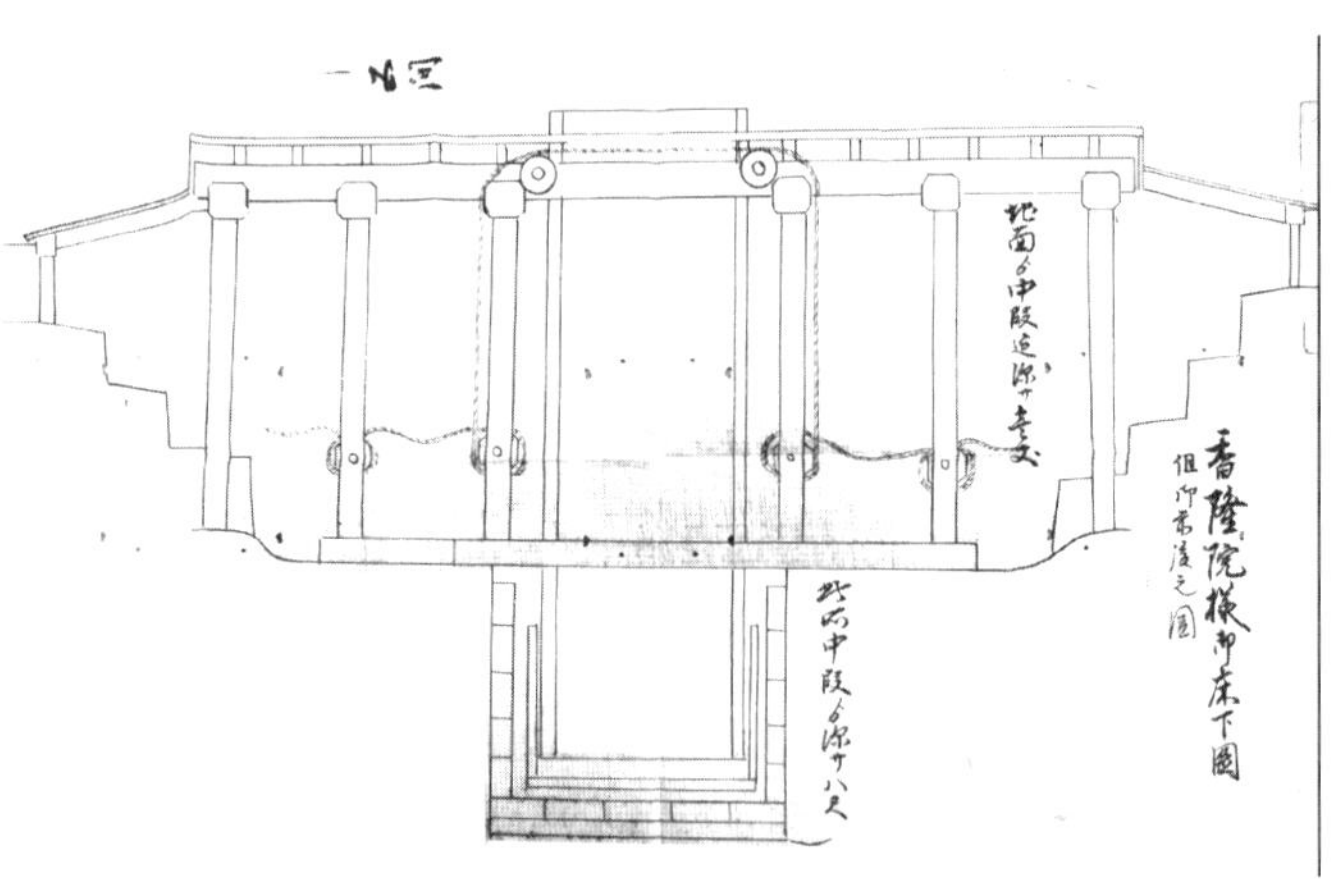
図7　利命の墓壙

て掘り出されたときに、この石があれば再び埋め戻してくれることを期待して、埋められた。斉敬では図8[61]のように石槨の上に墓誌（厚さ三尺五寸・長さ七尺五分）が置かれている[62]。また、重靖（一七五三年死）でも立てて置かれている。斉敬（一七九五年死）では墓壙に血脈の位牌も納められた。

おわりに

藩主においては、二つの死亡日があった。一つは実際に亡くなった日で、もう一つは公にした日であった。文書からだけでは、実際の死亡日かどうか判断することは困難である。そこで、実際の死亡日を探るのに重要な手がかりとなるのは墓碑に刻んだ死亡日である。これにより、実際の死亡日を確定することができる。しかし、大聖寺藩にみられるように、公の死亡日を刻むこともあり万能ではない。

実際の死亡日を確定することで、次の以下のことが分かる。死亡日の操作は一七三二年に亡くなった大聖寺藩主利章に始まり、その以後は二つの死亡日が常態化している。死後の急養子は一七四七年に亡くなった加賀藩主宗辰に始まり、これ以降しばしばみられるようになった。その原因の一つに「末期養子の禁」が絡んでいる。末期養子の禁は後にゆるめられたが、生前に養子願を幕府に提出することは変わらなかった。そこで、亡くなっているにもかかわらず、あたかも生きているように工作する必要があった。死後にだれを養子にするか話し合いが行われた。話し合いが決まると、江戸で亡くなった場合には幕府の役人による判元見届が行われた。この判元見届では、幕府の医者が生きていることを証明した。国元で亡くなった場合、アリバイ工作のため幕府に医者の派遣を求めた。手はずが整うと、養子願を提出した。その後、数日内に死亡したことを公表した。宗辰のケースをモデルにして、以後の藩主は、養子が決まると養子願を提出し、死を公表した。死亡日は大聖寺藩主利精の例に見られるように、藩主の死亡日は周辺の人と相談の上決められるものであった。

　緩和されたとはいえ「末期養子の禁」がある以上、生前に養子を決めておく必要がある。しかし、死がいつ訪れるかは分からず生前に決めておくのは困難である。養子の選定には一門の同意が必要である。さらに支藩では本藩との合意も必要とする。そこで、死後に養子の選定を行い、決定すると幕府に養子願を提出し死亡届を提出するようになった。

　江戸で亡くなった場合には、埋葬するまでに数週間かかる。養子が決まらない場合には数か月かかる場合もある。そこで、長期間藩邸や城内にとどめて置かれることになる。死後すぐに腐敗が始まり、体液や悪臭が発生することからその対策として二重の棺にし、密閉する必要が生まれた。国元で埋葬されることで、さらに多くの日数がかかることから遺骸の保存方法が工夫されるようになった。埋葬法は一七世紀の中頃までは火葬が行われ、壺が使われた。一八世紀には土葬に変わると共に、中頃には炭や石灰・松脂が使われるようになった。

　炭や石灰・松脂の使用は儒教の「朱子家礼」に書かれている方法である。その使い方も棺の周りを取り囲むように詰めていることも「朱子家礼」に書かれている方法である。また、墓誌の使用も「朱子家礼」に書かれている。この点では、儒教の影響を受けているといえる。しかし、「朱子家礼」では棺は台形状で材料として杉としているが、加賀藩では桧・桐を使用している。祭礼でも死後三日目に棺に入れるとしているが、加賀藩では人によって異なる。これらのことから、儒教の影響は極めて限定的である。一九世紀には、埋葬法も定形化していった。

　藩主にとって、死亡日は家督相続とかかわることから幕府や他藩の親戚との調整が必要であることから極めて公のことであった。一方で、埋葬や墓石は家にかかわる範疇に収まる私的なことであった。そのため、墓石に刻まれた死亡日は実際の死亡日を刻んだ。大聖寺藩では加賀藩と富山藩と異なり、死亡日も公の死亡日を刻んだ。それが多様な埋葬の形式を生んだ要因と考える。

註

1　大森映子　二〇〇四『お家相続 大名家の苦闘』角川選書。

2　幕末には家臣においても末期養子が頻繁に行われていた。『政隣記　文化元年─文化二年』には、文化二年（一八〇五）一二月一六日に跡目を仰せつけられた家臣二四名の氏名が記されている。その中で、養子に継がせたものが一五名（六三％）と半数を超えている。さらに、その内一〇名が末期養子（四二％）で、多くの養子は末期に決めている。

3　松原典明　二〇一二『近世大名葬制の考古学的研究』雄山閣。

4　北脇義友　二〇二一「岡山藩池田家埋葬考」（『墓からみた近世社会』雄山閣）、北脇義友　二〇二二「土佐藩主の死と埋葬」（『近世大名の葬制と社会』雄山閣）。

5　「慣例調書」明治九年調（富山県立図書館蔵〔前─一五五〕）、これは明治政府が旧藩の慣例を調査したときのものである。

6　蒲池勢至　一九九三「「無墓制」と真宗の墓」（『国立歴史博物館研究報告第四九集』）、ここでは真宗地域では、火葬にして遺骨を寺に納骨することで墓が見られないことがあるとしている。

7　法号に関しての死亡日は「前田家御代々様等御法号等書上帳（天徳寺文書）」（『野田山・加賀藩主前田家墓所調査報告書』（金沢市埋蔵文化財センター　二〇〇八）に依った。

8　これに関して、二つの聞書がある。目付・大目付を歴任した山口泉処は「後世になっては、大概は既に死んでしまって冷たくなっても、屏風を立ててその中に死んだ者を寝かしておいて、ちょうど生きているような体勢にして、そこに親戚相揃って、何某事このたび大病につき、何の誰を養子にして、縁続きならその由緒を書き、この者に家督を下さるように願い奉り候、ということを書いて花押をするのですが、大病について花押が出来ぬということなら、実印を捺すのです。実印は略した方になっておりました。それを屏風の中で、病人が捺す積りで、親戚の者が捺すのです。こちらも生きている積りで見届けて来るのですが、それが判元見届でありました。急養子というのは臨終に養子をするからです。」（明治二四年聴）と述べている。（旧東京帝国大学史談会『旧事諮問録』昭和三九年、一八五頁）

もう一つは明治の半ば過ぎ聞き書き篠田鉱造『幕末百話』（岩波文庫増補『幕末百話』一六四頁）がある。そこには、幕府の大目付が検分に来ると「六枚折の枕屏風（金屏風）が折廻してあって、生存中の態に做し、御屏風の裡から用人がソッと殿様の替玉で願書を差出す。用人の役こそ大仕事。ソレで公辺無難に済みますが、実際はわいろの力でした。なんでも金の世の中です」と描かれている。

8　高木喜美子編集　二〇一四『政隣記　従元文元年至延享四年』一七二頁、政隣記（金沢市近世資料館蔵）は加賀藩士（七百石）津田政隣が天文七年（一五三八）から文化一一年（一八一四）までを編年体で書き留めたものである。『加賀藩史料』では、基礎史料と利用している。

10　「宗国略御系図　全」（富山県立図書館蔵［市川文書－四］）は天保四年に富山藩士市川伯昭によって、作られたものである。市川家は代々近習頭や御裏預りを務めた家系である。

11　前掲『政隣記　従元文元年至延享四年』二〇一四年、三七四頁。

12　前掲『政隣記　従元文元年至延享四年』二〇一四年、三七八頁。

13　前掲『政隣記　従元文元年至延享四年』二〇一四年、三八四頁。

14　金沢市立玉川図書館加越能文庫「日記頭書　一」（［一六、一一－〇九五］）藩主に関わる年譜（一七四五

15　～一七六五）で、前田貞醇蔵本（一七六七年）の写しである。

高木喜美子編集『大野木克寛日記　三巻』二〇一一年、桂書房　大野木克寛は大少将となり、小松城番・奏者番を勤めた。

16　加越能文庫「謙徳公御代日記」（［一六、四〇―〇三二］）一七五一年～一七五三年までの覚留で主要事項について書かれている。弘化四年（一八四七）写本の写しである。

17　前掲『政隣記　寛政六―七年』二〇二〇年、一九二頁　書かれている順序や内容もほぼ一致していることから、『政隣記』のこの部分は「謙徳公御代日記」を基に書いていると思われる。

18　前掲「日記頭書　四」（［一六、一一―一〇九五］）。

19　前掲「日記頭書　三」（［一六、一一―一〇九五］）。

20　加越能文庫「観樹公御葬式御法事留」（前田家編輯方手写［一六、一六―三九〇］）。

21　『政隣記　従延享四年至宝暦十年』二〇一四年、一三〇頁。

22　「政隣記」『加賀藩史料　一一編』、八六三頁。

23　「金龍公記史料」『加賀藩史料　一一編』、八八五頁。

24　加越能文庫「諸事留帳」（一六、四一―一一六一）文政七年、家老役横山政孝。

25　「斉広様御伝略等之内書抜」『加賀藩史料　一三編』、四七九頁。

26　「金龍公墓誌」『加賀藩史料　一三編』、四八九頁。

27　「御家譜略図　全」（［仮―五二］富山県立図書館蔵）。

28　後に藩主（利久）となったが、公辺には利与の嫡子とし、宝暦一一年に生まれたとしている。年齢も一歳さばをよんでいる。

29 「富山候御家譜」（富山県立図書館蔵［内山文書―二四］）。
30 「利幹公御事　霊昭院様御逝去御葬式略留」（富山県立図書館蔵［内山文書―一三］、嘉永六年～安政元年）
31 「嶽院様御病気御逝去一件手控」（富山県立図書館蔵［富―一四五］）。
32 「従利謙利声迄家譜」（［仮―五五］富山県立図書館蔵）。
33 加越能文庫「御用方手留」（金沢市立玉川図書館『御用方手留　一』）、筆者は奥村栄通で役務のために書いた日記である。なお、奥村家（一万七千石）は加賀八家の一つで代々加賀藩の年寄役・人持組頭を勤めた。
34 「政隣記」『加賀藩史料』六編。
35 笠間亨「天明戌申私事日記」『加賀市史料（九）』（一九八九年）、笠間亨は大聖寺藩の小姓・近習などを務めた。
36 前掲『政隣記　天明七―九年』二〇一七年、一五七頁。
37 笠間亨「寛政三年辛亥私事日記」『加賀市史料（九）』加賀市立図書館一九八九。
38 「日記抜書」『加賀市史料（七）』一九八七年、家臣清水八郎左衛門長裕の日記である。
39 「御用方手留」『御用方手留』金沢市立近世資料館、二〇二一年
40 加越能文庫「大聖寺候家譜等」（［一六、一九―〇一八］明治二〇年作成）。
41 「御用方手留」『御用方手留　一』金沢市立図書館、二〇一九年。
42 金沢市立玉川図書館清水文庫「観樹院様御棺御絵図等」（［特一八、（―三八］）。
43 清水文庫「太梁院様御石槨御棺之図」（［特一八、（―四〇］明治二〇年作成）これは葬式の時の詰人の書付である。
44 加越能文庫「観樹院御葬式等留」（［一六、一六―三九〇］）。

45　前掲『政隣記　従享保元年至享保二十年』二〇一三年、一三七頁。
46　前掲『政隣記　従享保元年至享保二十年』二〇一三年、一三八頁。
47　加越能文庫「前田貞幹手記」［一六、四―一一〇九］　前田貞幹の政務日記である。
48　高木喜美子編集『大野木克實日記　四巻』。
49　前掲「嶽院様御病気御逝去一件手控」。
50　前掲「御用方手留」『御用方手留』。
51　金沢市『野田山・加賀藩主前田家墓所調査報告書』二〇〇八年、横山方子によると光高は江戸で荼毘されたとしている。（横山方子「加賀騒動残像Ⅲ」『石川郷土史学会々誌』二八号）。
52　前掲『野田山・加賀藩主前田家墓所調査報告書』。
53　前掲『政隣記　享保元‐廿年』二〇一三年、一三九頁。
54　前掲『野田山・加賀藩主前田家墓所調査報告書』八四頁、「重靖墓図」より転載。
55　前掲『野田山・加賀藩主前田家墓所調査報告書』。
56　清水文庫「泰雲院様御石槨之図」（［特一八、一―三九］）。
57　前掲「観樹院様御棺御絵図等」。
58　前掲「太梁院様御石槨御棺之図」。
59　前掲『野田山・加賀藩主前田家墓所調査報告書』。
60　清水文庫「香隆院様御床下図」（［特一八、一―四一］）
61　前掲「観樹院様御棺御絵図等」。
62　前掲『野田山・加賀藩主前田家墓所調査報告書』。

近世京極家の祖先祭祀と墓所造営

松原典明

はじめに

令和五年六月、石造物研究会が主催で奈良元興寺研究所で「墓標からみた近世社会のはじまり」というシンポジウムが開催された。その際に「大名家墓所から捉えた近世のはじまり」と云う命題に対し、大名墓からみた「近世社会」は、何時、どの様にはじまるのか、その過程を考古学的知見を交え、近江の京極家・飯能の黒田家・安芸の毛利家筆頭家老宍戸家について概観した。今回ここでは、特に京極家を再度取り上げ、近世期初頭、京極家が「家」を存続させ、墓所をどの様に造営したのかについて、祭祀に着目して捉えなおしてみたい。

京極家は、近江源氏佐々木氏の一流で、京極氏信（一二二〇〜一二九五）を家祖とする家であるが、今回は、中世期京極家の動向については触れず、関ケ原の戦い以後、小浜を拝領した京極高次以降の歴代藩主による墓所造営と祭祀事業に焦点を当てる。その前提となるのが、近世社会形成においては、中世後半から近世初期における社会構造の変化や、幕府統治システムの影響は大きく、転封によって拝領地が大きく変わることや、相続は、「家」の存続と密接に関係していたことを踏まえる必要があろう。これは、京極家に限ったことではなく、近世初期の特に外様大名らに共通する条件でもあろう。

そこで、少し関ケ原前後の近世初期の社会状況に触れ、墓所造営や相続がどの様に関わるかを示しておきたい。

一般的に一四世紀から一六世紀の日本の社会構造の変化は、全国が分裂した内乱の時代で、各地の大名領主層は、領知の私有地化を強め、台頭した時代である。そして織田信長の全国統一過程とその延長上にいた豊臣秀吉は、検知と刀狩りを基盤とした兵農分離政策施行によって全国統一への道程を得た(1)。これを踏襲したのが徳川家康であり徳川幕府であった。戦乱以後は、荘園領主層・東大寺・興福寺・比叡山延暦寺などの有力寺院権力は解体され、天皇・公家も幕府の支配権力下におき、全国の諸大名を一括管理するために官僚化するシステムを作り上げ、武家が中心の新たな国家体制を創り上げた(2)。幕府安定の必須条件として官僚化を進めた。また、その政策初期においては、多くの外様大名と西国を意識した軍事的な安全保障(3)を前提とした転封が行われた。しかし一方では、相続による藩主家の法的な継承を認め、官僚化統治による全国の安定化を目指した。この様な徳川幕府の施策に対して諸大名家側は、遺領相続・養子縁組(4)(5)による「家」の存続・安定化を約束され、これに意識を注いだ。このことが二六〇年間の幕府安定に結びついたものと思われる。従ってこの成立過程は、「近世社会の成立過程」であろう。歴代の継承は、社会の安定化とイコールであるとするならば、相続が重要であり、その際には必ず葬送の儀礼を伴い墓が造営される。すなわち安定化の象徴こそが「墓」「墓所」である。言い換えれば「墓」は、継承のための儀礼祭祀ステージであると言えよう。安定とは、変化せず画一的な状態をいい、これが墓所造営における画一化された碑の造立に具現されていると思われる。この画一の連続性が安定的な「家」と認識され、領国支配の安定化とも捉えられていたものと思われる。したがって画一的な墓碑と墓所造営過程を確認することで、「家」の形成過程でもあり、同時に近世社会安定化の道程を捉えることが出来ると考えられよう。

今回は、多くの大名家の中から、度重なる転封を命ぜられるつつも、幕府との関係を良好に保ち、丸亀藩主として復活を果たした京極家の祖先祭祀や墓所造営の実態を探り、近世社会安定化の道程の一端を探ってみたい。なお、歴史事象・各歴代の略歴などは、注記がない限り『寛政重修諸家譜』（以下『諸家譜』と略す）の記述に拠った。

一　近世京極家歴代の祭祀と親族形成

佐々木氏信（京極）を家祖とする佐々木一流京極氏は、中世末期、京極高吉の代に一旦衰退するが、跡を継いだ京極高次によって再興され、明治期まで存続した。(6) 江戸期は幕府政策の下、外様大名として転封を繰り返し、寛文期に丸亀藩藩主家となり、先祖の故地である近江清瀧寺を整備し、京極家菩提寺・徳源院として再興させた。そこで、歴代藩主に関連した相続・墓所造営・祖先祭祀・親族形成をキーワードとして画期を読み解いてみたい。なお、各歴代の略歴は、第1表と第1図の系図に拠っていただきたい。

（一）京極高次（小浜藩主）

京極家再興を果たした京極高次（泰雲院殿徹宗道閑）の転機は、関ケ原の戦い前夜、東軍に属し毛利・立花軍を大津城籠城で阻止した功績にあった。この功績が、徳川家康に認められ、慶長五年（一六〇〇）に加増となり若狭国・小浜城主となった。そして翌年の慶長六年、高野山において、父高吉の二〇回忌（天正九年

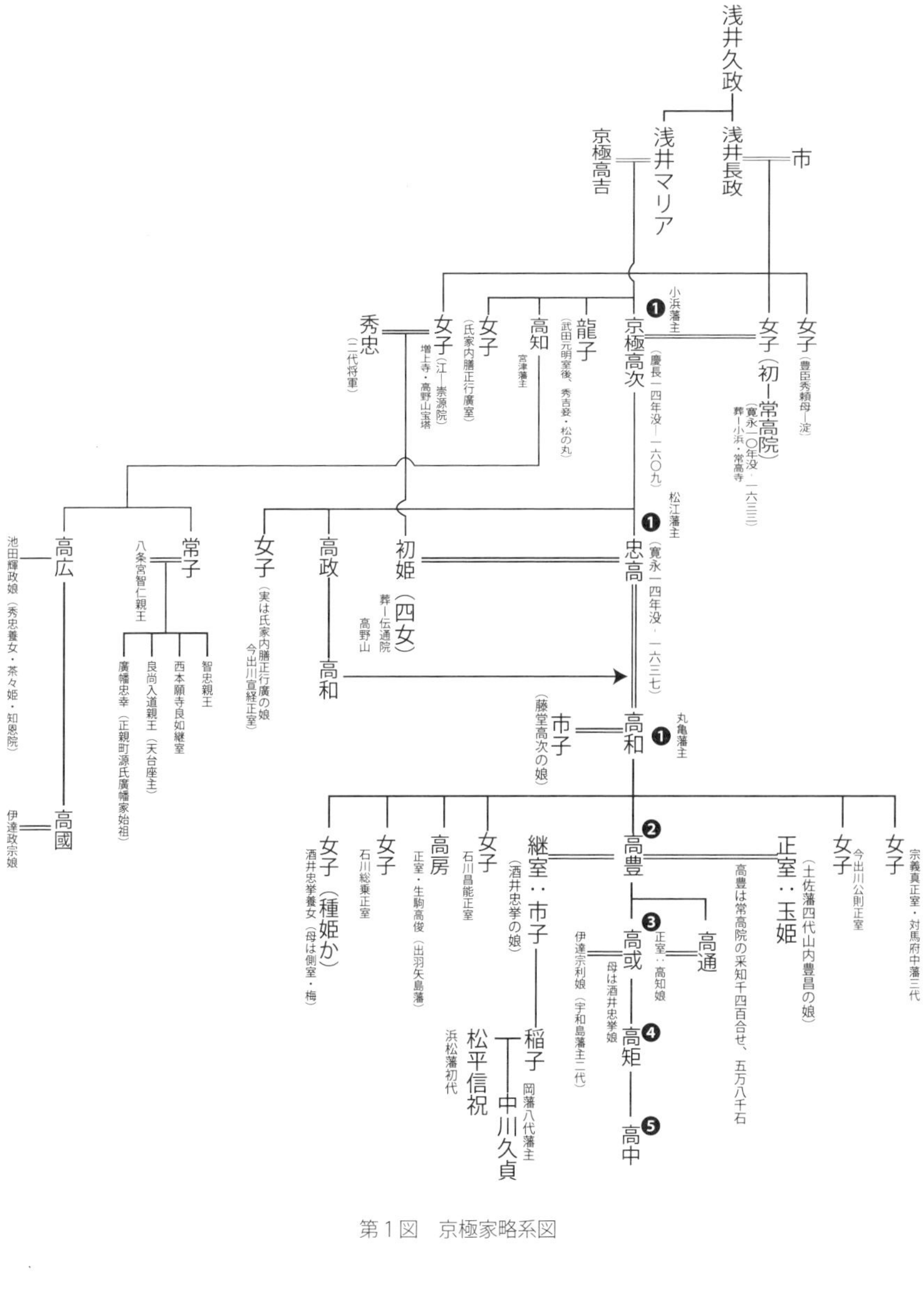
浅井久政
浅井長政
市
浅井マリア
京極高吉
女子（豊臣秀頼母―淀）
女子（初―常高院）（寛永一〇年没・一六三三）葬―小浜・常高寺
小浜藩主 ❶ 京極高次（慶長一四年没・一六〇九）
龍子（武田元明室後、秀吉妾・松の丸）
高知 宮津藩主
女子（氏家内膳正行廣室）
女子（江―崇源院）増上寺・高野山宝塔
秀忠（二代将軍）
松江藩主 ❶ 忠高（寛永一四年没・一六三七）
初姫（四女）葬―伝通院 高野山
高政
高和
女子（実は氏家内膳正行廣の娘 今出川宣経正室）
常子
八条宮智仁親王
智忠親王
西本願寺良如継室
良尚入道親王（天台座主）
廣幡忠幸（正親町源氏廣幡家始祖）
高広
池田輝政娘（秀忠養女・茶々姫・知恩院）
高國
伊達政宗娘
丸亀藩主 ❶ 高和
市子（藤堂高次の娘）
❷ 高豊
正室：玉姫（土佐藩四代山内豊昌の娘）
高豊は常高院の采知千四百合せ、五万八千石
継室：市子（酒井忠挙の娘）
女子 宗義真正室・対馬府中藩三代
女子 今出川公則正室
女子 石川昌能正室
高房 正室・生駒高俊（出羽矢島藩）
女子 石川総乗正室
女子（種姫か）酒井忠挙養女（母は側室・梅）
❸ 高或 正室：高知娘 母は酒井忠挙娘
伊達宗利娘（宇和島藩主二代）
高通
❹ 高矩
❺ 高中
稲子
松平信祝 浜松藩初代
中川久貞 岡藩八代藩主

第１図　京極家略系図

表1　京極家江戸初期歴代事績一覧

歴代藩主 領知	歴代藩主 藩主名	元号	西暦	出来事（『寛政重修諸家譜』による。）
小浜	高次	天正九年	一五八一	高吉没し、一八歳で家督相続・再興を誓う。
		天正一二年	一五八四	近江国高島郡田中郷二千五百石、同郡内五千石加増。（↑妹・龍子が秀吉別妻松丸。赦免。）
		天正一六年	一五八八	近江高島郷大溝加増（一万石）領す。従四位下賜。
		天正一八年	一五九〇	加増により、二万八千石、近江八幡を領す。
		天正一九年	一五九一	高知に近江国蒲生郡のうち五千石得る。信濃伊那郡六万石領し飯田城主。従四位下賜い十万石。近江高島郡・越前敦賀を改め丹後国を一二万三千二百石を領し宮津城主となる。
		文禄元年	一五九二	名護屋城を守り、近江国滋賀六万石を領す。
		文禄四年	一五九五	近江滋賀郡六万石加増。大津城城主。淀殿妹・初を娶る（のち常高院）。
		慶長元年	一五九六	従三位参議叙任。
		慶長三年	一五九八	高次室（浅井長政女・初、秀吉より近江蒲生郡を賜う。二千四百石。）
		慶長五年	一六〇〇	所領転じて小浜城主。八万五千石領す。（同庚子秋九月受大相國家康之命領若狭一国。）父・高吉二〇回忌。
		慶長六年	一六〇一	高島郡七千石加増で、九万二百石領す。
		慶長一四年	一六〇九	五月三日、小浜にて没す。四七歳、徹宗道閑泰雲寺と号す。室は、剃髪し常高院と号す。
		慶長二〇年	一六一五	大坂夏の陣、和議の使いをし、後に蒲生郡領知のうち三百石を高次の養女で今出川宣季室の娘に三百石分つ。また、小浜常高寺に三百石を寄進。
		寛永一〇年	一六三三	八月二七日没。家光より賻銀を千枚を賜い、采地一一四〇石を忠高が管理受け継いだ。
松江	忠高	文禄二年	一五九三	京都安久居に生まれる。母山田氏。大坂に人質。
		文禄八年	一五九九	伏見で初姫誕生。忠高常高院が養い、初を娶ることが決められた。
		慶長一四年	一六〇九	遺領を継。
		寛永元年	一六二四	越前国敦賀郡のうち二万千五百石加恩。
		寛永三年	一六二六	若狭一国寛永三年丙寅春三月受。
		寛永七年	一六三〇	正室・初姫（秀忠・江の四女）が没する。二八歳。（伝通院に葬す。）
		寛永一一年	一六三四	七月六日、領知の小浜を転じた。二六万四千二百石領し、松江城主となる。
		寛永一二年	一六三五	加領、越前之敦賀同一二乙亥秋七月受。
		寛永一四年	一六三七	六月一二日、四五歳で没す。天慶道長玄要寺と号す。
丸亀	高和	元和五年	一六一九	小浜に生まれる。
		寛永一四年	一六三七	忠高無嗣改易であったが、高次勲功により減転封により播磨揖西・東、餝西三郡の内六万石を賜わった。
		寛永一六年	一六三九	一二月従五位下刑部少輔叙任。
		万治元年	一六五八	弐月、転封により丸亀城主を賜う。六万石。
		寛文二年	一六六二	四四歳京都因幡堂で没し清滝寺に葬る。法号は特英道達徳源院と号す。室は藤堂大学頭高次娘。
	高豊	明暦元年	一六五五	館野で生まれる。
		寛文四年	一六六四	遺領を継。五万七千石を領し、三千石を弟頼母高房に分地。
		寛文五年	一六六五	忠高が所務せる常高院采地千四百石を合せて五万八千五百を下さる。高房没したため、三千石を戻す。
		寛文一二年	一六七二	播磨国二村を幕府に返上、領地を割って近江坂田郡清滝村と大野木村の一部併せて五百石領す。
		貞享元年	一六八五	常憲院殿（五代将軍綱吉）の仰せにより酒井雅樂頭忠挙娘を継室とす。
		元禄七年	一六九四	加古川駅にて没す。傑山道英俊徳院と号す。室は土佐藩山内豊昌が娘。卒して継室を娶る（酒井忠挙娘）

〈一五八一〉年没）に際し、宝篋印塔（慶長六年―一六〇一）を造立し供養を行った。高次の拝領した小浜は、高次の妹・龍子（松の丸―後に秀吉側室）の嫁ぎ先である武田孫八郎元明（守護職）が治めた地であり、秀吉に滅ぼされるが、後に龍子が秀吉の側室（松丸殿）になったことから、高島郡二千五百石、大溝城一万石などを与えられた因縁深い地でもある。

高次は、慶長一四年（一六〇九）小浜にて急逝した。高次の墓所については、文献では確認されていない。『諸家譜』には「小浜において卒す。」とだけあるが、これまでの研究では、現在、徳源院京極家墓所にある石廟と宝篋印塔を高次の墓所としてきた。また、この石廟と宝篋印塔が、何時造立されたかあるいは、帰葬されたのか、などについて定かではないままである。そこで、高次のための墓所造営について、相続と転封の過程を確認することで考えてみたい。京極家は、大津城を領有したが、転封と相続を繰り返し、京極高和の代に丸亀藩主として城持ち大名として復活を果たし、同時に徳源院が歴代藩主の葬地・菩提寺として再興された。この過程を改めて、徳源院に造営された高次のための墓所造営を考えてみたい。

図2　高野山京極高吉20回忌塔と大津籠城戦死者供養塔

（二）京極忠高（松江藩主）

忠高（嫡男、幼少名・熊磨、母は山田氏、秀忠の諱「忠」）は、一六歳で跡を継いだ。忠高の藩政においては、幼少であったために、養母・常高院（二代秀忠の正室・崇源院の姉）の影響力は大きかった。

忠高（四一歳）は、寛永一一年（一六三四）、小浜一一万石から加増転封で松江二六万石を領し、松江城主となった。入部直後、城下の清光院の寺領を安堵し、自らの位牌所とした。また、前の領主堀尾氏菩提寺である瑞応寺を宍道湖南岸に移し、その跡地に小浜領内の父・高次の位牌所・泰雲寺を移設するなど祭祀を実践している。また、安国寺には寄進を行い、父・高次の供養塔（笏谷石製宝篋印塔・図3）を造立した[7]。この塔に関連して、西島氏の研究[8]では、文政元年（一八一八）安国寺（松江）住職が丸亀藩主・京極高朗《たかあきら》に宛てた口上書を示し、京極持清以来の「先祖菩提寺」護持について、過去帳抜書「開山堂脇に泰雲寺殿〈高次〉の廟所があり、石碑は、若狭（若狭石《ママ》）から取り寄せた」とあることに触れた。笏谷石製である点は重要であるが、若狭石《ママ》（笏谷石製）の塔が、再建塔なのか、小浜からの改葬移設したのか不明のままである。また、造立年代については、上限として忠高が松江に移封した寛永一一年（一六三四）以後で、下限については、忠高が没し、相続が発生済ませの間の寛永一四年（一六三七）までに限られることになる。つまり、安国寺の笏谷石製宝篋印塔は、造立年がある程度限定できる事例といえ重要な資料である。さらに、造立時期についてもう少し踏み込んで考えると、移封の翌年の寛永一二年（一六三五）は、高次の二七回忌に当たっている。先に挙げた西村が引用した文政期の口上に示されていた若狭石（笏谷石）を用いた事の意味と呼応しており首肯できる[9]。

図3　安国寺高次供養塔

さて、忠高の親族形成について若干触れておくと、正室には第二代将軍・徳川秀忠と正室江の四女・初姫を迎えた。この点は、江の姉である常高院の影響力は大きかったといえよう。そこで少し常高院についても触れておきたい。常高院は、寛永一〇年（一六三三）に江戸で没したが、遺言により墓所は高次の領知・小浜に望み、忠高が造営・管理した[10]。

（三）京極高和（龍野藩主・丸亀初代藩主）

忠高（玄要寺院殿天慶道長居士）は、寛永一四年（一六三七）、四五歳で没したが、無嗣のため忠高の実弟・高政の長男・高和を養子として迎えた。しかし上聞に達していなかったため本来は改易であったが、幕府の計らいにより祖父高次の勲功を踏まえて、減転封により松江藩から龍野藩（六万石）へ減封による国替えで存続が許された[11]。このことは高和にとって、祖父高次・義父忠高の功績を改めて認識させられたことになった。そして、龍野城下には、忠高の法号を冠とした玄要寺が菩提寺として建立された。この他、高和の龍野における祖先祭祀を示すと二点ある。一点目は、正保三年（一六四六）年・天祐紹杲《てんゆうしょうこう》の名が記された奥書をもつ二通の文書がある。これによれば、寛永一五年（一六三八）六月一二日は、玄要院殿（忠高）の小祥忌（一周忌）にあたり、近江の清瀧寺は、「京極一族塔処」との認識から再興を行っており、「自元祖氏信第二十代之苗裔、前若州太守羽林忠高之嗣子也」として、末裔として先代である忠高の墓造営のために石造塔婆を建立している[12]。そして二点目は、別項で触れるが、万治元年（一六五八）の高野山における祭祀事業を挙げておきたい。万治元年（一六五八年）は、丸亀藩に移封の年であり、この移封は、無城地の龍野から、幕府の配慮によって、城を有した大津城時代に復するという大きな意味がある転封であった[13]。

高和は、四年後、寛文二年（一六六二）、京都において四四歳で死去（徳源院殿侍英遺達大居士）。後継は、高和の次男・高豊が丸亀藩二代を継いだ。

（四）京極高豊（龍野・丸亀藩主）

高豊は、寛文一二年（一六七二）「〈前略〉江州坂田郡之内清瀧村山奥有寺佐々木累代之菩提所也〈後略〉」（『清瀧雑記』[14]）によれば、「山奥有寺」こそが、京極氏の遠祖初代氏信が創建した清瀧寺であり、京極家の祖先祭祀を行った菩提寺であることの認識から、播磨国所領二ケ村と近江国坂田郡清瀧村・大野木村との交換を願い出て許された。そして周囲の一二坊や道場を再興し、追孝として寺名を清瀧寺から高和の法号「徳源院」に改めた。高豊は、三人の息子の夭折に苦慮し、正室の子で五男高或《たかもち》を丸亀藩主と定め、側室の子で四男の高通を幕府許可の下で支藩・多度津藩として創出した。以来、徳源院は両藩京極家の葬地となり、整然と画一的な宝篋印塔[15]が並ぶ現在の風景となった。

以上のような、江戸初期における京極家歴代当主の実践した造塔を、考古学的な遺物としての宝篋印塔と石廟を他の事例と比較するとともに、祭祀という視点から、改めて確認しておきたい。

二　京極高次の塔二基と常高院塔

高次は、慶長一四年（一六〇九）、小浜で急逝した。管見では『諸家譜』の記載以外に小浜における墓所について記された文書類は確認されていない。このことから、徳源院の高次石廟とａ：宝篋印塔（米原市・図4・図5―ａを高次の墓として捉えてきている。そして、ｂ：安国寺塔（松江市安国寺・図5―ｂ）は、忠高移封後に造立した供養塔で、ある程度造立年代が限定できる塔であることが明らかである。そこで、安国寺と徳源院塔を改めて比較するとともに、忠高が存命中に造立した常高院塔も併せて造立年代を考えてみたい。特に、徳源院の宝篋印塔と石廟の造立事情と年代については、宝篋印塔に刻まれた高次没年銘を造立年代として捉えられてきた。この点についても、周辺の他の笏谷石製宝篋印塔ならびに石廟との比較検討が必要であるが、今回纏めるに当たり、幾つかの資料は実見しているものの全てではない。既存の先学の報告や実測図などの成果からの再考となることを予めお断わりしておきたい。

ａ：徳源院塔（図５―ａ）　これまで、徳源院の京極高次の宝篋印塔といえば、一九三三年の肥後和雄氏が示した宝篋印塔と石廟の実測図[16]（図５・６）が長く用いられてきたが、令和四年に米原市が示した実測図が最新の成果[17]であるので挙げておきたい（図４）。

宝篋印塔の形態的な特徴は、反花座は、腰が低く輪郭を線彫りし、花弁を中心四葉、隅に単弁一葉を配している。基礎は、正面だけに桟唐戸様式による縦連子と格狭間の組合せが彫られ、銘文がこの文様の間に次のように刻んでいる。正面中央に「慶長十四年（一六〇九）己辰年」、正面右「泰雲院殿前三品相公／徹宗道閑大居士神儀」、左に「五月三日」で、置字が「神儀」であり、次に挙げる安国寺塔銘の「神位」との違いがある。また、年干支が「己辰」と刻んでおり、安国寺塔を見ると「己酉」と正しく慶長一四年の干支を刻んでいる。塔身は、越前式宝篋印塔の特徴的な小蓮弁付月輪と蓮華座の組合せと、金剛界四

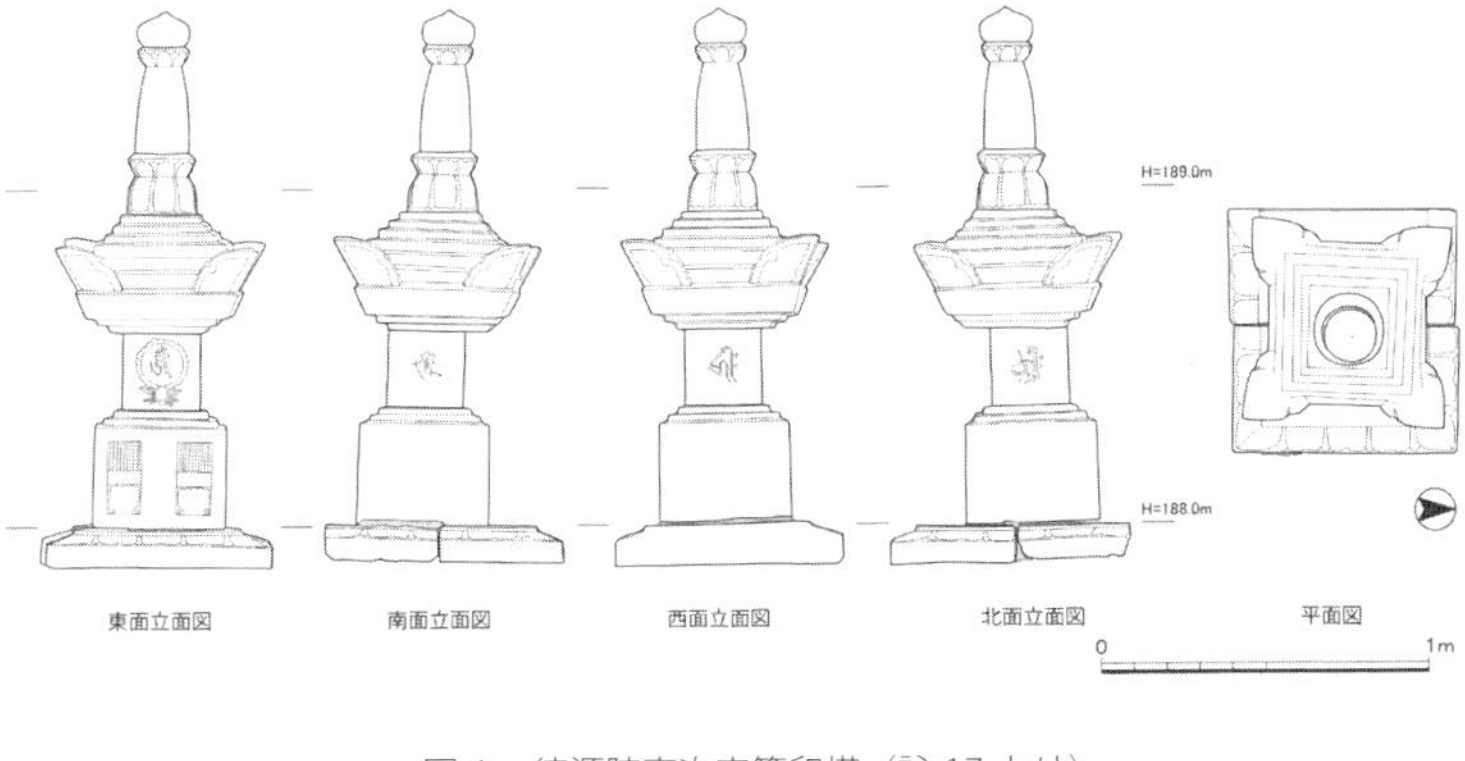

図４　徳源院高次宝篋印塔（註17より）

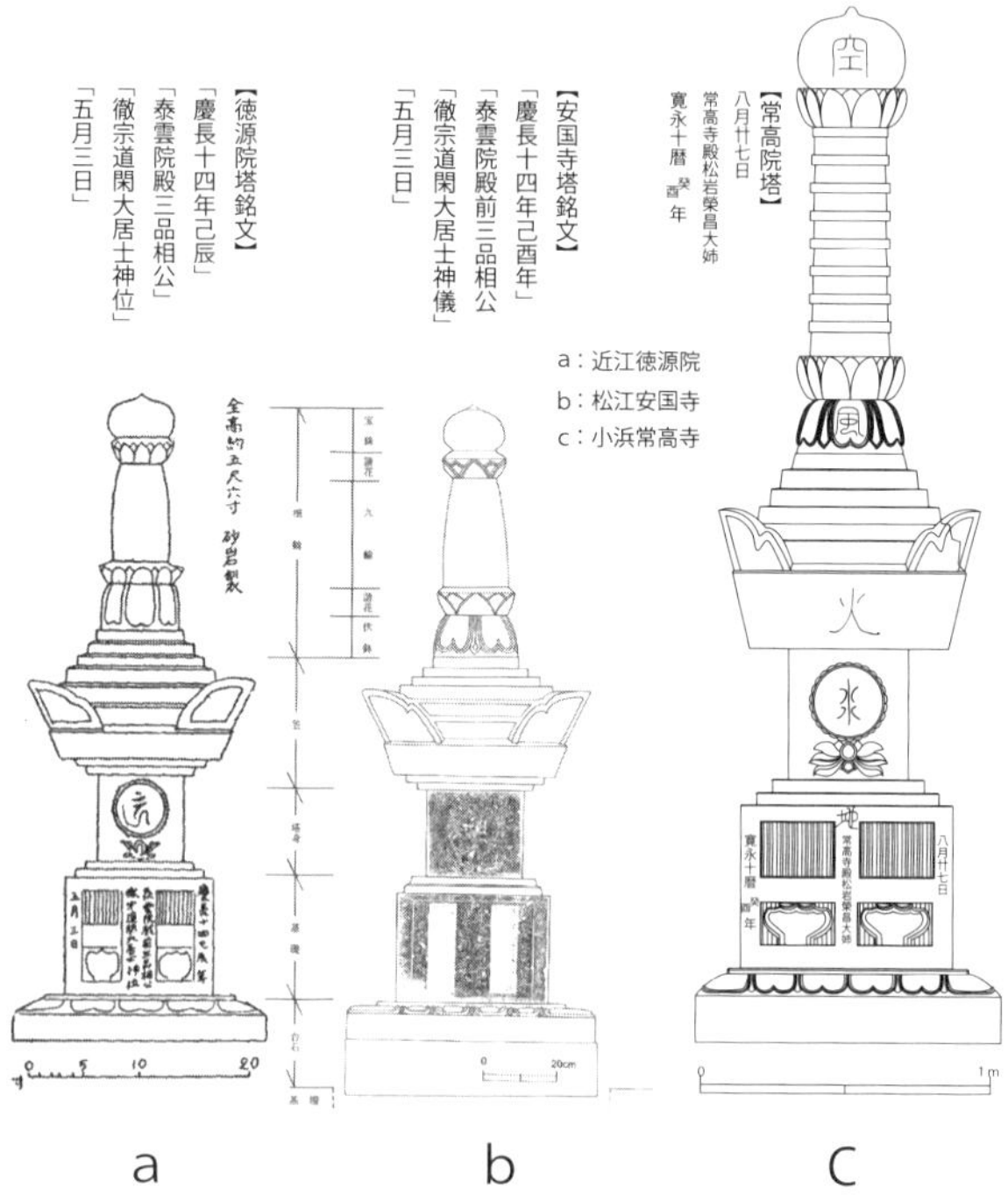

図5　高次宝篋印塔（a：徳源院〈註16〉、b：安国寺〈註18〉）と常高院塔

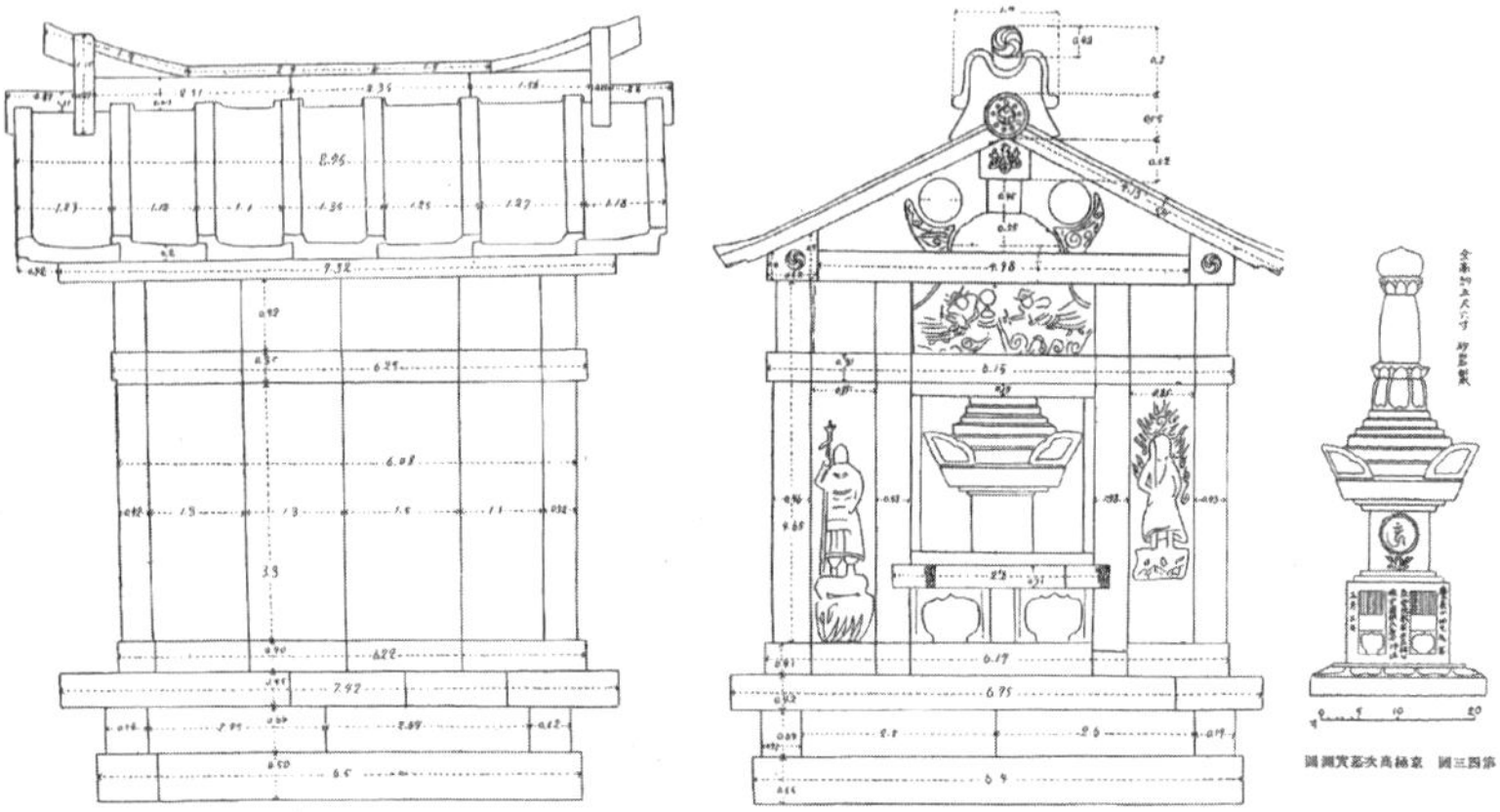

図6　徳源院高次石廟と宝篋印塔（註16より）

仏を刻む。東面が阿閦如来（ウーン）、南面が宝生如来（タラーク）、西面が阿弥陀如来（キリーク）、北面が不空成就如来（アク）の各種子を刻んでいる。笠は、軒下に二段、軒上に上六段あり、軒は比較的厚い。隅飾りは比較的大きく、高さ約五㎜程度の帯状の輪郭が囲む。相輪部、最下部の覆鉢は、花弁と間弁を半肉彫で表現し、直上に請花座を置き、同様に単弁が表現されている。また、覆鉢部は、縦に長く腰高に表現されていて、近世期移行期に特徴的に認められる一般的な宝篋印塔の傾向のように捉えられる点から、中世には確認できなかった新たな形態的特徴を備えている塔と言える。後に触れる安国寺塔や常高院塔より腰高な覆鉢の形態的特徴は、他の二基より新しい時代の形態的な要素のようにも捉えられる。九輪は無文で、直上に請花座と宝珠が載る。

b：安国寺塔（図5b）[18]　総高一六七・八㎝（反花座下部コンクリート補修含めない）、最大幅笠隅飾六二・二㎝、反花座の花弁配置は中央に肉薄な単弁四葉、隅に単弁一葉を正面と側面に配置し、前後二石から成る。基礎は、正面を沈線で囲み、短冊形の格狭間を一対配し囲みと格狭間の間に右「慶長十四年己酉〈割字〉」、正面に「泰雲院殿前三品相公／徹宗道閑大居士　神儀」、左「五月三日」と刻んでいる。両側面には、桟唐戸様式の表現で、上に断面三角形の九本の連子を縦に刻み、下に持ち送りが文様化し、均等に三箇所の茨（花頭）を立てた格狭間が配されている。背面は無文。塔身は縦二三・四㎝、幅二六㎝で、正面のみ荘厳形式の月輪と小蓮弁を配し、中心に梵字（金剛界四仏の阿閦如来種子「ウーン」）を刻む。月輪の下部は中心に宝珠様蕾と三葉が返花座としてある。他三面は無文である。笠は、下段二段、上六段、隅飾りは大きく、やや外傾している。相輪は、総高六五・三㎝、覆鉢は輪郭を半肉彫、請花は肉彫でやや腰高に表現されており、徳源院の高次塔の形態的な特徴の要素が認められ類似している。九輪は無文。宝珠下の請花も輪郭を半肉彫で強調し、宝珠は大きく中央部下に最大径を有している。

c：常高院塔（図5C）　続いて、親族形成の視点から高次の正室である初（浅井長政次―常高院）の塔を示しておきたい。初は、高次の菩提供養と苦難に見舞われた父母（朝倉長政・お市）の供養のために発願し、小浜常高寺を建立し、高次没後、落飾し常高院と号した。寛永一〇年（一六三三）八月二七日に江戸屋敷で没したが、生前に開基建立した小浜常高寺（京都臨済宗妙心寺派槐堂周虎和尚開山）を墓所とし、忠高によって巨大な宝篋印塔（角礫凝灰岩製―笏谷石？）が建立された⑲。

常高院墓塔は、反花座基部から約三・五m、基礎・基壇を含めると約5mある。基礎は桟唐戸様式の竪連子（上）格狭間（下）の対の装飾で、その装飾の左右と中央部分に次の銘文が縦に刻まれている。右「八月廿七日」、中央「常高寺殿松岩榮昌大姉」、左「寛永十暦酉癸年（一六三三）」。そして、基礎・塔身・笠・伏鉢・宝珠の正面に「地」「水」「火」「風」・「空」の篆刻文字を用いて刻んでいる。塔身の小蓮弁付月輪と蓮華座を組み合わせた荘厳様式の装飾は、三面に留まり、裏面は加工・装飾がない。笠は、軒下の段はなく、軒を厚く表現している。また軒一面に、鑿を横線条に連続して穿った痕跡が観察できる。同様な痕跡は、徳源院塔の笠石にも確認できる点は、答えは出せないものの、石の切出し加工や、製作過程における技法との関連など、同系統の石工の存在の可能性を想像させる痕跡として注視しておきたい。

三　徳源院の高次塔の造立時期を探る

先ず、安国寺と常高院の塔の造立については、ある程度造立年代を想定できる。先に示したように、忠高は、小浜から松江に転封した際に、宝篋印塔を安国寺に造立している。つまり、造立は、忠高の松江転封と没年までの僅か四年間の間に限定できる。さらに、常高院塔の造立も、限定できそうである。常高院は、江戸で寛永一〇年（一六三三）亡くなるが、遺言により小浜に埋葬されており、忠高が墓所の造営を実践していることから、造立の下限は、忠高の没年以前となろう。つまり寛永一四年（一六三七）までに両塔は造立されていることになる点は、徳源院の宝篋印塔や石廟の造立年代を考える時の年代的な定点になるのではなかろうか。

そこで、周辺地域の宝篋印塔と石廟について類例を挙げて確認してみたい。

形態的な特徴から類例を挙げると次の事例がある。[20] 瑞龍寺織田家石廟群のうち織田信忠塔（天正一〇〈一五八二〉・図10④）、前田家関連宝篋印塔群の前田利家塔（慶長四年〈一五九九〉・図11③）・利長塔（慶長一九年〈一六一四〉・図10③）、金沢藩関連では、金沢八家の一つである奥村栄明塔（元和六年〈一六二〇〉・図10①）、福井藩の例では、曹洞宗通安寺境内墓地内の福井藩家老・狛家歴代宝篋印塔群の内、寛永五年（一六二八）銘の発想院殿塔（図7）などが類似する一群として挙げられる。

造立年がある程度明確になる資料として特に注視したいのは、高岡市瑞龍寺の前田利長石廟と宝篋印塔である。そこで、少し前田利長廟につて略述する。

加賀藩初代前田利長は、慶長一〇年（一六〇五）、嫡子がなかったので異母弟の利常を養嗣子として迎えた。自らは、越中国新川郡富山城に隠居したが、利常が一三歳と若年で藩政を行うことが難しかったため、後見となり、実質的に藩政を担った。しかし九年後の慶長一九年（一六一四）年五月二〇日高岡城内で没した。『諸家譜』の記録では、高田の瑞龍寺に葬されており、現在、国指定史跡に指定されている高岡の利長墓は、利長三三回忌（正保三年―一六四六）に利常によって造営された墓所とされている。[21] 一方、寺伝によれば、瑞龍寺の伽藍の本格造営は、正保年間（一六四五～四八）から始まり、利長の五〇回忌の寛文三年（一六六三）

図7　狛家宝篋印塔（寛永五年銘）

に完成したと伝わっている。そのことから石廟造立の上限を、瑞龍寺造営をはじめた正保二年(一六四五)と考えることが可能であろう。また、下限は、伽藍が完成する利長五〇回忌の寛文三年となろう。若干本題とは逸れるが、江戸初期における墓所造営と関わる回忌供養を、以前紹介したことがある[22]。中国地方におけるその事例の一端を紹介しておきたい[23]。中国地方戦国期の覇者である毛利家は、戦国末期、長年の宿敵宍戸家と敢えて婚姻関係を結び、宍戸家を臣下に置いた。一方、右田毛利家祖・天野元政(毛利元政・元就七男)は、慶長八年(一六〇三)、周防国熊毛郡三丘に封じられ、宍戸家に次ぐ家格として嫡男・元倶と宍戸元続の娘との婚姻関係を結ぶ。元政は、領内の安定を願い、三丘入部に際し、藩祖である父・毛利元就の三三回忌供養を行い、歯髪塔の造立(花崗岩製)を行っている(図8)。

　北陸の類例では、一乗谷の朝倉義景供養の石廟(図9)は、その銘文(寛文三年―一六六三)から義景没後九〇回忌に造立された石廟と宝篋印塔である[24]。また、この他、結城秀康家臣で、福井県丸岡・三国を治めた多賀谷三経の石廟がある[25]。多賀谷左近は、慶長一二年(一六〇七)没し、後に笏谷石による石廟が造営され宝篋印塔が祀られた。この石廟の傍らには、寛文二年(一六六二)銘の宝篋印塔と五輪塔があり、五輪塔の基礎正面には多賀谷左近の戒名と没年が刻まれ

図8　毛利元就遺歯塔(熊毛)

図9　朝倉義景石廟(一乗谷)

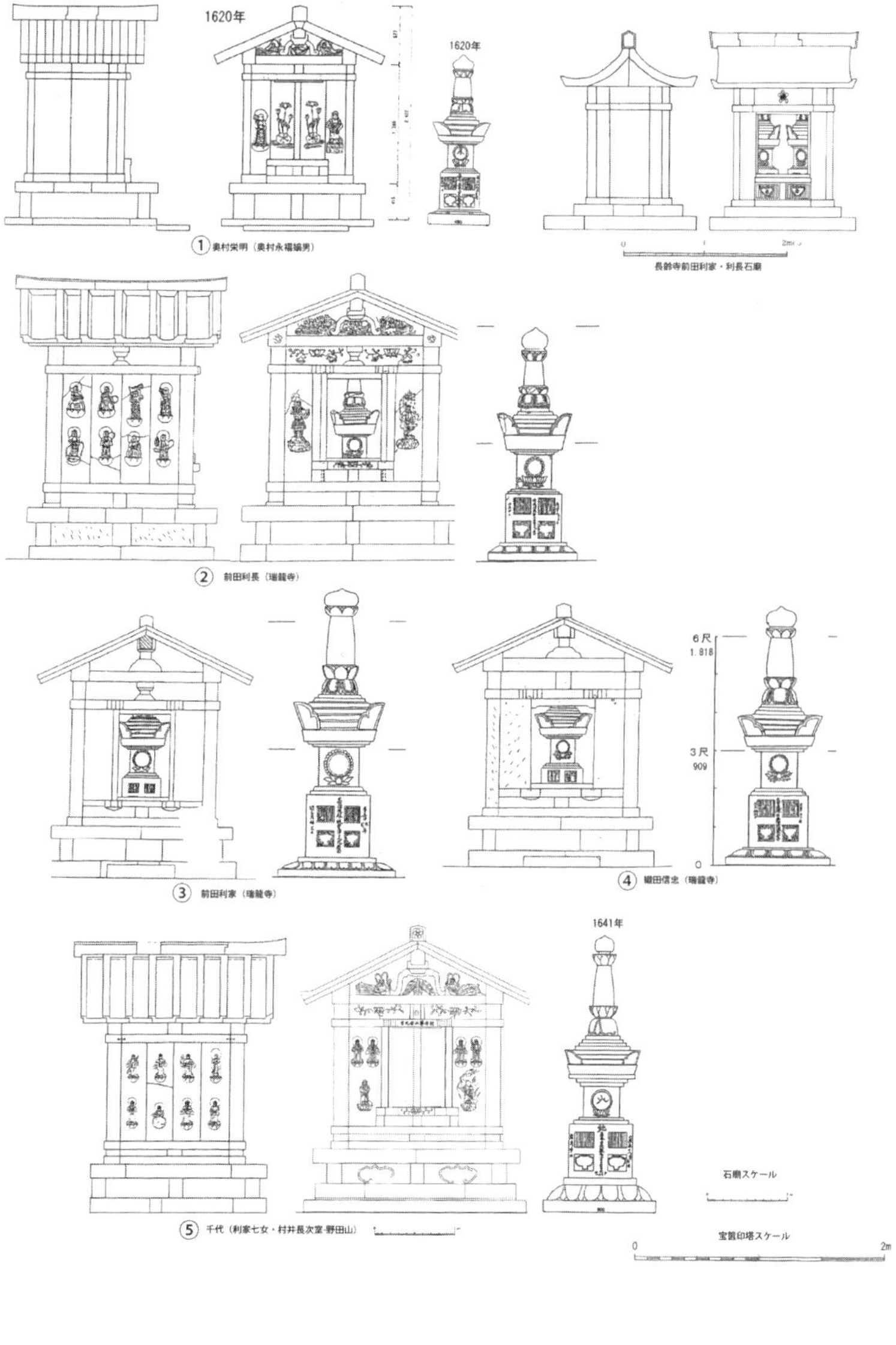

図 10　金沢市笏谷石製石廟と宝篋印塔群

① 冨田重康の石廟（S=1/30）・宝篋印塔（S=1/15）実測図

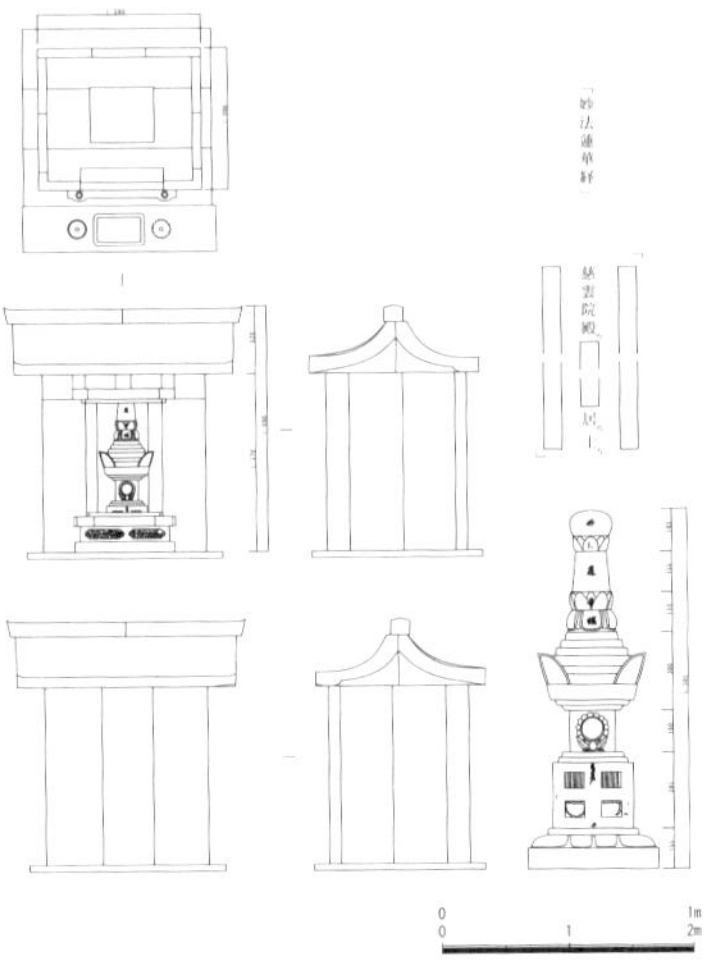

② 冨田重政の石廟（S=1/30）・宝篋印塔（S=1/15）実測図

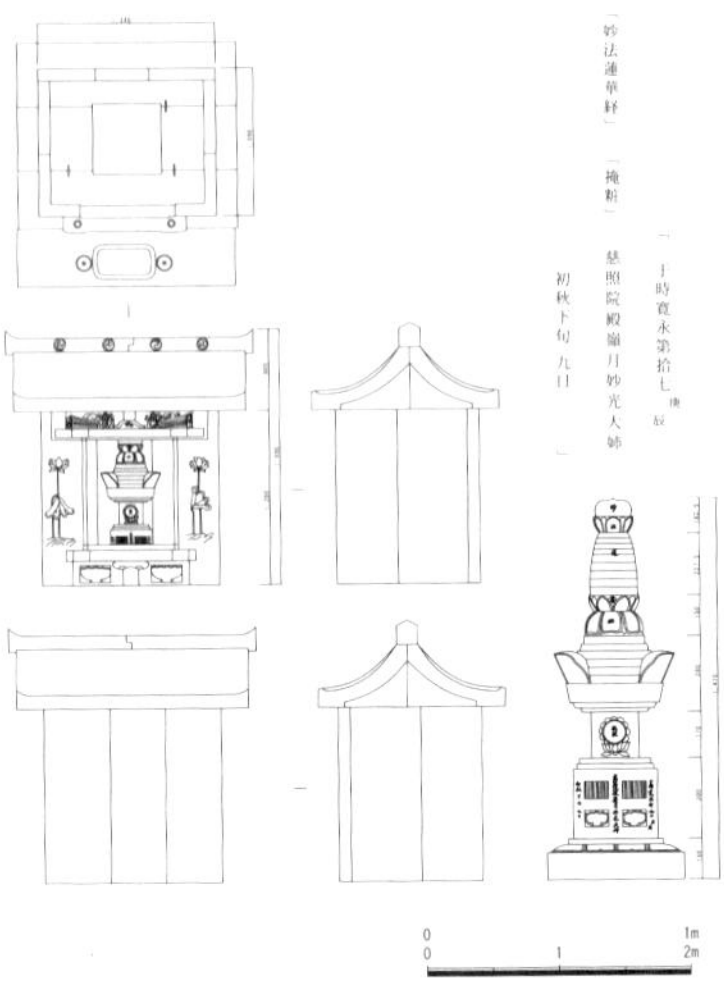

③ 冨田重政の次女の石廟（S=1/30）・宝篋印塔（S=1/15）実測図

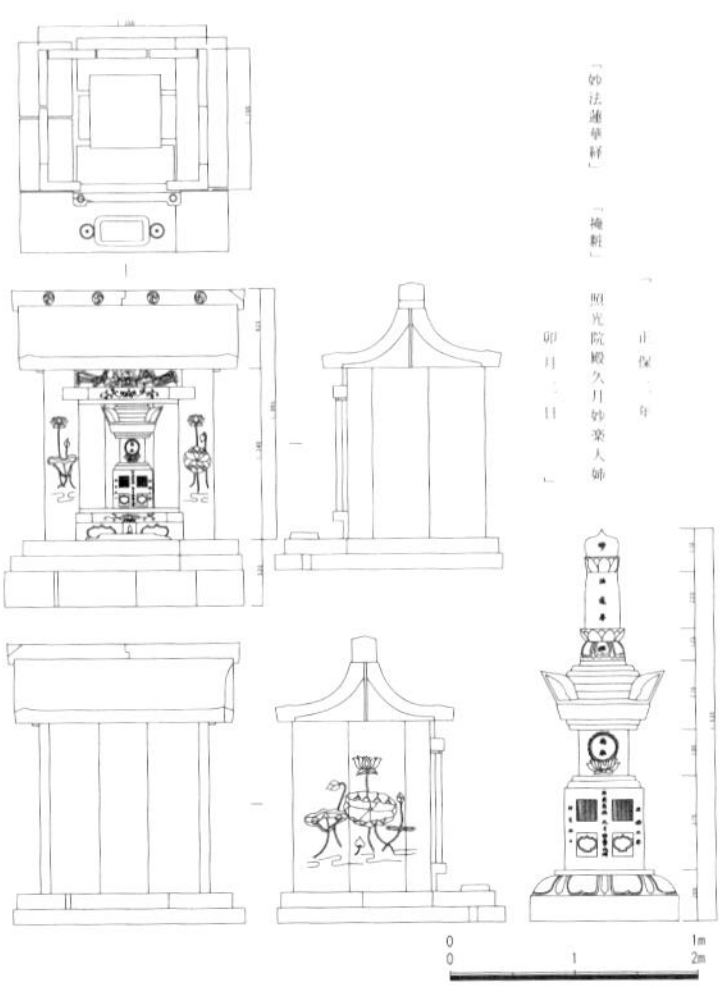

④ 奥村栄政の娘の石廟（S=1/30）・宝篋印塔（S=1/15）実測図

図11　金沢市慈雲寺冨田家関連石廟・宝篋印塔群

ており、背面に「多賀谷左近四代之末孫同苗處千代再興之者也寛文二壬寅六月十八日」と刻んでいる。四代末裔が寛文二年に墓所再興を果たし、供養塔として五輪塔と宝篋印塔を造立したと捉えられよう。寛文二年は左近没後五五回忌に当たる。

回忌供養か定かではないが、類例として比較資料として京都の日蓮宗本満寺に所在する蓮乗院殿華雲妙徹大姉石廟[26]を示しておきたい。

蓮乗院は、初め結城秀康の正室として嫁ぐが秀康病没のため、後に烏丸光広正室となり、元和七年（一六二一）に没し、烏丸光広の菩提寺であった本満寺に葬られたとされる。二〇〇四年石廟の経年劣化が著しいことから石廟の解体修復が行われ、その際に石廟下部の調査が行われ、蓮乗院の骨蔵器として丹波産の葉茶壺形四耳壺が発見されており、報告では、丹波焼の編年研究を踏まえ、逝去後間もなく骨蔵器が埋納された蓋然性が極めて高いとしている。この指摘は、石廟の年代的な位置づけにおいても有効な資料となるのではなかろうか。また、図12①の蓮乗院石廟の様式[27]は、先に示した図11③の冨田重政次女の石廟の正面観に類似しており、腰

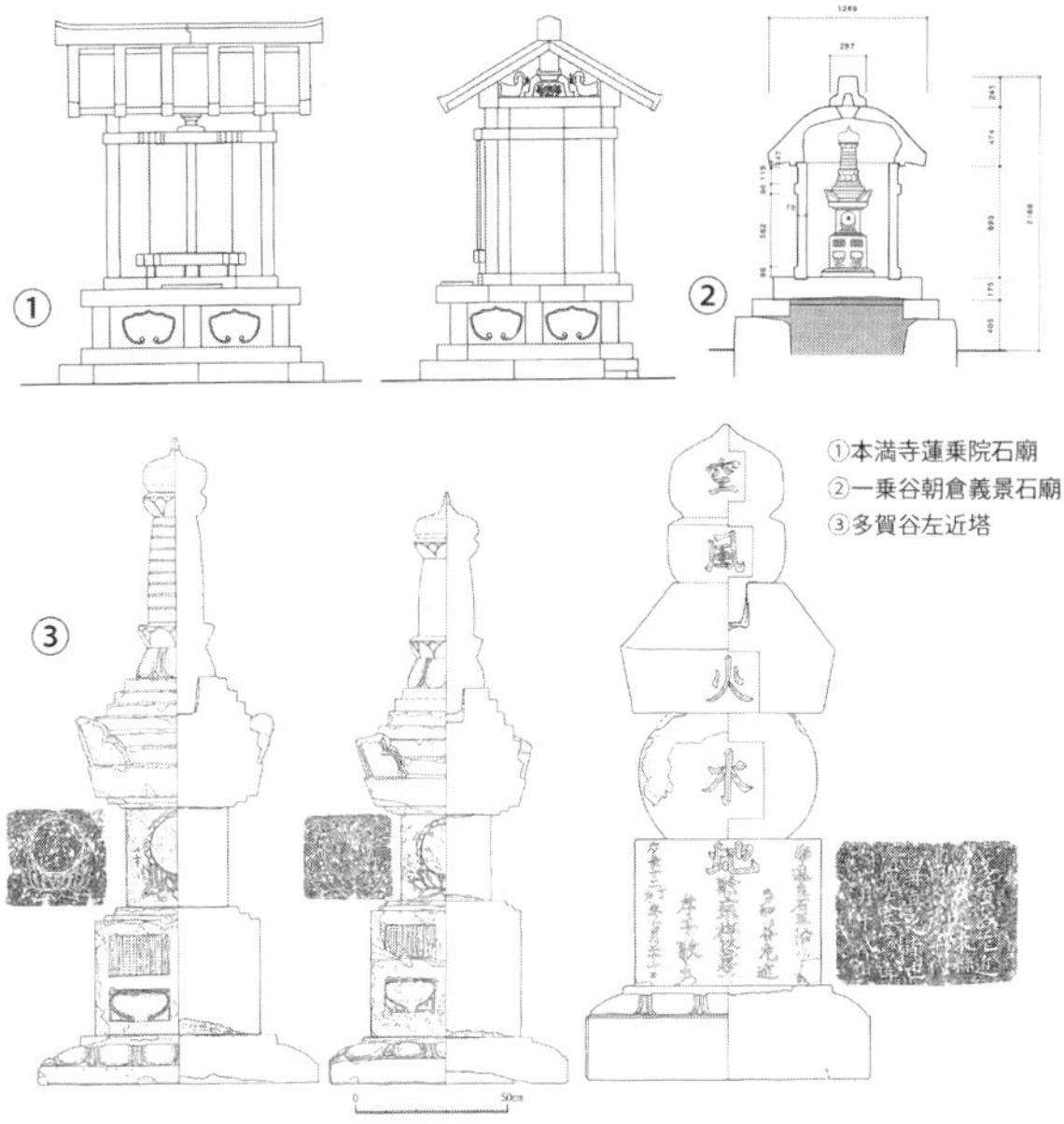

図12　蓮乗院石廟①・朝倉義景石廟②・多賀谷左近供養塔③

高な初段の壇上積み基壇様式は、図11①の奥村栄明石廟様にも共通している点は、年代的位置付けにおいて矛盾せず整合していると言えよう。

さて、改めて高次の石廟について、構造的あるいは、様式的な点からその位置づけを考えてみたい。高次石廟は、構造的には切妻造妻入りである。単純に比較してよいか注意しなければならないが、先に触れたように例えば金沢藩八家の一つである奥村家の冨田重政次女（図8③）あるいは、奥村栄政娘で冨田重政の孫娘の石廟（図11④）は、切妻照り屋根造り平入様式であり構造的に屋根の違いはあるものの、屋根以外の正面観である基壇に格狭間を大きく刻み、装飾性についても高次石廟様式と類似している。この様な奥村・冨田家の様式との類似点などを踏まえると、高次石廟の造立年代は、慶長期というよりは、回忌供養による造立の可能性として、正保期前後の造立も想定できよう。正保期の造立と想定すると、施主は忠高ではなく、高和であり、高和による清瀧寺の整備に伴う造立が想定される。そこで続いて、改めて高和の祖先祭祀として、高野山における造塔供養の内実を示しておきたい。

高次の石廟は、見学した所見では、廟本体の内外に漆喰の様な白化した箇所が顕著にあった。米原市教育委員会に問い合わせてみると、昭和の修理の可能性を示されていた。小浜藩は、藩主酒井忠勝時代に桐の栽培を奨励し油を搾取し、船漆喰として供したようで殖産興業に成長した。時代的には、酒井忠勝は、忠高の後に藩主として入部し、承応期以降、桐栽培を奨励し、一八世紀には地域の家業となるまでになり、油かすは琵琶湖周辺の新田開発の培養にもなったとされる(28)。この様な背景と、高次石廟の漆喰痕跡や、金沢藩内の石廟の漆喰や内部に描かれ浄土の色彩画などの展開とは白色の下地形成などとの関連を想起させらる。

四　高和・高豊の京極家再興とその意味

祖父・父から受け継いだ京極高和の祖先重視の祭祀意識は、高野山小坂坊中に常高院が造営した崇源院霊廟を改造造営した事業からも伺えるのではなかろうか。現在、高野山内の丸亀京極家墓所とされる場所(29)に位置する花崗岩製の石造六角宝塔（図6）の銘文から確認してみたい。宝塔銘文は、第5図の通りである。銘文中「家綱」銘が確認できることから『厳有院御実紀(30)』をみると、同巻一六・万治元年（一六五八）9月7日条に次の記載を確認した。この記載から小坂坊と常高院との関係や宝塔造立事情や高和の祖先祭祀の意識の一端を読み解きたい。

《史料》『厳有院御実紀』巻一六・万治元年（一六五八）九月七日条

「これより先高野山小坂坊中に京極常光院（京極宰相高次妻。崇源院殿姉君）より崇源院殿霊廟を造営ありしが。年序をへて破損せしとて修理あるべき旨。かの寺僧より聞え上げしかば。この後廟を毀ち去て。石塔を営むべしと仰せ出され費用銀を給う。」

つまり、「高野山塔頭持明院小坂坊中（南谷）には、寛永三年（一六二六）に亡くなった江（常高院実妹）のために常高院が造営した木造霊廟があった。しかしこの廟が、経年劣化で荒廃したので、小坂坊を通じて修理伺を提出した。この伺いに対して将軍・家綱は、木造廟では毀去してしまうため石で造り変えるよう命じられ、支度金を授かった」という内容であろう。この内容は、まさに図13に挙げた花崗岩製の石造宝塔の銘文とほぼ合致しているといえよう。さらに、この石造宝塔造立は、銘文から崇源院の三三回忌に四代将軍家綱の鈞命と援助によって造立されたことが明らかであり、石造宝塔造塔に際して得た援助に対して、小坂坊が謝意を

【崇源院宝塔銘文】
①崇源院源夫人昌誉大姉尊儀
右寂初者雖為御霊屋而歴
②三十三回之年序漸及破壊
故令依　征夷大将軍
③家綱公之鈞命而再興御
宝塔者也
④御宿坊
小坂坊祐遍
⑤萬治二年己亥
九月十五
※丸数字は、下の実測図の番号と照合。

図13　高野山崇源院宝塔と銘文

示したことも『厳有院御実紀』巻一八・万治二年（一六五九）一一月一五日条(31)に確認できる。

以上のように、高和が常高院の祭祀意識を引き継ぎ、京極家と将軍家との関係性を改めて自らの代で内外に強く示した祭祀事業であったと考えられよう。

五　造塔から読む高野山祭祀の意味とは

高野山における石造宝塔の造立は、丸亀藩政とどのように関わるのか再度確認しておきたい。石造宝塔造立年の万治元年（一六五八）は、無城地・龍野藩から、大津城以来城持ち大名へ復帰した移封の年であり、幕府の京極家への配慮が大きかった。そして、祖父高次の五〇回忌の年にも当たっていたことも影響したものと思われる。また、先に示したように、小坂坊を通じ常高院の遺命を受け、崇源院の石廟造立を成し遂げることは、幕府・将軍との姻戚関係を内外に改めて顕示したことに繋がったと私考した。さらにこの祭祀事業は、「家」の先祖の聖地である近江清瀧寺の整備とは別に、社会構造上、家臣を含め領民に対して、丸亀藩領主として京極家から続く由緒を改めて示すための重要な事業でもあったと考えられる。

近年の高野山における悉皆的調査成果を瞥見すれば[32]、全国の諸大名家による献奉塔の実態が漸く明らかにされつつある。この調査によって高野山は神聖な宗教的な霊地であると認識できると同時に、今回取り上げた京極家の祭祀事例などを読み解くと、「家」の祭祀儀礼のステージであった高野山と、幕府との関係性を具現化するステージでもあったことが理解され、政治色の強い重要なアジールであった点も強調しておきたい。

徳川家は、この高野山において寛永二〇年（一六四三）に徳川家の霊廟の造営を完了させるが、空海が創り上げた祖先祭祀システムの活用性を理解し、祖先祭祀の正統性と重要性を強調するために徳川家の霊廟造営を行い、内外に示したのではなかろうか。一方、幕府は、『寛永系図伝』の編纂・「正保国絵図」（貞享期まで続く）の提出・城割[33]などを実施しており、幕藩体制の安定強化を目指した。各諸大名家の高野山山内への初期歴代塔の造立は、かかる幕府の政策的意図の下、行われた可能性も看過できない。高野山という聖地としての位置づ

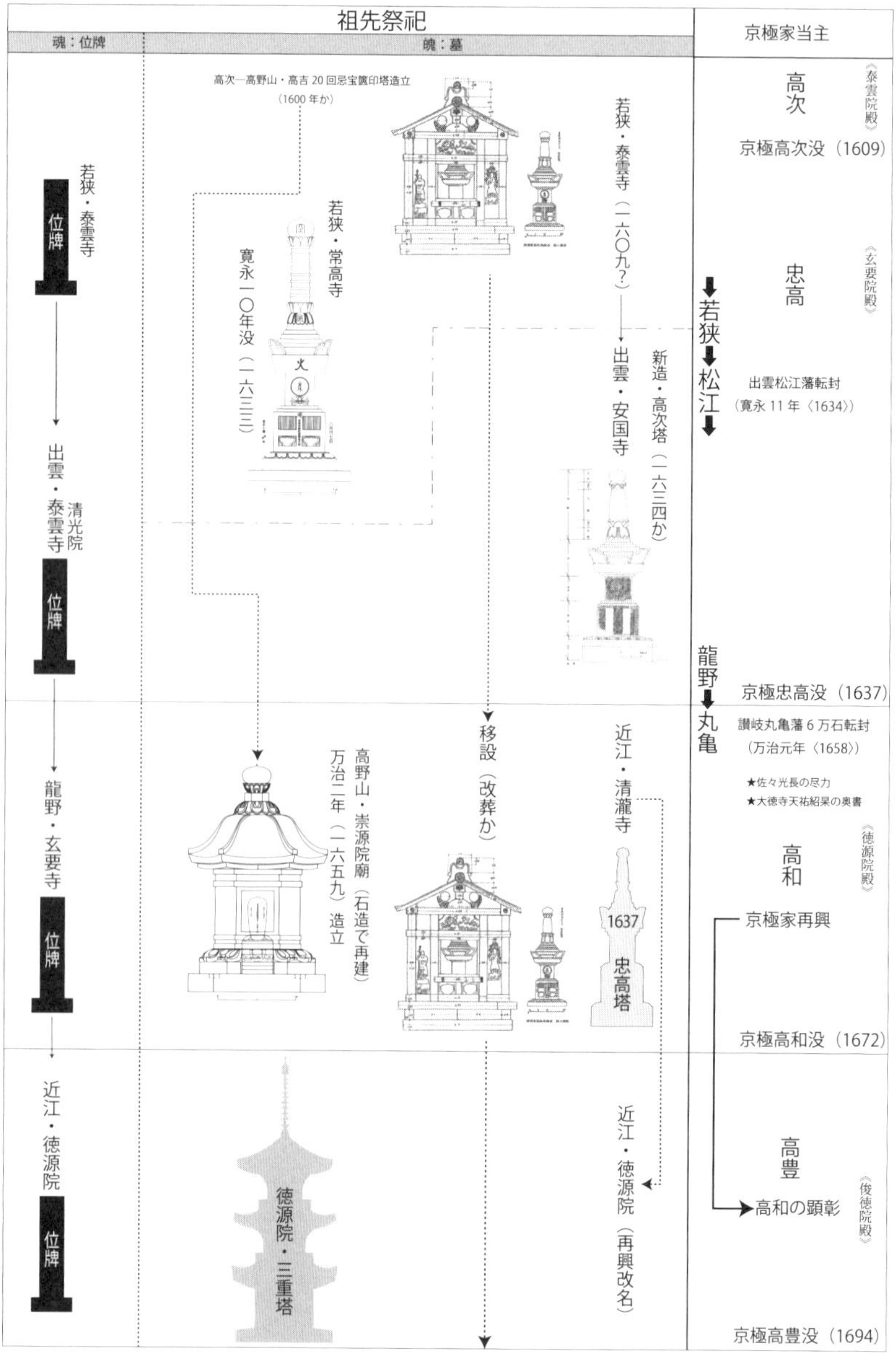

図14　京極家祭祀概念図

けは、戦国期までの宗教性の強い供養儀礼実践のアジールから、徳川時代における新たな政治的な忠誠システム実践の場へと変化した可能性も考えておきたい。ここに、大坂の陣後、正保期から寛文期にかけて、各外様大名家において幕府の保障を得た安定的な近世社会のスタートが見えてこよう。

六　高次・忠高の祭祀の実践とその意味

京極家高次は、若狭国拝領の時、父高吉の二〇回忌供養塔を高野山において建立し、血縁的供養を実践した。同時に大津城籠城の死没者のための供養塔造立（図2）を果たし、共同体維持の核となる上級家臣と多くの人々のための供養を高野山において結縁し「京極家」の統率者として造立した。このことは、中世戦国期に衰退していた「家」の復活を果たし、京極家として初めて「藩」という社会組織の「儀礼」を高野山で示す、と云う意味があったのではなかろうか。

そして、二代忠高は、父高次の意思を受け継ぎ、血縁的祭祀供養塔を安国寺に造立し、父忠次の霊を祀った。さらに、義母・常高院との関係では、常高院が崇源院の姉であり、正室の初が崇源院の娘であるという徳川将軍家所縁の血統の貴種性を認識し、組織原理に沿った巨大な宝篋印塔造立を果たした。忠高にとって、このことは、藩の内外に改めて自らの血統継承の貴種性と重要性を顕現したことになったと思われる。これを概念図で示すと図14のようになる。

おわりに

以上のような京極家の相続と祭祀事業の内実について確認できた祖先祭祀事業の中心にあった墓所と霊屋（石廟）造営、高野山における祭祀内実は、中世禅僧の墓所（永保寺開山堂―元翁本元〈元弘2年没―一三三二〉と夢窓礎石〈観応2年没―一三五一〉を祀る）の系譜上にあり、古くは禅宗霊屋様式として一四世紀代まで遡るであろう[34]。また、大名家で言えば、現存する霊屋様式を有する墓所は、筒井順慶廟（天正一二年〈一五八四〉没）や豊臣秀吉の母・大政所の寿塔（病気平癒祈願・天瑞寺）を後に墓所（天正二〇年〈一五九二〉・大覚寺塔頭龍翔寺移設）とした事例などが初期的であろう。

そして、近世初期の大名家墓所もまた、かかる廟を中心とした祭祀様式を基本とし[35]、文政五年（一八二二）年に没した上杉鷹山の墓所を見ても明らかなように、幕末まで連綿と実践された。

霊屋様式は、最も伝統的な正統的墓所様式であったといえ、大名家はそれぞれの事情と志向により独自の墓所造営を展開した。その背景には、幕府・徳川家への遠慮と忠誠心が大きかったと考えている。

墓所は、まさに自己のアイデンティティーと武家社会における組織上の「家」を顕示するための装置でもあり、造営と維持においては、「家」の存続を約束された政治性が極めて強い装置であったと言えるのではなかろうか。

註

1　安良城盛昭　一九五四「太閤検地の歴史的意義」（『歴史学研究』一六七歴史学研究会編）。
2　朝尾直弘　一九九二「近世封建制論をめぐって」（『朝尾直弘著作集』第八巻、一七～四二頁）。
石井紫郎　一九六六「幕藩体制社会における土地所有の研究」（『日本国制史研究』第一　東大社会科学研究叢書一八、東京大学出版会）。
3　三宅正浩　二〇一〇「近世初期譜代大名論―軍事編成と所領配置」（『日本史研究』五七五号）。

4　藤本仁文　二〇一二「近世上方幕府直轄都市と譜代藩」『史林』九五（一）一四〇—一七七頁。
5　中田薫　一九二六『法政史論集』第1巻（岩波書店）。
6　福田千鶴　一九九八「近世大名相続の実態に関する基礎的研究」（『史料館研究紀要』第二九号）
7　『近江国坂田郡志』第三巻、名著出版、一九七一。
8　松江市教育委員会　二〇一〇『松江市の文化財—未来へ伝える松江の文化遺産二五〇—』。竹谷郷土誌編集推進委員会一九九〇『続竹　郷土誌』。なお、安国寺の高次塔について松江市文化スポーツ部文化財課文化財保護係・佐々木紀明氏から有益なご教示を頂戴し、資料の提供を受けたことを記す。
9　西島太郎　二〇一九「京極氏菩提寺の形成と変遷」（早島大祐編『中近世武家菩提寺の研究』小さ子社、二〇二・二二一～二二二頁）。
10　註8の二〇一～二〇四頁。
11　福井県文書館企画展示パンフレット二〇一六年度「遺された言葉—最期に何を伝えたかったか？—」の「常高院の願い」一六三三年（寛永一〇）「かきおきの事（常高院遺言状写）」による。
12　御厨義道　二〇一二「丸亀京極家」（香川県立ミュージアム『特別展 丸亀京極家—名門大名の江戸時代—』）。吉田和喜　一九七二『生駒・山崎・京極史談』（丸亀市文化財保護協会）。
13　註8の二一一～二一四頁。
14　註11と同じ。
15　滋賀県　一九七八『滋賀県指定有形文化財 徳源院三重塔修理調査報告書』（三・四頁）。
16　中井　均　二〇一〇「4丸亀藩・多度津藩京極家墓所」（『近世大名家墓所調査の現状と課題』）。
17　肥後和雄　一九七四『滋賀県史蹟調査報告』第五冊（名著出版）

17　米原市教育委員会　二〇〇八『史跡清滝寺京極家墓所保存整備活用計画』。また、石廟并墓所について、同教育委員会・石田雄士氏から有益なご教示を受けた。
18　註7と同じ。
19　実査。
20　向井裕知　二〇二一「金沢城下町と野田山の石塔・石廟―近世前期を中心として―」（『北陸と世界の考古学：日本考古学協会二〇二一年度大会資料集』）の図1～4から抜粋引用加筆。
21　高岡市教育委員会　二〇〇八『加賀藩主前田家墓所フォーラム　百万石の大名墓所』。
22　松原典明 編著　二〇一八『近世大名葬制の基礎的研究―公益財団法人髙梨学術奨励基金特定研究助成成果報告書』（雄山閣）で言及した。
23　松原典明　二〇一七近世大名墓から読み解く祖先祭祀」（原田正俊編『宗教と儀礼の東アジア―交錯する儒教・仏教・道教』勉誠出版）。
24　福井市教育委員会　一九九九」『特別史跡一乗谷朝倉氏遺跡朝倉義景廟修理工事報告書』。
25　あわら市郷土歴史資料館　二〇一七『あわら殿様多賀谷左近』。
国京克巳　二〇〇三「多賀谷左近三経石廟について」（『福井工業大学研究紀要』第二部三三）。
26　尾野善裕　二〇〇七「本満寺境内所在蓮乗院廟発掘調査報告」（『学叢』二九、京都国立博物館）
27　鶴岡典慶　二〇〇七「附編 蓮乗院廟の霊屋建築について」（『学叢』二九、京都国立博物館）
28　出口晶子　二〇二一「船漆喰―近世文書の民俗学的考察」（『国立歴史民俗博物館研究報告』第二二三集）
29　崇源院宝塔位置図Ⓛ（図三一No.六地区平面図部分）（高野山教育委員会発行・公財法人元興寺文化財研究所編集　二〇一九『史跡金剛峯寺境内（奥院地区）大名墓総合調査報告書』（I）。

30　成島司直 等編　一九〇四『徳川実紀』第参編　経済雑誌社。
31　註29に同じ。
32　註28に同じ。
33　福田千鶴二〇二〇『城割の作法―四一国一城への道程―』（吉川弘文館）。
34　松原典明二〇一二『近世大名葬制の考古学的研究』（雄山閣）。
35　註33と同じ。

挿　図　特に注がない限り、実査・実写である。

第四図　石廟は註一〇、宝篋印塔は『近江国坂田郡志』第三巻、名著出版、一九七一、国立国会図書館デジタルコレクション https://dl.ndl.go.jp/pid/ 九五六九五一六、三二九頁。『滋賀県史蹟調査報告』第五冊〈一九三三、肥後和雄著〉、名著出版、一九七四、国立国会図書館デジタルコレクション https://dl.ndl.go.jp/pid/ 九五六九一〇三。名著出版、一九七四引用一部加筆。

謝　辞：北陸地方の笏谷石石廟などの類例について、かほく町教育委員会折戸靖幸氏を通じ、七尾市教育委員会・北林雅康氏から有益なご教示と、資料の提供を受けた。特に七尾市長齢寺前田利家・利長石廟の調査報告について、北林雅康　二〇〇八「七尾市長齢寺前田利家・利長石廟」（『能登の文化財』第四二輯、能登文化財保護連絡協議会編）を提供いただいた。また胎内市の水澤幸一氏から笏谷石の流通について有益なご教示を賜ったことを記しておきた。また、笏谷石製石廟と宝篋印塔については、向井裕知「金沢城下町と野田山の石塔・石廟―近世前期を中心として―」（日本考古学協会二〇二一年度金沢大会実行委員会編『北陸と世界の考古学』）

を参照。財団法人高野山文化財保存会　一九六二『重要文化財金剛峯寺徳川家霊台家康霊屋秀忠霊屋修理工事報告』、京都国立博物館　二〇〇七「本満寺境内所在 蓮乗院廟発掘調査報告」（『学叢』第二九号）を参照した。

美作国津山藩主森家・松平家の墓所・菩提寺について

乾　貴子

はじめに

美作国津山（岡山県津山市）藩主森家は、清和源氏義隆流の氏族で、相模国森荘（神奈川県厚木市）を本貫地としたことから、「森」の姓を名乗ったといい、平治の乱（一一五九年）の頃より源義朝に仕え、鎌倉幕府を開いた頼朝の死後は、執権北条家に退けられて、信濃に潜伏し、姓を「若槻」としたという。やがて、美濃国へ移り、再び「森」姓を名乗り、土岐明智氏に仕えて婚姻関係を結び、宗家の土岐頼芸が斎藤道三に滅ぼされると、同国蓮台（岐阜県笠松町）に移って信長の麾下に入った。森可行《よしゆき》・可成《よしなり》父子の代のことである。可成は信長の美濃攻めで活躍し、美濃金山城（岐阜県可児市兼山）城主となった。

しかしながら、間もなく可成は、近江宇佐山（滋賀県大津市）にて討死し（享年四八）、嫡男可隆《よしたか》は早世（享年一九）、跡を継いだ二男の長可《ながよし》は尾張長久手（愛知県長久手市）にて戦死（享年二七）している。弟の蘭丸・坊丸・力丸は、すでに本能寺で討死しており、生き残った末弟（六男）の千丸（忠政）が家督を継ぐことになった（当時一五歳）。このような苦境にあった森家を支えたのが、尾張一宮出身の関家であった。森家の女（可成および忠政の女）を娶り、婚姻・養子縁組を重ねて、森家の家名をかろうじて存続させている。

家督を継いだ忠政は、秀吉に仕えて「羽柴」姓を賜り、秀吉亡き後は家康に仕え、関ヶ原戦後の慶長八年（一六〇三）に美作国一八万六五〇〇石を拝領した。こうして、森家は二代長継（忠政の女婿関成次の嫡男）、三代長武、四代長成と続いたが、元禄一〇年（一六九七）に長成が早世。末期養子が認められた衆利《あつとし》は乱心して無嗣改易となり、一族は備中西江原（岡山県井原市）、備中新見（岡山県新見市）、播磨三日月（兵庫県佐用町）にそれぞれ分封されている[1]。

森家に代わって津山に入ったのは、松平越前家である。石高は一〇万石としたものの、二代藩主浅五郎が享保一一年（一七二六）に早世して無嗣となり、末期養子を迎えたことから、五万石に減封されている。それから九〇年余り後の文化一四年（一八一七）に、七代藩主斉孝は徳川一一代将軍家斉の第一四子（諸説あり）を養子に貰い、後嗣としたことから、文化一四年（一八一七）に五万石の加増があって、一〇万石に復し、明治二年（一八六九）に九代藩主慶倫《よしとも》が版籍奉還を上表している[2]。

本稿では、まず、津山藩主となった森家および松平家の墓所・菩提寺に関して、家譜・系図に書かれている事柄を見ていくことにする。次に、現存する墓所について記す。最後に、海外からの文化の流入や、教育の普及による学問・思想の多様化などが、葬儀のあり方に与えた影響について考察する。その一例として、一七世紀半ばの隠元の渡来による影響について、それから一九世紀半ばの儒葬への関心の高まりによる影響について取り上げ[3]、その実相の一端を探ってみたいと思う。

一　津山藩森家

津山藩森家に関する史料は非常に少ないながらも、除封後に成立した播磨の赤穂森藩や三日月藩などで編纂されたものなどがいくつか伝わっている。その中で最も充実した史料が、宗家筋にあたる赤穂藩森家が編纂し、改易から一〇〇年ほど経て、文化六年（一八〇八）に成立した森家の年代記『森家先代実録』（以下『実録』と略記）である。(4) 同書は全一八巻、補巻二巻、付図三枚からなる大部の書であり、内容は家譜の類の歴史書となっている。その中で、森家がどのような歴史をあゆみ、先祖はいつ、どこで、どのように没して、どこに葬られたのか。墓碑や位牌はどこに祀られたのか。このような事柄を調べるために、各地を訪ね、伝承を含めてあらゆる史料を蒐集し、かつ綿密な考証を加えている。そうした厳格な編纂姿勢に基づいて編纂されていることから、非常に信頼性の高い史料となっている。しかしながら、森家改易からおよそ一世紀経過して完成したものであるため、錯誤も少なくない。その点に留意しながら、葬地や墓所などにまつわる事柄を記す。なお、森家と関家の血縁関係については、系図（図1）で示した。

まず、歴代藩主について記す。

津山藩初代藩主森忠政（本源院）　可成の末子（六男）として、元亀元年（一五七〇）に美濃金山にて出生。兄長可の戦死により家督を相続。関ヶ原戦の軍功により、慶長八年（一六〇三）に美作国を拝領した。寛永一一年（一六三四）に京都にて食傷のため急逝。船岡山の麓で火葬され、臨済宗の大徳寺三玄院に葬られている。『実録』には、「大徳寺三玄院と津山の本源寺に墓と位牌があり、江戸の広徳寺には位牌のみある」と注釈がある。忠政が存命だった頃の本源寺の寺号は「龍雲寺」とした。現存する棟札によると、本堂は慶長一一年（一六

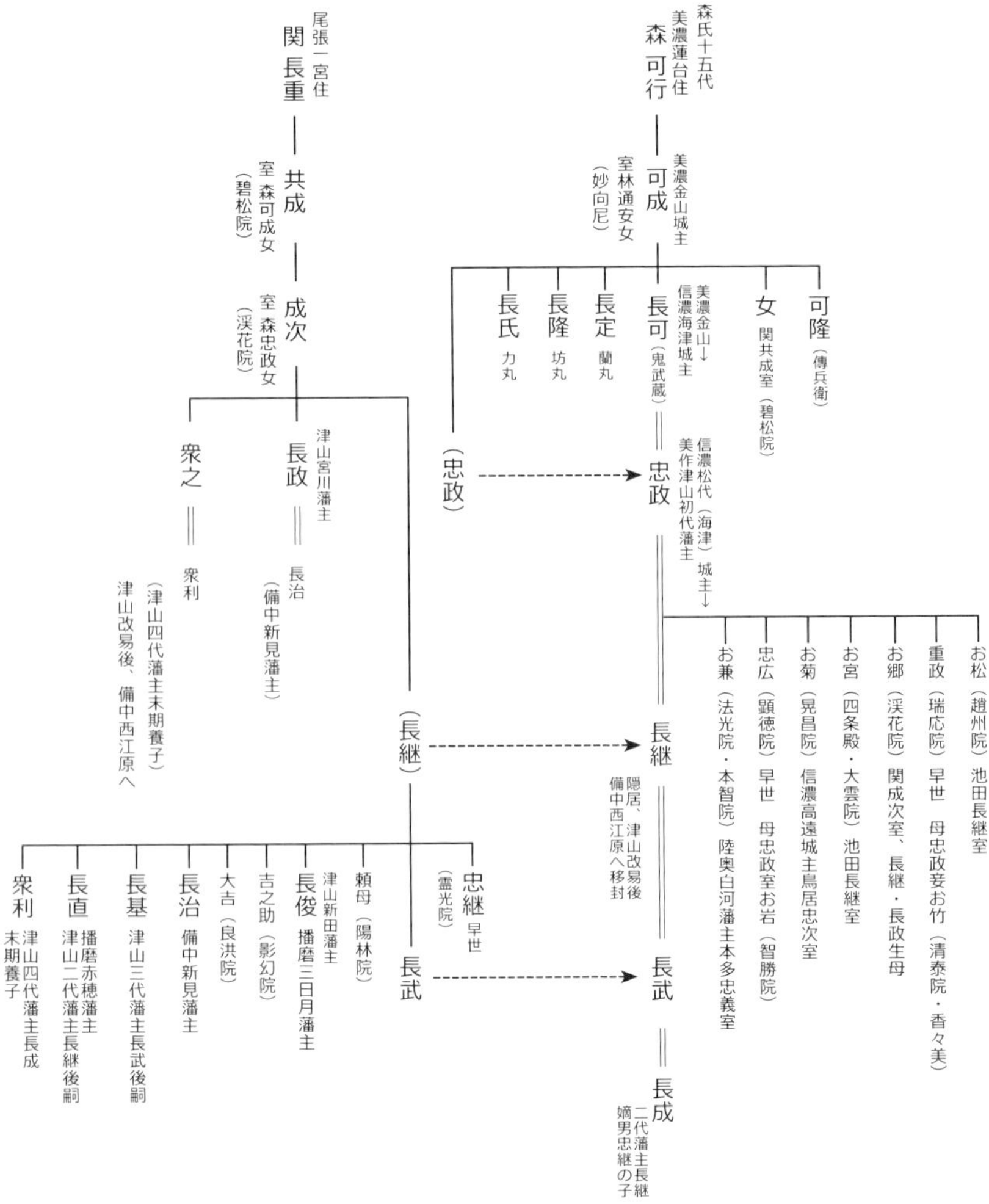

図1　森・関家略系図　『津山市史』第三巻をもとに作成

〇七）の建立。御霊屋は、忠政の七回忌の前年にあたる寛永一六年（一六三九）の建立[5]。なお、津山の龍雲寺でその室の智勝院の葬儀が営まれた時には、同寺は妙心寺派の寺でありながら、忠政は京都大徳寺の春屋宗園（三玄院開山）に帰依し、弟子の玉室宗珀（沢庵宗彭とする説もある）を導師として招請している。また、大徳寺派である江戸の広徳寺には、忠政の位牌があるという。駒澤大學内禅學大辭典編纂所編『新版禅學大辭典』（大修館書店、一九七八年初版）によると、広徳寺は太田源五郎（武蔵岩付城主）を開基、明叟宗普を開山とし、箱根湯元に創建。天正一九年（一五九一）に徳川家康が江戸神田に移して再興。寛永一二年（一六三五）に下谷に再移転。関東大震災で山門を焼失。昭和四六年（一九七一）に現在地（練馬区桜台）に移転。加賀前田家ほか諸大名一〇数家が菩提所とした。

二代藩主長継（長継院）　森家重臣関成次の嫡男。慶長一五年（一六一〇）に津山にて出生。母は忠政の三女お郷（渓花院）。改易の翌年、元禄一一年（一六九八）に江戸芝屋敷にて卒去。享年八九。江戸土器《かわらけ》町金龍山瑠璃光寺に葬。この寺は、山口の瑠璃光寺の別院として、麻布に建てられた曹洞宗の寺である。慶長一九年（一六一四）創建。なお長継の墓は現存していない。

三代藩主長武（円明院）　長継三男。母は鳥取城主池田長幸の女。長継の嫡男の忠継が急逝したことから、長継は三男長武に家督を継がせ、忠継の嫡男長成の後見役とした。長成が一六歳になった時に長武は引退し、元禄九年（一六九六）に江戸の関口屋敷にて卒去した。享年五二。上野の東叡山寛永寺護国院（天台宗）にて葬儀が行われ、上野円覚院（後の護国院）に葬られている。『実録』には、五月二五日晩より翌六月二日まで法事が営まれ、津山の本源寺にて同一七日晩より一八日朝まで法要があり、四代長成自ら参詣し、長継の名代が焼香したとの注釈がある。また、護国院に「菱鶴・根笹・鶴丸・桐・丸二十の紋」を刻んだ墓があり、墓前には、長武の重臣横山刑部左衛門寄進の石燈籠が二基あると注釈している。護国院の墓地は、大正一五年

（一九二八）に東京芸術大学の移転が決まり、この時に多摩霊園（東京都府中市）に改葬されている。なお、鶴丸紋・桐紋・十字紋・根笹は、森家の家紋である。十字紋は、天正一〇年（一五八二）に信長が甲斐を平定した時に、信忠の与力だった長可が殊勲の褒美として授けられたもの。桐紋は、天正一五年に秀吉の寵臣となった忠政が豊臣姓とともに分賜されたものである[6]。根笹は清和源氏の紋。

四代藩主長成（雄峯院）　長継の第四子。寛文一〇年（一六七〇）に江戸にて出生。母は小笠原長次（播磨龍野藩主のち豊前中津藩主）の女。元禄一〇年（一六九七）に江戸にて病没。享年二七。

末期養子の衆利《あつとし》（仙寿院）　長継の第二四子。早世した四代長成の末期養子となるはずであったが、家督相続の御礼のために江戸へ向かう途次に乱心した。これにより、森家は改易となる。その後、衆利は二代長継の嗣子長直（備中国西江原二万石を拝領）に預けられ、宝永二年（一七〇五）に卒去している。享年三三。西江原の永祥寺（曹洞宗）に葬られた。同寺は、嘉慶元年（一三八七）に荏原《えばら》那須氏の菩提寺として創建された古刹である。同寺の裏山の方に、衆利のために建てた小さな墓（櫛形石塔）[7]が遺っている。

次に、初代藩主森忠政の室・子女の略歴・葬地・墓所等について記す。

先室　実名不詳（一説に「チボ」）　摂津茨木城主中川清秀の女。天正一六年（一五八八）に婚姻。徳川幕府編纂の『寛政重修諸家譜』を見ると、森家・中川家ともに実名の記載はなく、詳細は不明。

継室　お岩（智勝院）　名護屋因幡守の四女。木下美濃守与一郎の室。与一郎の病没後、大和大納言秀長の養女となり、忠政の継室となる。五人の子女を生み、慶長一二年（一六〇七）五月に津山で卒去。本源寺（龍雲寺）に葬。大徳寺の玉室宗珀（大徳寺一四七世）が引導。『実録』には「卒去の年より、供養のために万燈会が始まり、忠政の五〇回忌まで続けられた」と注釈がある。同寺に墓所が現存。万燈会とは、中村元・福永光司・田村芳朗・今野達編『岩波仏教辞典』（一九八九年刊）によれば、「燃灯会の一つで、懺悔滅罪のため一万の灯明を点して仏・菩薩に供養する法会」、「特に鎌倉時代になると、庶民の一人一灯の寄進を勧説して、長者の万灯よりも貧者の一灯が強調された」とある。初代藩主忠政は、亡妻の供養のために、非常に荘厳な法会を毎年行なっており、それが忠政の五〇回忌まで続けられていたという。なお、元禄二年（一六八九）に四代藩主森長成の命により家老の長尾勝明が編纂し、文化六年（一八〇九）の津山城本丸の大火により正本を焼失したことから、北條縣史編纂員の矢吹金一郎らが伝写本を対照・校合して完成させた地誌『作陽誌』（苫南郡古跡部）によれば、本源寺のある小田中村より分立した新田村に森家の荼毘所（火葬場）があったと書かれており、「荼毘所　在同村、霊光院殿（四代藩主長成の父）・智勝院殿（初代藩主忠政の正室）・碧松院殿（忠政の姉）・晃徳院殿（二代藩主長継の父）・清泰院殿（忠政の側室）闍維之場也」とある。この五人の墓（五輪塔）は、津山の本源寺ないし宗永寺に建っている。また、松平藩初期の様子を描いた「美作国内社寺郷邑見取図」（津山郷土博物館所蔵）の中に、「御灰所ノ塚」と題した略図がある。これが『作陽誌』に記されている「荼毘所」のことと思われる。遺構は確認されていない。なお、「灰塚」とは、空の棺を焼却した後に塚を築くもので、非常に珍しい風習とされ、仙台伊達家にその遺構が現存している[8]。

側室　お竹・香々美（清泰院）　森家の家女。忠政の第二子の重政（瑞応院）を生み、忠政と共に美作国に入り、「作州か、美」（鏡野町）に居住。子の重政（享年二六）を亡くし、万治三年（一六六〇）に死去。享年八九。津山の宗永寺に葬。『実録』によると、「元禄五年（一六九二）に宗永寺で三三回忌が営まれ、宝暦九年（一七五九）の一〇〇回忌では、赤穂森家は使者を遣わして白銀壱枚・香典二〇〇疋を供えた」との注釈あり。宗永寺（臨済宗）は長継が亡母渓花院のために建立した禅寺。

養母　大野木（生光院）　柴田勝家の女。塙（原田）直政の妻となる。忠政は七歳の時に直政と養子の「契約」を結んだことから、大野木は忠政の「養母」となる。その後、大野木は夫直政が石山本願寺攻めで討死したのち、原隠岐守元次に再嫁し、一男（長満）を儲けたものの、元次は賤ヶ岳の戦いで討死。子の長満は勝家の血筋にあたることから、秀吉の命により成敗され、不遇のうちに尾張大野村（名古屋市西区）に隠棲していたところ、忠政が探し出して、津山に呼び寄せ、内山下（城郭内）の屋敷に住まわせ、一七〇石を与えている。寛永四年（一六二七）に卒去。遺言により、来迎寺（後の成道寺。泰安寺の東隣。浄土宗）にて伝蓮社相誉上人の引導で葬儀が営まれ、椽社山誕生寺（岡山県久米南町）に葬られており、同寺に墓がある。なお、同寺は、忠政が母妙向尼の遺命により美濃金山に創建した寺で、忠政の入封にともない、同地に移転している。

第一子　お松（趙州院）　天正一九年（一五九一）美濃金山にて出生。母は忠政の先室中川清秀の女。鳥取城主池田長幸の室となり、一子（長常）を生んでまもなく煩い、上方へ養生に登る途次に美作吉野郡古町（旧因幡街道大原宿、現美作市）にて卒去。享年二三。翌慶長一六年（一六一一）に同所の龍堂寺に葬られている。後に寺が大破し、真言宗八幡山円明寺に改葬。『実録』には二間四方の墓があったとの注釈がある。存否は不明。

第二子　重政（瑞応院）　文禄二年（一五九三）美濃金山にて出生。母は忠政の側室「香々美」。元和四年（一六一八）に苫南郡真経村（鏡野町真経）にて卒去。享年二六。同所原谷槙尾村に葬。『実録』には、「墓印に柊一株があるばかりであったが、のちに栃社山誕生寺（久米南町）に改葬された」と記す。なお、重政には一子お捨（清光院）あり、慶長一六年（一六一一）に真経村に生れ、妙願寺二代浄公の室となり、延宝二年（一六七四）に卒去し、渓花院に葬られている。重政が埋葬されたと伝えられる場所は実経の山中にあり、「お墓畝」と呼ばれている。誕生寺に墓（五輪塔）がある。

第三子　お郷（渓花院）　文禄四年（一五九五）美濃金山にて出生。母は忠政の側室「香々美」。森家の重臣関成次の室となり、元和元年（一六一五）に享年二一の若さで死去し、夫の成次が亡妻のために建立した津山の渓花院に葬られている。初代藩主森忠政の急死後、森家に入り家督を継いだ長継と、関家の家督を継いだ長政の生母である。

第四子　お黒・お岩・お上洛（孤峯院）　慶長二年（一五九七）に美濃金山にて出生。家臣森左近正信の室となったのち、夫が森家を去って京都へ移住した。貞享四年（一六八七）に卒去。享年九一。東山建仁寺常光院（臨済宗建仁寺派）に葬。

第五子　お宮・四条殿（大雲院）　慶長三年（一五九八）美濃金山にて出生。母は大和大納言秀長の女。鳥取城主池田長幸の継室。正室は姉のお松。寛文四年（一六六四）に京都で卒去。享年六七。大徳寺大光院に葬。『実録』には、「延宝四年（一六七六）の一三回忌に際して芝の仏日山東禅寺にて法要が営まれた」と注釈あり。

第六子　お菊（晃昌院）　慶長五年（一六〇〇）に信濃川中島にて出生。母は大和大納言秀長の女。慶長一八年（一六一三）に備前岡山藩主池田忠継の室となる。婚姻後まもなく、夫の忠継は疱瘡に罹り、卒去（享年一七）したことから、鳥居忠恒（出羽山形二代藩主）に再嫁し、一女（加賀松平利次の室）を生み、寛文六年（一六六六）に江戸で卒去している。享年六七。神田にあった広徳寺に葬。なお、同寺は関東大震災で被災しており、墓所は残っていない。

第七子　虎松（青松院）　慶長七年（一六〇二）に川中島にて出生。同一七年に卒去（享年一一）。江戸の広徳寺（臨済宗大徳寺派）に葬。

第八子　忠広（顕徳院）　慶長九年（一六〇四）苫田郡院庄村（津山市院庄）にて出生。元和元年（一六一五）に二代将軍秀忠に謁見。寛永一〇年（一六三三）に江戸で卒去。享年三〇。広徳寺に葬。

第九子　お兼（本智院）　慶長一一年（一六〇六）に津山にて出生。奥羽白河藩初代藩主本多忠義の室となる。万治元年（一六五八）に江戸で卒去。『実録』には、「下総国隅田川の辺りで火葬され、灰は浅草川へ流し、遺骨は白河久松寺に葬られた」と記す。久松寺（曹洞宗）は慶長元年（一五九六）に創建された本多家菩提寺。

夫の忠義が葬られている。その後、同寺は、本多家の転封に伴い、宇都宮から大和郡山へと移転している。
二代藩主森長継の室・子女の経歴と葬送地のことは、『実録』では次のように記されている。

正室（長清院）　長継の卒去から一〇年後、宝永五年（一七〇八）に江戸の芝の屋敷で卒去し、深川の法苑山浄心院（日蓮宗）に葬られている。同寺は、四代将軍家綱の乳母三沢局の遺命により万治元年（一六五八）に創建されている。

側室　お偕（継光院）　延宝三年（一六七五）に「津山北屋敷」（津山城の御後園。後の「御対面所」。今の「衆楽園」）に隠居し、森家改易後は三日月藩主となった息子の森長俊の下で暮らし、宝永八年（一七一一）に江戸の大崎屋敷にて卒去し、白金の瑞聖寺（黄檗宗）に葬られている。『実録』には、「本光寺（津山市一宮）に分骨され、千年寺（同市下田邑）に逆修塔を建立した」とあるが、これは現存していない。なお、江戸の瑞聖寺、津山の本光寺・千年寺とも黄檗派の寺で、開山は隠元の法嗣木庵性瑫（宇治の黄檗山萬福寺第二代住持）。播磨三日月藩（乃井野）の森家に伝わる「森家雑記」には、継光院は賢夫人だったことを伝える逸話とともに、瑞聖寺微笑院の「ケイホウ和尚」（鉄牛道機の法嗣、桂峰浄香か）[9]に帰依していたことが記されている。なお、本光寺・千年寺は二代長継が創建した臨済宗黄檗派の寺。

正室・側室の他に九人の妾があった。子女は二七人あり、男子一三人。早世六人。葬地は江戸祥雲寺（臨済宗）・瑠璃光寺（曹洞宗）、津山宗永寺（臨済宗）・渓花院（臨済宗）・泰安寺（浄土宗）。改易後は備中西江原（岡山県井原市）の永祥寺（曹洞宗）、播磨赤穂（兵庫県赤穂市）の花岳寺（曹洞宗）・随鴎寺（臨済宗）。

二　森家菩提寺

明治の郷土史家矢吹正則が、明治一六年（一八八三）三月に識した『津山誌』上巻および、『苫田郡誌』（苫田郡教育會、昭和二年〈一九二七〉）の「寺院由緒沿革等」の項目等に基づいて津山にある森家菩提寺の大略を記す。なお、臨済宗黄檗派の千年寺・本光寺は郊外にあり、臨済宗妙心寺派の寺は、城下の城西地区に集まっている（写真1）。

東海山本源寺（津山市小田中）　興国元年、北朝の暦応三年（一三〇四）に、足利尊氏が一国一寺として創建した安国寺を前身とする。同寺は院庄（津山市院庄）にあって、「萬松山安国寺」と号し、海晏道陸を中興開山とした。忠政は津山の西方、院庄で築城を開始したものの、一年で中断し、城地を選び直して、津山で築城を再開し、城下町の建設に着手した。この時、安国寺を城の真西の要衝地に移して、「萬松山龍雲寺」と改号。慶長一二年（一六〇七）の忠政の室お岩（智勝院）の死去に際して、寺領二〇〇石が下賜されている。その後、堂宇が落成し、導師には大徳寺の沢庵宗彭を招請している。次いで元和年中天倫玄節を開山とし、山号を「天倫山」と改め、元和年中（一六一五～一六二四）に山号を「東海山」とし、この頃から、臨済宗大徳寺派より妙心寺派に転じ、四本派の一つ「東海派」下となっている。天和三年（一六八三）、忠政（本源院）の五〇回忌を機に「本源寺」と号した。**渓花院**（同市西今町）　二代藩主森長継と実弟の関長政（津山宮川藩主）と森長俊（播磨三日月藩主）の生母お郷（渓

写真1　享保八年（1723）津山城下町図（部分）　津山郷土博物館所蔵

花院）の菩提を弔うために、元和（一六一五〜一六二四）の初めに、夫の関成次が建立した臨済宗の寺。寺号は院号「渓花院」にちなむ。改易後衰退し、廃寺となる。**法源山宗永寺**（同市小田中）長継が生母お郷（渓花院）のために創建した臨済宗の寺である。寺号は、お郷の法諱「渓花院殿春嶽宗永大姉」の諱「宗永」にちなんでいる。明暦二年（一六五六）創建。『津山誌』には、「方丈竪十一間・横九間、書院竪九間・横七間、庫裏竪七間・横四間、廊下・中門・外門等、皆美麗を極む」とあり、森家の菩提寺である本源寺に次ぐ規模を誇っていたことを伝えている。開山は渓花院の住僧正傳。寺領一五〇石。改易後に火災などもあり、衰退した。ただ、森家と松平家時代の位牌が現存することから、御霊屋は燃え残った可能性はある（本源寺華山義道和尚の御教示による）。慶応の初めに再興。**長継山千年寺**（同市下田邑）二代藩主長継が黄檗派を開宗した渡来僧隠元に深く帰依し、古刹を再興して創建した黄檗宗（臨済宗黄檗派）の寺である。開山は宇治の黄檗山萬福寺第二代住持木庵性瑫とする。寺領二〇〇石。**瑠璃山本光寺**（同市東一宮）二代藩主森長継が創建した臨済宗黄檗派の寺。開山は千年寺と同じく木庵性瑫。寺領一五〇石。**萱福山玉傳寺**（同市小原、廃寺）二代藩主森長継の実弟関長政（津山宮川藩主）が創建した臨済宗黄檗派の寺。開山は隠元。領国内の真島郡鹿田村（岡山県真庭市）に創建され、後に移転している。詳細は不明。

二　津山藩森家墓所

初代藩主忠政の父可成（美濃金山城主）の代から、四代藩主森長成の末期養子となった関衆利（乱心により襲封は認められていない）の代までの森・関家の墓のうち、現存するものを記す。いずれも石造である。

本源寺（津山市小田中）御霊屋（写真2・3）の裏に、森家と関家の墓（全七基、五輪塔）（写真4）。初代藩主森忠政（本源院）・忠政の室お岩（智勝院）・忠政の第六子お菊（晃昌院）・忠政の兄長可（前武州）・四代藩主長成の父忠継（霊光院）・忠政の姉で関成共の室鴻野（碧松院）・二代藩主長継の父関成次（光徳院）の墓。**宗永寺**（津山市小田中）森家と関家の墓（全六基、五輪塔）（写真5）。忠政側室お竹〈香々美〉（清泰院）・長継の生母お郷（渓花院）・長継第七子お鍋（本光院）・同第八子頼母（陽林院）・同第一〇子吉之助（影幻院）・同側室おつま（梅雲院）。**千年寺**（津山市下田邑）森長継の寿塔（五輪塔）がある（写真8）。これは、現在「逆修塔」と呼ばれているが、「寿塔」と刻銘がある。**本光寺**（津山市一宮）裏山に向かって右側に、二代藩主長継の女本光院の墓（五輪塔）と側室のお偕（継光院）の墓（観音菩薩像）（写真6）。向かって左側に二代藩主長継の妾（梅雲院）と長継の乳母（守光院）の墓[10]（五輪塔）（写真7）。長継の側室お偕（継光院）は、津山除封後に播磨三日月藩主となった息子（長継の子）の森長俊の江戸大崎藩邸で没しているので、この墓は長俊が建立したものと思われる。**宗堅寺**（津山市戸川町、廃寺）森家の重臣原氏創建の寺。臨済宗。二代藩主長継の乳母（守光院）の墓（五輪塔）がある。**妙願寺**（津山市戸川町）二代藩主長継と関長政の母お郷（渓花院）の墓（六角笠塔婆墓）がある（写真9）。ただし、この墓は寛文四年（一六六四）の渓花院の五〇回忌にあたって、息子の関長政が母渓花院の菩提所「渓花院」（津山市西今町、臨済宗）に建立したものだろう。「渓花院」は廃寺となり、この墓は昭和三〇年代（一九五五～一九六四）に現在地に移転している。**泰安寺**（津山市西寺町）本堂の裏に、長継第一三子大吉（良洪院）の墓（五輪塔）。**誕生寺**（岡山県久米南町）忠政の第二子重政（瑞応院）の墓・忠政の養母大野木（生光院）の墓（いずれも五輪塔）。**永祥寺**（岡山県井原市）長継第二四子の関衆利（四代藩主長成の末期養子）の墓（櫛形石塔）。**来迎寺**（滋賀県大津市）初代藩主忠政の父可成の墓（五輪塔）。**可成寺**（岐阜県兼山町）初代藩主忠政の祖父可行・忠政の父可成・忠政の兄可隆（可成の嫡男）・長可（可成二男）・蘭丸（乱丸・長定、可成三男）・坊丸（長隆、可成四男）・力丸（長氏、可成五男）

写真２　津山 本源寺　御霊屋表門

写真３　津山 本源寺　御霊屋

写真４　津山 本源寺　森・関家墓所

写真５　津山 宗永寺　森・関家墓所

写真６　津山 本光寺
本光院（長継女）・継光院（同側室）墓塔

写真７　津山 本光寺
梅雲院（長継妾）・守光院（同乳母）墓塔

写真８　津山 千年寺　二代藩主長継寿塔
文化財指定名称（市指定）では「逆修塔」とするが、「寿塔」と刻銘がある。

写真９　津山 妙願寺
渓花院（長継・長政生母）墓塔
もとは渓花院（廃寺）にあったもの。

の墓（全七基、五輪塔）。**常照寺**（岐阜県兼山町）初代藩主忠政の母妙向尼の墓（五輪塔）**大徳寺三玄院**（京都市北区）初代藩主忠政（本源院）の墓（五輪塔）。**阿弥陀寺**（京都市上京区）初代藩主忠政の兄蘭丸・坊丸・力丸の墓（五輪塔）。**黄檗山萬福寺**（宇治市）開山塔院松隠堂境内にある開山堂の西側に、二代藩主長継の弟関長政の室（松仙院）の墓（六角笠塔婆墓）があり（写真21）、萬松岡墓地の方に、初代藩主忠政の兄長可（前武州）・二代藩主長継の父関成次（光徳院）・二代藩主長継の生母お郷（渓花院）・初代藩主忠政（本源院）・忠政の室お岩（智勝院）・忠政の第六子お菊（晃昌院）の墓（全六基、全て同型の宝塔形）が横一列に並んで建っている（写真19）。そこから少し離れて、二代藩主長継の第七子お鍋（本光院）の墓（五輪塔）がある（写真20）。**高野山奥の院**（和歌山県高野町）初代藩主忠政（本源院）・忠政の第八子忠広（顕徳院）・二代藩主長継の第七子お鍋（本光院）・長継の第一〇子吉之助（影幻院）・長継の嫡男忠継（霊光院）の墓[11]（五輪塔）。

四　津山藩松平家

「松平越前家」は、徳川家康の兄、結城秀康を家祖とする徳川将軍家の一門「御家門」の家柄である（図2）。秀吉の養子となった後、下総結城城主結城晴朝の養子となり、関ヶ原戦後、越前北ノ荘（福井）六八万石を拝領したことから「越前家」と呼ばれる。六人の男子があり、嫡男忠直が家督を継いだ。当時一三歳。父秀康の遺領は七五万石にのぼっていた。徳川二代将軍秀忠の三女勝姫（天崇院）と婚姻。大坂の陣の後、恩賞への不満から乱行が目立つようになり、蟄居を申し付けられ、元和九年（一六二三）に豊後府内へ配流となる。この時、嫡男の光長は幼少（九歳）だったため、秀康の二男忠昌（光長の叔父）を越前福井に移し、越後高田には光長が入った。

その後の光長は、天和元年（一六八一）の御家騒動（越後騒動）によって伊予松山へ配流となり、貞享四年（一六八七）に赦免されて、江戸柳原邸に帰り、陸奥白河藩主松平直矩の三男、宣富を後嗣とした。翌元禄一一年（一六九八）、宣富は五代将軍綱吉より美作津山一〇石を拝領。光長の父忠直には直系の孫（綱国、更山院）があったが、綱国は越後騒動で備後福山へ配流された経歴があったために、家督を継ぐことができず、宣富に従って津山に移っている。

宣富は享保六年（一七二一）に食傷により上洛中に急逝（享年四二）。嫡男の浅五郎（六歳）が跡を継ぐも、襲封から五年後の享保一一年（一七二六）に早世。末期養子が許されて、宣富の弟知清（陸奥白河新田藩主）の三男長煕（七歳）が跡を継いだ代わりに、石高は半減されている。この時、津山藩松平家は、末期養子が認められた代わりに、石高は半減されている。

その後、四代長孝、五代康哉《やすちか》、六代康乂《やすはる》、七代斉孝と続き、斉孝には長いあいだ子が無かったことから、文化一四年（一八一七）に徳川一一代将軍家斉の子・銀之助（八代斉民、号「確堂」）を養子に迎えて後嗣としている。この時に五万石の加増があり、一〇万石復帰を果たしている。斉民は天保三年（一八三二）に襲封し、安政二年（一八五五）に隠居。七代斉孝の実子で、斉民の養子入り後に誕生した慶倫《よしとも》（一九歳）が跡を継いでいる。

九代藩主となった慶倫は、明治二年（一八六九）に版籍奉還を上表し、「津山藩知事」に任官され、同四年七月に廃藩置県により免官となり、一一日後に津山で急逝した。享年四五。家督は斉民の子、康倫が継いだ。(13)慶倫の葬儀を済ませた康倫は、「家務所」（旧愛山東照宮、津山市小田中）を設け、文書・土地・建物等の管理を側近の旧藩士に任せて帰京している。(14)

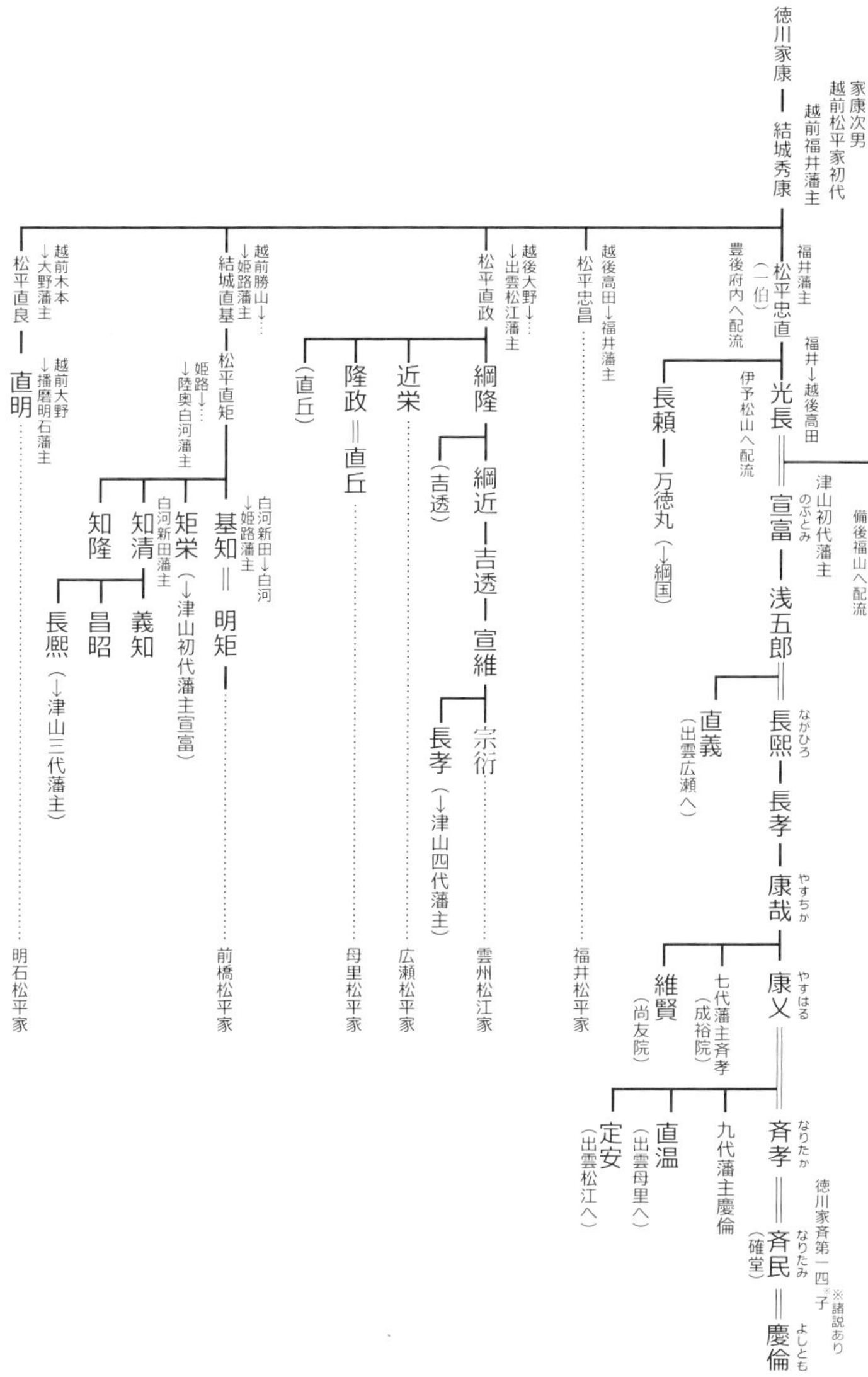

図2　津山松平家略系図　『津山市史』第四巻「越前松平氏略系図」をもとに作成

五　津山松平家菩提寺

津山藩松平家は、国元の愛山地蔵院（天台宗）に東照宮を造営して、徳川家の位牌を祀り、泰安寺（浄土宗）にも御霊屋を造営し、徳川将軍家と津山松平家の位牌を祀っている。国元の墓所は泰安寺にあり、江戸では愛宕の天徳寺（浄土宗）に墓所を営み、別に赤坂の浄土寺（浄土宗）に子息等を葬っている。

天崇山泰安寺（津山市西寺町、浄土宗）　森家の旧領美濃金山にあった「覚王山遺迎院涅槃寺」を前身とする。慶長一四年（一六〇九）の創建で、開山は森忠政に随従して来国した前蓮社眼誉空阿（一道）とし、「覚王山涅槃寺」と号した。森家は、寛文九年（一六六九）に四代将軍家綱（厳有院）の位牌を祀り、祭祀料一〇〇石を寄進。翌年、徳川二代将軍秀忠（台徳院）の位牌を祀り、五〇石寄進。元禄一〇年（一六九七）に森家は除封となり、松平越前家三代光長の後嗣となった宣富が入封している。初代藩主となった宣富は、同一五年（一七〇二）に初入国すると、将軍秀忠と家祖結城秀康（家康二男）の位牌を祀っている。元文四年（一七三九）に「浄光山森厳院泰安寺」と改号。ところが、この山号は徳川五代将軍綱吉の正室の法号「浄光院」と同じであることから、改号を命じられて、越前家二代忠直の正室勝姫（徳川秀忠の三女）の法号「天崇院」にちなんで「天崇山」と改めている。文化一四年（一八一七）に徳川一一代将軍家斉の子斉民が養子入りすると、文政一一年（一八二八）には、浄土宗の本山・知恩院門主の霊牌も安置され、「津山三箇寺」（浄土宗の泰安寺と臨済宗の本源寺と日蓮宗の妙法寺）の一つと呼ばれるようになっている。[15]天保九年（一八三八）に、国元の御対面所「西御殿」（衆楽園の西隣、津山市山北）に隠居していた七代藩主の斉孝（成裕院）が亡くなると、泰安寺において荘厳な葬儀が営まれ、儒式で埋葬され、翌年に墓を建立している。四年後の同一三年には、境内地を拡げて本堂の裏に御霊屋を建立し、山門を御霊屋の正面に移し、山門と総門との間に真っ直ぐに参道を延ばして、廟所の荘厳化を図っている。[16] **愛山松平家墓所**（同市小田中、天台宗）津山城の北西、乾の方角にあたる清浄で高燥な地を選んで創建された天台宗の寺である。天和二年（一六八二）、三代長武の代に境内に東照宮を建立（写真10）。明和二年（一七六五）に五代藩主康哉《やすちか》が御霊屋を建立し、徳川家と松平家の位牌を祀っている。文化一一年（一八一四）、七代斉孝《なりたか》の時に東照宮を改修。翌年一一〇石を寄進。明治四年（一八七一）の廃藩置県後、東照宮は松平家の所有となる。[17]

なお、江戸で亡くなった藩主とその家族は、天徳寺または浄土寺に葬られている。「松平越前家系図」[18]によると、愛宕（港区）の天徳寺を藩主夫妻および子息の葬地とし、夭逝した子息は白山（文京区）の浄土寺に葬っていたことがわかる。浄土寺は、松平忠直（西巌院）の菩提寺で、「深廣山西巌院」とも号し、寛永五年（一六二八）に忠直の子松平光長によって創建されている。婚姻や養子縁組で他家へ出た子息の墓は、愛宕の青松寺、高輪の泉岳寺、扇の瑞應寺、下谷の廣徳寺・感應寺・高石寺、目黒の善長寺、麻布の曹渓寺、浅草の斎福寺・本願寺支坊徳本寺など、それぞれ縁組先の家の菩提寺に葬られている。

写真10　津山 愛山東照宮社殿（愛宕山地蔵院本堂）

六　津山松平家墓所

津山松平藩初代藩主宣富《のぶとみ》から、最後の藩主九代慶倫《よしとも》までの墓のうち、現存するものを記す。

泰安寺（津山市西寺町）本堂の裏手に御霊屋と墓所が営まれている。墓は五基。初代藩主宣富（源泉院）の墓（五輪塔）（写真11）・七代藩主斉孝《なりたか》（成裕院）の墓（六角石塔）・同室箏（涼晴院）の墓（宝篋印塔、写真12・13・14）・斉孝の弟維賢《これかた》（丹山・尚友院）の墓（六角笠塔婆墓、写真15）。なお、尚友院の墓の隣にその妾で八代藩主慶倫の生母にあたる虎（栄寿院）の墓（櫛形石塔）がある。ただし、この墓は檀家墓地の方に祀られていたが、現住職により現在地に移されている。**本源寺**（同市小田中）森・関家の墓所に、初代藩主森忠政の六女お品（桃園院）の墓（角柱蓮華座付）がある。この墓は、境内の別の場所より、昭和三〇年代（一九五五～一九六四）に現在地に移したものである。**愛山松平家墓所**（同市小田中）

旧愛山東照宮の麓に営まれてお

写真11　津山 泰安寺
初代藩主宣富（源泉院）墓塔

写真12 津山 泰安寺
七代藩主斉孝（成裕院）夫妻廟所

写真 13　津山 泰安寺
七代藩主斉孝墓塔
（写真 12 玉垣内）

写真 14　津山 泰安寺
斉孝室涼晴院墓塔
（写真 12 玉垣内）

写真 15　津山 泰安寺
斉孝弟維賢
（丹山・尚友院）墓塔

写真 16　津山 愛山松平家墓所　唐門（旧愛山東照宮表門）

写真 17　津山 愛山松平家墓所
鳥居は旧東照宮表門前にあったものか

写真 18　津山 愛山松平家墓所 九代慶倫夫妻墓塔
（写真 17 の鳥居の向こうに見える玉垣内）

り、九代藩主慶倫の墓と同室静儀夫人（豊前中津藩主奥平昌暢の女、筑前福岡藩一一代藩主黒田長溥養女）の墓が、玉垣内に並んで建っている。この二つの墓の形は、神道式の角柱トキン形で、それぞれの墓標の背後に基壇のような石組を築いている（写真16・17・18）。**谷中霊園**（東京都台東区）江戸の津山藩松平家菩提所にあった墓は整理されており、寛永寺が経営する谷中霊園に津山藩松平藩の初代から七代までの藩主とその子女の合祀墓がある。八代藩主斉民（文定院、徳川一一代将軍家斉の子）は合祀されず、同霊園内に別に祀られている。

七　新しい宗教や思想の影響

葬儀のあり方は、その時代の宗教や思想の変化に応じて、様変わりしてきた。ここでは、近世の社会が始まるとされる江戸前期（一七世紀半ば）にもてはやされた臨済宗黄檗派がもたらした影響と、近代に向かった江戸後期（一九世紀前半以降）における思想・学問・教育の普及を背景とする朱熹『家礼』の研究の盛行[19]が及ぼした影響を取り上げ、その実相の一端を探ってみたい。

（一）　黄檗派の興隆の影響

二代藩主長継が建立したと思われる森家一門と関家の五輪塔には禅語が刻まれており、初代藩主の忠政は忠政は大名茶人として、二代藩主の長継は在家信者として、非常に熱心に禅を学んでいたことを偲ばせている。ただし、忠政と長継が学んだ禅風は大きく異なっており、長継は忠政の没後の承応三年（一六五四）に渡来した隠元の影響を強く受けている。忠政の頃の日本の仏教界は、日明貿易が途絶えたのち、鎖国が始まった時期にあって、著しく停滞していたが、その後、隠元により明末の禅がもたらされて、新風が吹き込まれたからである。なお、隠元渡来の反響は非常に大きく、隠元と同じ臨済宗の流れを汲む京都妙心寺においては、隠元を招請する動きが生じたものの、同寺では「一流相承」を厳守してこれを排斥したことから、徳川四代将軍家綱が開基となり、隠元を開山とする新寺として、宇治に黄檗山萬福寺が創建されて、日本では臨済宗は妙心寺派と黄檗派に分かれている[20]。以来、黄檗派は急速に黄檗派の寺院を増やした。そうした中、二代長継とその実弟の関長政は、隠元に帰依し、この教団と深く関わっており、津山の本源寺（臨済宗妙心寺派）からも、黄檗派に転じた僧があらわれている。しかし、本山の妙心寺は、寛文五年（一六六五）に『壁書』と呼ばれる、寺の憲法とも言える寺規を補正し、「本派の宗風及法式等の総てを黄檗化」することを厳しく禁じたことから[21]、本源寺の宗旨が変わることはなかった[22]。ただ、本源寺とその界隈の禅寺には、黄檗の唐僧の書（額）が残り、受容の痕跡をとどめている[23]。

黄檗派は墓塔の造形においても強い影響を与えており、宝珠・路盤・笠・六角柱の塔身・蓮華座などを組み合せ、多彩な紋様の彫刻を入念に施し、台石上に据えるという、非常に華やかな造形の墓塔をデザインしている。こうした墓形はそれまでの日本にはなく[24]、中国系の石塔と分類されており[25]、近年の大名墓研究の分野では「黄檗宗塔墓[26]」、あるいは「六角笠塔婆墓[27]」などの用語で呼んでいる。この墓のルーツは、明末清初の洗練された文化に求められるものであり、隠元とその後を追って渡来してきた唐僧の下で、このような造形をした墓が考案され、普及している。

その背景には、キリスト教禁教令によって開始した長崎貿易があった。長崎の唐人（華僑）は、明末清初の混乱期に、中国江南地方（長江下流域）の浙江・江蘇・福建出身の海外交易に携わる商人で、鎖国体制下にあった日本で唯一の貿易港だった長崎に渡来し、定住するようになった人々である[28]。彼らは、福建にある大寺「黄檗山萬福寺」の住持として名声を博していた隠元を、長崎長崎唐寺の一つ、興福寺（長崎市）に招請し、隠元の来日を実現させた。その渡来は大きな反響を呼び、宇治の黄檗山萬福寺の創建を見ている。[29] 隠元は六三歳の時に渡来し、そのまま日本に滞留して八二歳の時に同寺で示寂し、『老人預嘱語』と題した遺戒を残している。その中で、したたかに、同寺の住持職には、必ず門下の唐僧を任命するように厳命しており、これを受けて、側近の門弟らの協議により「開山塔院規約」一六条が定められ、同寺住持には本国から隠元の高弟を招請する仕組みができ、教団の経営体制を確立させている。[30] この仕組みは、隠元の没後一〇〇年余り後まで続き、本国より法子法孫が招請され、長崎を経て、宇治の萬福寺に晋山するという出世コースが生まれている。黄檗風の墓塔は、そうした鎖国体制下における日中間の文化的な交渉[31]の下で誕生している。

さて、森家と黄檗派の関わりは、長継にとどまらず、実弟の関長政と黄檗派との関わりもまた深いものがあった。関長政の亡妻は、松仙院(松僊院)蘭室性温という人物とされており、この女性には子がなく、隠元のために、江戸にあった自身の屋敷を喜捨するよう遺嘱している。その屋敷は、増上寺の近くの海手にあった長政の屋敷地にあったのだろう、海路で宇治の萬福寺に運ばれており、恩義を感じた隠元は、喜捨されたされた屋敷に、「松隠堂」と命名し、隠居所とした。この建物は、落成から三〇年余り後の元禄七年（一六九四）に取り壊して新築されたものの、「松隠堂」は、宗祖隠元の没後、「開山塔院」として重要な役割を果たしている。[32]

そのような由縁があって、開山塔院内の「開山堂」の西側には、関長政が建てた松仙院の墓がある（写真21）。基壇の上に立ち、正面に石階を据えた格式の高い墓で、側面には「関備前守梅巌性誠立」と刻銘がある。松仙院が死去したのは、この墓の刻銘によると、寛文三年（一六六三）四月一五日である。墓は五年前の一六五八年に建立された隠元の寿塔と非常によく似ている。

なお、松仙院が没した翌年の寛文四年（一六六四）は、ちょうど亡母渓花院の五〇回忌にあたっており、長政の兄の長継は、隠元に追悼の詩偈を求めている。[33] これは、隠元の詩偈集『雲濤三集』に収録されて、板行を重ねている[34]。さらに、長継は松仙院の墓とよく似た形の墓を建てている[35]。なお、この墓は、もともと津山の菩提寺「渓花院」にあったが、廃寺となり、今は別の寺に移されている（写真5）。ちなみに、長継の五男として生まれ、長政の養子となり、備中新見初代藩主関長治と、同三代藩主となった政辰の墓も黄檗風の墓形をしており、新見西来寺（岡山県新見市、曹洞宗）にある。

このようなことから、森家と関家は、宇治黄檗山萬福寺の檀越の中でもひときわ深く関わっていたことが知られる。有力な檀越であったことは、同寺の萬松岡墓地にある大名家の墓一四基のうち八基は、森家の墓（写真19・20・21）が占めていることからもうかがえる[36]（祀られている人の名は前出）。同墓地は明治期に整理さ

写真19　宇治 萬福寺萬松岡墓地　森家一門墓

写真20 宇治 萬福寺萬松岡墓地　本光院（長継女）墓塔

写真21　宇治 黄檗山萬福寺開山塔院
松仙院蘭室性温墓塔

れているものの、森家の墓八基は黄檗山の最後の唐僧住持となった第一一代大成照漢（一七〇九〜一七八四）の代に成立した萬福寺墓地散策のための指針図『萬松岡一指』（黄檗山萬福寺蔵）に記載されている通りに遺存している。[37] 古い境内図『伽藍並びに寺領絵図』[38]（写真22）には、松仙院の墓塔が現在建っている場所のあたりに、基壇上に建つ一間四方程度の宝形造の堂宇（〇で囲んだ建物）が描かれている。これは、立地から見て今の宝蔵のようではあるものの、現宝蔵は切妻造、三間・五間であるから、[39] 建築様式と規模から見て、現宝蔵ではなさそうである。また、現宝蔵は延宝八年（一六八〇）に現在地に移築されたものと推定されていることを勘案すると、当時の松仙院の墓にはあった覆屋を描いている可能性が高いのではないかと思われるものの、これだけでは、松仙院の塔所と同定することはできかねるので、後考を俟ちたい。

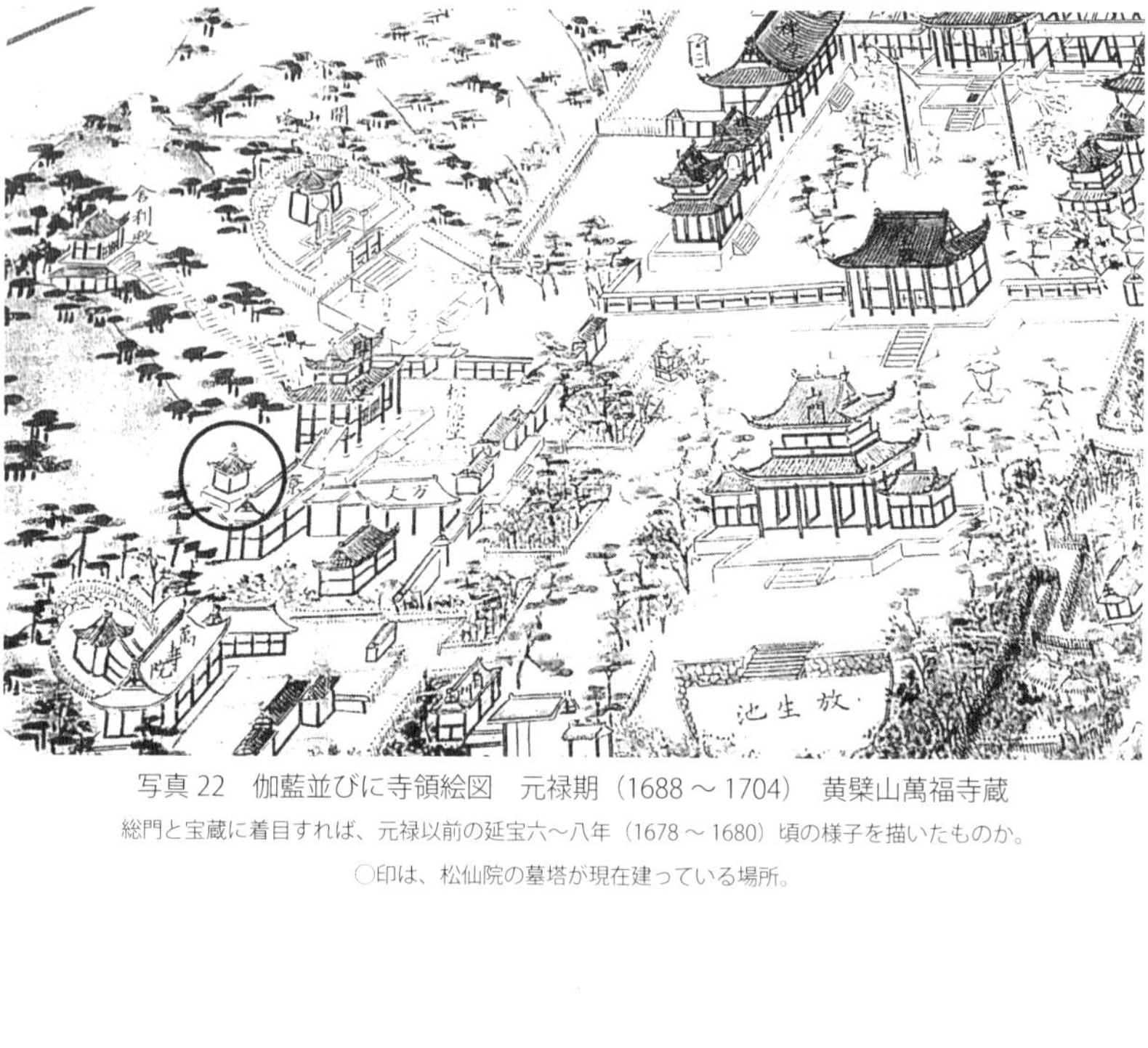

写真22　伽藍並びに寺領絵図　元禄期（1688～1704）　黄檗山萬福寺蔵

総門と宝蔵に着目すれば、元禄以前の延宝六～八年（1678～1680）頃の様子を描いたものか。

〇印は、松仙院の墓塔が現在建っている場所。

（二）朱熹『家礼』研究の盛行による影響

七代藩主斉孝（成裕院）は、天保三年（一八三二）に隠居し、斉民に家督を譲ると、津山城の北にある御後園「御対面所」（衆楽園）の西側に隠居所「西御殿」を構えて余生を送り、天保九年（一八三八）二月に享年五一で国元で没した。[40] この時に、本格的な儒葬が実践されており、[41] それから一二年後の嘉永三年（一八五〇）に斉孝の弟維賢（尚友院）が没し、儒葬がおこなわれている。[42] 「儒葬」とは、南宋の時代に朱熹『家礼』に記されている埋葬法のことである。同書で説かれている、「孝」の精神に基づく埋葬法[43]は、江戸期の知識人の関心を集め、日本でどのように実践すべきかをめぐって、さまざまな解釈が出された。[44] 八代斉民の代に津山藩儒として仕えた昌谷精渓《さかやせいけい》が師事した佐藤一斎もその一人で、朱子学と陽明学を学び、朱熹『家礼』を考究して『哀敬篇』を著わし、形より心を大切にすることが肝要であり、家礼を忠実に実践しなくてもよいと述べた。[45]

このような考え方を唱えた佐藤一斎は、美濃岩村藩松平大給家の家老の家に生まれ、幼い頃には三代藩主乗薀《のりもり》の三男乗衡と共に江戸藩邸で勉学に励み、朱子学を学んだ人であった。のちに、乗衡は林大学頭の養子となり、林家を襲名して「林述斎」と改名し、林家八代目となっている。一方、一斎は、後に陽明学も学び、昌平坂学問所六代となった乗衡（林述斎）の抜擢により、塾長に就任した。文化二年（一八〇五）のことである。このことは、時代の要請により、寛政異学の禁以来、朱子学以外の陽明学や考証学その他の多様な学問が、認められるようになったことを象徴するような出来事だったと思われる。[46] その後の一斎は、安積艮斎《あさかごんさい》・大橋訥庵・佐久間象山・山田方谷をはじめとする優れた門人を数多く輩出した。

さて、その一斎の門下である昌谷精渓[47]は、津山松平藩八代藩主斉民の侍講として招かれている。これは、一斎が『哀敬篇』を著した後のことであり、津山藩松平家の蔵書目録には「『哀敬篇』（山本双松写）」とある。[48]

同書の来歴を推理すれば、筆写した「山本双松」は、斉民の近習を勤めた人であり、精渓は藩儒として斉民に仕えて、天保一〇年（一八三九）に学校の創設を斉民に建言した。この時、双松はこれをまとめて「文武稽古場」の創設を建議している。この三人はそうした関係にあって、双松は精渓から『哀敬篇』を入手して写し、斉民に献呈し、斉民はこれを手本として、儒葬を実践したのではないかと思われる。

次いで、斉孝が儒式で埋葬されてから四年後の天保一三年（一八四二）に、斉民は泰安寺御霊屋の造営に着手している。注目すべき点は、この時に、斉民が自ら棟札の願文を撰述し[49]、その中で「茲に一屋二室之制を創り、有槌有閑輪乎、焉に於いて右に大府四宗之主、左に我家累代之牌鬒を安んず。蓋し追遠は國の大事にして、厚く民の善教に帰す」（原漢文）と記している点である。この一文から、御霊屋の普請が民衆教化と結びついていたことが知られるのである[50]。では、なぜ津山藩では、この時期になると葬儀において儒教色を強めているのだろうか。その背景として、七代藩主斉孝から八代藩主斉民の代にあたる文化・文政期にかけて、石門心学の柴田鳩翁が招請されて来国しており、その講義が大変な人気を博していたことをあげたい[51]。心学が説く道徳心は、「孝」の精神に基づいて先祖祭祀を行う儒教の思想[52]に通じる実践的な道徳であったからである。ちなみに、御霊屋普請では、城下の各町から「土持砂持」の人夫を招集している[53]。つまり、城下の町人に対して奉仕を求めているのであり、大名家の廟所の造営が個人的な営みではなく、公的なものとなったといえる。この時期には、藩の教導政策による孝の精神の浸透と高揚があったのではないだろうか[54]。

おわりに

本稿では、津山藩主森家および松平家の家譜・系図類や地誌等に書かれている墓所造営に関わる記述を拾い読み、両大名家の墓所・菩提寺の営みをたどった。その中で、大名家が御霊屋と墓所からなる荘厳な廟所を造営した時期は、津山藩森家の場合は、初代藩主忠政の急逝後に跡を継いで、藩の基礎を固めた二代藩主長継の代であり、津山藩松平家の場合は、将軍家から養子をもらうことで、一〇万石復帰を果たした七代藩主斉孝の葬儀の喪主を務めた八代藩主斉民の代だったことについてふれた。また、学問・思想・教育などが墓所の造営に与えた影響について考察し、津山藩森家については、（一）五輪塔に梵字ではなく、禅語を刻んでいること、（二）黄檗様式を取り入れた墓塔を建立していること、（三）非常に事例が少ない「灰塚」の風習があったことなどの特色をあげた。津山藩松平家については、一九世紀半ばの泰安寺の御霊屋造営に際して、城下の全ての町人に奉仕を求めていることに注目し、これは心学の流行を背景として行われたものではないかと考察し、教導政策と結びついて、孝の精神の高揚があったのではないかと述べた。

なお、高野山奥の院には、津山藩森家二代藩主長継が、初代藩主忠政とその一族の墓を建てている。また、津山藩松平家は越前家の血統上の本宗家で、家祖の結城秀康を祀る「石廟」[55]と、越前家二代忠直の直系の孫にあたる綱国（更山院）の墓もある。綱国は越後騒動で福山に配流され、赦免された後は、江戸柳原邸にあった祖父の越前家三代光長の下におかれた。嫡男でありながら、一度配流された経歴があったために家督を継ぐことは許されず、光長の後嗣となった宣富に従って美作国に入り、宣富を支えて森家のために尽くした。綱国が亡くなったのは、宣富の死去（一七二一）から一四年後の享保二〇年（一七三五）のことで、津山藩松平家は高野山に綱国の墓を建立し、手厚く祀っている。

註

1　『津山市史　第三巻　近世Ⅰ　森藩時代』（津山市、一九七三年）第三章。

2　『愛山文庫目録　和漢・漢籍の部』（市立津山郷土館、一九八四年）「津山松平藩の概要」の項。

3　近世の大名家における儒葬の実践に関する研究は、近藤啓吾一九九〇『儒葬と神葬』国書刊行会の刊行後、田 世民二〇〇八「懐徳堂における儒教儀礼の受容―中井家の家礼実践を中心に―」『懐徳堂センター報』（後に『近世日本における儒礼受容の研究』ぺりかん社、二〇一二年に収録）において、儒者による儒葬実践が研究テーマに取り上げられ、その後、近世社会と儒葬との関わりについて注目が集まり、藪田 貫　二〇一一「近世日本における儒教と儒葬墓について―徳島藩蜂須賀家の万年山儒葬墓を中心に―」吾妻重二編『泊園記念会創立五〇周年記念論文集』関西大学東西学術研究所国際共同研究シリーズ9　関西大学出版部、岩淵令治　二〇一一「近世大名家の葬送儀礼と社会」『国立歴史民俗博物館研究報告』第一六九集、松原典明　二〇一二「近世武家社会における葬制」・「近世大名家墓所の地下構造と喪禮実践の歴史的脈略」『近世大名葬制の考古学的研究』雄山閣、松原典明　二〇一八「近世大名の葬制と墓誌―府内寺院と墓誌の調査―」・「『家礼』をテキストとした大名の葬礼」近世大名葬制の基礎的研究』雄山閣、松原　二〇二〇「黄檗文化の受容とその実践」『近世大名墓の考古学　東アジア文化圏における思想と祭祀』勉誠出版等の研究報告及び論文等が発表されている。

4　「史料解説　森家先代実録」『岡山県史』第二五巻（岡山県、一九七一年）。本稿では『岡山県史』第一五巻所収のものを用いたが、同書に収録されていない箇所は「新見市立図書館本」を見て補った。

5　『改訂本源寺建造物調査報告書』（宗教法人本源寺、二〇一一年）。同年は二代藩主長継の代にあたる（一六七四年隠居）。なお、本源寺華山義道和尚の御教示によると、同御霊屋の建築意匠は、長継の代に再興された領内各地の主な社寺と共通点が見出せる（例えば縁側束の礎盤が木製である点）とのことである。また、承応元年（一六五二）建立の本山寺東照宮霊廟（岡山県美咲町）とは、全体的に大変よく似ているとのことである。

6 前掲書（註1）。

7 石田茂作『日本仏塔の研究』（吉川弘文館、一九七四年）。

8 川口素生「森氏関係史跡一覧」『一族叢書　森一族の全て』（新人物往来社、一九九六年）によると、江戸西日暮里の南泉寺に通称「森蘭丸の灰塚跡」がある。なお、松原典明氏の御教示によれば、薩摩島津家の菩提寺「福昌寺」の墓所に関する史料の中にも灰塚の記録があるとのことである。

9 大槻幹郎・加藤正俊・林 雪光編著「黄檗法系譜」『黄檗文化人名辞典』（思文閣出版、一九八八年）。

10 『津山市指定重要文化財（史跡）本光寺薬師堂・客殿保存修理事業報告書』（宗教法人本光寺、二〇〇八年）。

11 秋元茂陽　二〇一〇「萬福寺に建立された大名家の墓碑考察」『黄檗文華』第一三〇号（黄檗山萬福寺文華殿）。

12 三好尚子氏の御教示による。妻鹿淳子　二〇一二「改易された松平光長の「復活」―津山松平藩の創設顛末―」（『岡山県地方史研究』第一五八号）。

13 「松平越前家御家譜」『津山温知會誌』第貳編（津山温知會、明治四二年）。

14 前掲書（註2）。

15 矢吹正則著　明治一六年（一八八三）刊『津山誌』上巻「泰安寺」の項。

16 拙稿　二〇一二「史料に見る泰安寺境内の変遷」『年報弥生の里』第一九号（津山弥生の里文化財センター発行）。

17 斎藤晴俊　一九九一「諸国に勧請された東照宮　兵庫県・岡山県・島根県・山口県　附関東三県・鹿児島県」『全國東照宮連合會々報』第二五号、天台宗愛宕山地蔵院住職清田玲寂「地蔵院寺誌伝」（愛宕山地蔵院発行）。

18　前掲書（註13）。

19　吾妻重二　二〇一八「はじめに」同氏編著『関西大学東西学術研究所史料集刊二七―七　家礼文献集成』日本篇七　関西大学出版部、田世民二〇〇九「江戸日本における儒礼実践の中の『論語』」『近世日本における儒礼受容の研究』（ぺりかん社、二〇一二年に収録）。

20　鷲尾順敬「黄檗派の開立と龍渓」『日本禅宗史の研究』（教典出版、一九四五年）所収、平久保章『隠元』（吉川弘文館、一九七四年）、竹貫元勝「末寺帳に見る黄檗宗教団」『近世黄檗宗末寺帳集成』（雄山閣出版、一九九〇年）所収、木村得玄『隠元禅師と黄檗文化』（春秋社、二〇一一年）第二章「黄檗派の寺院」。

21　川上孤山　一九一五「法山壁書の補正」『妙心寺史　下巻』（同著・荻須純道補述『妙心寺史』思文閣、一九七五年再刊）、荻須純道「隠元の来朝」『妙心寺　寺社シリーズ（2）』（東洋文化社、一九七七年）。

22　黄檗派が興隆した時期には各地の妙心派の寺院で軋轢が生じている。例えば、鳥取池田家や萩毛利家の菩提寺では、妙心寺派から別れて、黄檗派の寺を創建している。この時期の本源寺における様相については、拙稿　二〇一六「即空道立の足跡について―黄檗派と津山森藩―」『応募論文集』第三号（東京黄檗研究所禅林寺、二〇二二年発行）の中で考察した。黄檗僧の即空道立の行状は、『黄檗文化人名辞典』の「即空道立」の項。

23　拙稿　二〇一五「美作国における初期黄檗派の展開についての一考察」『年報弥生の里』第二二号（津山弥生の里文化財センター）。

24　松原典明前掲書　二〇二〇「黄檗文化の受容とその実践」（前掲書註3）。

25 石田茂作前掲書 一九七四(註7)。
26 松原典明前掲書 二〇二〇(註24)。
27 秋元茂陽前掲書 二〇一〇(註11)。
28 山脇悌二郎「唐船の系譜」『長崎の唐人貿易』(吉川弘文館、一九六四年)所収。
29 平久保 章前掲書(註20)。
30 平久保 章前掲書(註20)。
31 例えば、黄檗山における詩書画や煎茶の嗜みを通じた日中間の文化的な交渉があった。大槻幹郎『煎茶文化考 文人茶の系譜』(思文閣出版、二〇〇四年)。また、嵯峨直指庵における尾形乾山や豪商那波義山、伊藤仁斎・東涯父子と唐僧との交わりによる中国文化の伝播もあった(大槻幹郎「直指庵と蘭谷元定」『禅文化』第六一号(禅文化研究所、一九七一年)等参照。近年の調査では、原田博二「明末清初における中国仏教界と隠元禅師」・林 観潮「黄檗宗の開立における長崎唐寺の役割」・田中智誠「日中両黄檗間における交流について」(以上、『平成二九年度長崎県学術文化補助事業「黄檗文化と長崎」調査研究報告書』黄檗山萬福寺文華殿、二〇一八年)など、日本文化への影響に関する研究が進められている。
32 出典は「雲濤三集」。なお、隠元の年譜・語録・詩偈類は、平久保 章校訂『新纂校訂 隠元全集』開明書院、一九七九年)に収録されている。松隠堂の沿革については、『重要文化財 萬福寺松隠堂客殿中門侍真寮宝蔵修理報告書』の「指定説明」及び「第一章第一節 松隠堂の沿革」参照。
33 出典は「雲濤三集」巻第二(四巻一冊、初刊本、寛文三年一一月刊)。なお、長継が亡母渓花院の五〇回忌に隠元に求めた詩の真筆が発見されている(小島 徹 二〇一五「津山藩主森家の黄檗信仰―新出資料からの一考察―」『津博』№八五)。

34　大槻幹郎「隠元語録について（一）」〜「同（十）」『黄檗文華』第一二八〜一三七号（二〇〇八〜二〇一七）において、隠元語録の諸本の伝存状況及び書誌事項等についての解説がある。
35　松原典明前掲書　二〇二〇（註24）。
36　秋元茂陽前掲書（註11）。
37　『萬松岡一指』に記録があることは、大槻幹郎氏の御教示による。
38　堂宇の建立年次は『両序執事記建立殿舎冊』（黄檗山萬福寺蔵）参照。宝蔵の構造形式・建築履歴に関しては、『重要文化財　萬福寺松隠堂客殿・中門・侍真寮・宝蔵修理工事報告書（本文編）』（京都府教育委員会、二〇〇九年）第一・二章参照。『同（図版編）』一八四・一八五頁に同境内図の写真版（「伽藍並びに寺領絵図」元禄期　萬福寺）を掲載している。
39　前掲書（註38）。
40　「松平越前家御家譜」（註13）。
41　岩淵令治　二〇一五「大名家墓所が語る近世社会」『月刊文化財』第六二六号（第一法規）で葬儀の詳細について検討されている。
42　尚友院の墓塔については発掘調査報告書が出されている。『県指定史跡津山藩主松平家菩提所泰安寺災害復旧に伴う発掘調査報告書』（宗教法人泰安寺、二〇一〇年）。
43　この墓の地下断面図を描いた「廟所見取図」（愛山文庫Ｃ２―１２４）を見ると、「石廓石室」が築造されていたことがわかる。これは徳川将軍家の墓と同様の地下構造で、下総結城松平家の墓にもこの様式のものがある。将軍家の墓の地下構造に関しては、矢島恭介　一九六七「増上寺と徳川将軍家」・同氏「墓の制度と構造」鈴木尚・矢島恭介・山辺知行編『増上寺徳川将軍墓とその遺品・遺体』東京大学出版会、松原典明 二〇〇九「近世後期葬送儀礼の考古学的研究―尾張徳川藩付家老竹腰山城守側室の葬送儀礼から―」『近世宗教考古学の研究』雄山閣）松原典明 二〇一八「『家礼』をテキストとした大名の葬礼」『近世大名葬制の基礎的研究』等で報告されている。

44 吾妻重二 二〇一八「はじめに」同氏編著『関西大学東西学術研究所史料集刊二七―七 家礼文献集成』日本篇七 関西大学出版部、田 世民二〇〇九「江戸日本における儒礼実践の中の『論語』」（『近世日本における儒礼受容の研究』ぺりかん社、二〇一二年に再録）。

45 吾妻重二前掲書 二〇一八、田 世民前掲書 二〇〇九（註44）。

46 和仁守氏の御教示による。梅澤秀夫「佐藤一斎」『朝日日本歴史人物事典』（朝日新聞社、一九九四年）。

47 安井小太郎「林 述斎」・「佐藤一斎」・「附録 日本朱子學派學統表」『日本儒學史』（富山房、一九三九年）、三浦 叶「昌谷精渓」『岡山県歴史人物事典』（山陽新聞社、一九九四年）。

48 津山松平家の蔵書目録（和書・漢籍類）の中に『哀敬篇』（三巻一冊、山本双松写）がある。

49 『国元日記』天保一三年一一月二八日条（津山藩松平家文書『愛山文庫』E1）。

50 拙稿二〇二〇「津山藩松平家と儒葬」『年報津山弥生の里』第二七号、田 世民氏は前掲の論考「江戸日本における儒礼実践の中の『論語』」において、「儒教喪祭礼の実践」と『論語』との関係について考察し、『論語』学而篇の曾子曰く、「慎終追遠、民徳帰厚矣」の「慎終追遠」という考え方が、「江戸時代の儒家知識人」の「喪祭礼」についての議論や実践」の「原則」になったとする（同書二五五頁）。八代藩主松平斉民撰述の「御霊屋上梁文」（拙稿二〇一二に全文掲載）の「歸追遠者國之大事而厚民之善教」という一文も、この「民徳帰厚矣」を踏まえているのではないだろうか。

51 石川 謙「諸藩の對心學政策」『石門心學史の研究』（岩波書店、一九三九年）渡部武「津山における植村莊助」

『津山城下町』（広陽本社、一九七九年）。

52 加地伸行『儒教とは何か』（中央公論社、一九九〇年）、同『沈黙の宗教－儒教』（筑摩書房、一九九四年）。

53 『勘定奉行日記』天保一三年八月七日・一五日・一八日条（津山松平藩文書『愛山文庫』E8）。

54 拙稿　二〇二〇（註50）。

55 天岸正男　一九五八「紀伊高野山越前家石廟とその墓碑」・「同（続）」（『密教文化』第四一・四二号）等。なお、現在、高野山奥の院の大名家墓所の悉皆調査が進められており、公財法人元興寺文化財研究所編『史跡金剛峯寺境内（奥院地区）大名墓総合調査報告書（Ⅰ）』（高野山町教育委員会、二〇一九年）が刊行されている。その後、松原典明「大名墓から見た近世社会の始まりとその過程」（『石造物研究会　第一九回研究資料』石造物研究会、二〇二三年）が発表されて、歴史的な位置づけの議論が本格的に始まっている。

謝　辞

本稿の作成にあたり、愛宕山地蔵院清田玲寂和尚・黄檗山萬福寺文華殿田中智誠和尚・石造文化財調査研究所代表松原典明氏・千年寺北川艶香和尚・宗永寺高須昌明和尚・泰安寺安田大智和尚・津山市観光文化部文化課文化財保護係・津山郷土博物館・津山弥生の里文化財センター豊島雪絵氏・本源寺華山義道和尚・三好尚子氏・妙願寺森順正和尚・和仁守氏（五〇音順）より御高配を賜りましたこと、末筆ながら、厚く御礼申し上げます。

熊本藩細川家墓所成立考
―国元墓所空間形成過程の再検討―

下高大輔

はじめに

寛永九年（一六三二）、豊臣政権下以来の加藤清正・忠広二代による肥後統治は、徳川幕府による改易命令により終焉を迎え、替わって豊前小倉より細川忠利が加増転封により入国し、熊本藩細川家が成立する。

近世大名細川家は、熊本藩祖忠利の祖父である藤孝（幽斎）を家祖とし（図1）、天正元年（一五七三）に織田信長より山城国西岡の一職支配の朱印状をもらい、青龍寺（勝龍寺）城を回復したことに始まる。[1]同八年には嫡男忠興（のちの三斎）が丹後を与えられ、父子で宮津に入城するが、同一〇年の本能寺の変をきっかけに藤孝は隠居し、忠興が家督を継ぐ。慶長五年（一六〇〇）の関ヶ原合戦後の論功行賞により豊前に加増転封される。元和六年（一六二〇）に忠興は隠居して中津に入城、嗣子忠利が家督を継ぎ、豊前小倉藩主となっている。近世大名細川家は、豊前小倉藩主時代から当主忠利が小倉城に、隠居である忠興（三斎）が中津城にそれぞれ入り、豊前の統治を行っており、肥後転封時にもこの体制は引き継がれ、忠利が熊本城に、三斎が八代

本系図は、以下を参考にして作成した。
熊本市 2001「第二章　第一節 二 近世の細川氏」『新熊本市史 通史編 第三巻（近世１）』
熊本市 2007『国指定史跡　熊本藩主細川家墓所整備基本構想』
井形栄子 2010「細川家略系図」『細川家の至宝』東京国立博物館ほか

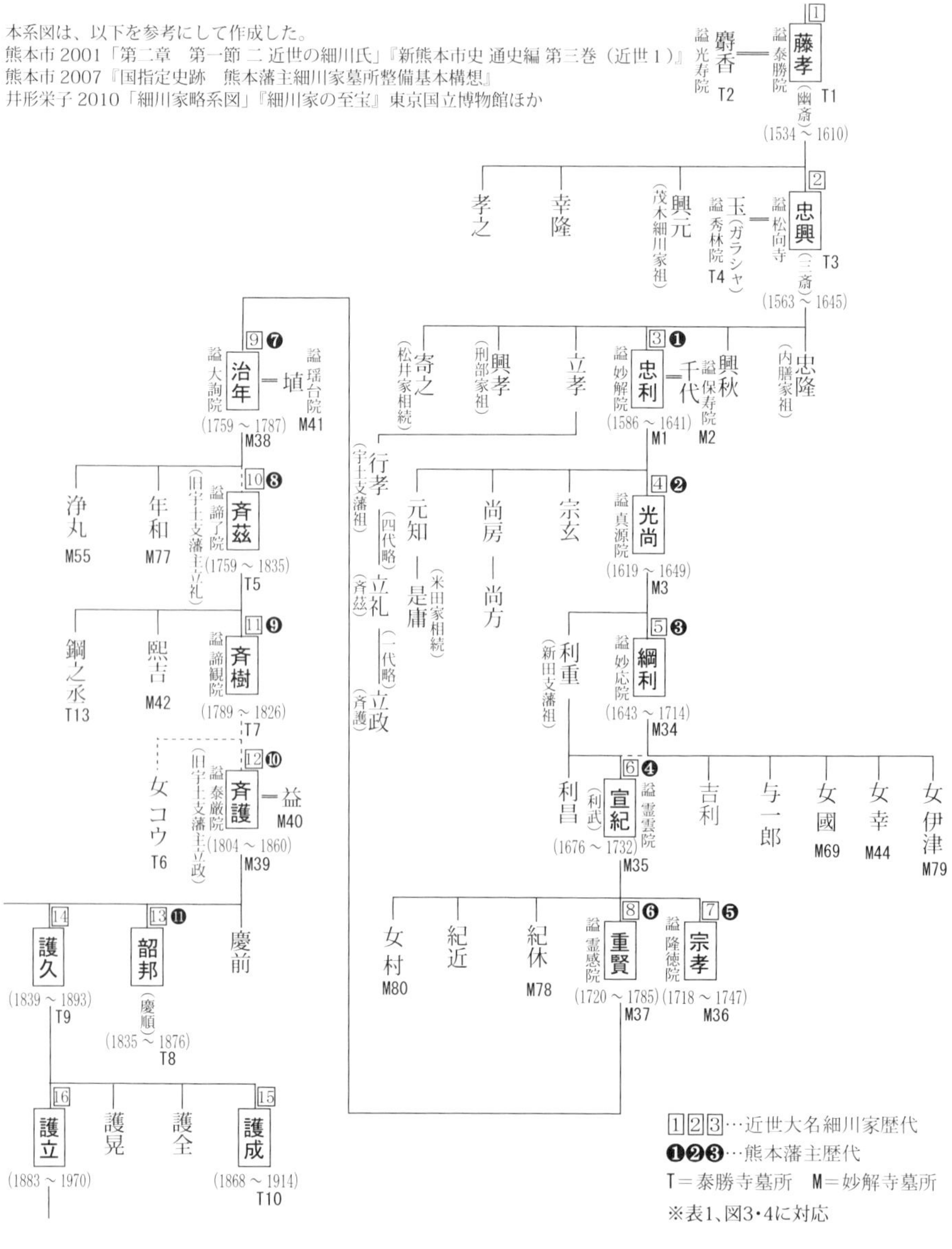

図１　熊本藩主歴代継承図

城にそれぞれ入城して肥後統治を行うこととなる。ちなみにこの統治体制は、丹後時代の当主忠興の宮津城と隠居藤孝（幽斎）の田辺城の関係性を引き継いでいると考えて差し支えないだろう。

忠利が肥後熊本に入る段階で、近世大名細川家では、家祖藤孝（幽斎）が京都にて慶長一五年（一六一〇）八月一〇日、その後室である若狭熊川城主沼田光兼女の麝香（光寿院）が江戸にて元和四年（一六一八）七月二六日、忠興（三斎）正室にして忠利生母の明智光秀女の玉（ガラシャ・秀林院）が大坂にて慶長五年（一六〇〇）七月一七日にそれぞれの死去しており、すでに菩提寺が京都や国元の豊前小倉において成立していた。豊前小倉には、藤孝の法号にちなんで瑞雲山泰勝院が建立され、隣接して忠興正室ガラシャの菩提寺秀林院、さらには織田信長供養のために忠興が天正一六年（一五八八）の信長七回忌に丹後宮津で創建し小倉に移転させた泰巌寺が並ぶ景観があったとされる(2)。

本稿は、こうした豊前小倉藩主時代の細川家の国元菩提寺・墓所の存在を考慮しながら、熊本藩主細川家の国元墓所である泰勝寺墓所（熊本市黒髪四丁目）と妙解寺墓所（熊本市横手二丁目）を一体的に捉えて、考古学の立場から墓所空間形成過程を再検討する。

一　国元の菩提寺・墓所

（一）泰勝寺

寛永九年（一六三二）に熊本に入った忠利は、熊本城域の北東側に泰勝院を仮移転させて位牌を安置したと伝わる(3)（図2）。同時に八代に入った忠興（三斎）も、八代城下に泰勝院と泰巌寺を移している。同一四年、熊本城の北東約三㎞の立田山麓にて、忠利による本格的な泰勝院の造営が開始される。この地は肥後熊本旧主加藤清正が豊臣秀吉を祀るために造営した豊国社の参道脇に当たる。翌一五年一〇月下旬には中心的な堂舎が整えられたと指摘されている(4)。移転当初は豊前小倉からの流れで臨済宗南禅寺派に属していたと考えられるが、その後の住持の影響で妙心寺派となっている。

正保二年（一六四五）に忠興（三斎）が八代にて死去すると、翌三年には忠利の跡を継いでいた光尚の代に八代泰勝院は廃されて、熊本立田の泰勝院が昇格されて瑞雲山泰勝寺が成立する(5)。

延宝三年（一六七五）一二月、八代の泰巌寺にあった忠興（三斎）の御霊屋が焼失する。そのため、光尚の跡を継いでいた綱利によって泰勝寺に新たに御霊屋が新設されている。現在、東から西の順に泰勝院（藤孝・幽斎）・光寿院（藤孝室・麝香）・松向寺（忠興・三斎）・秀林院（忠興室・ガラシャ）のそれぞれの石塔を覆う四廟が並び「四つ御廟」と称される（図3）。この景観は、天保七年（一八三六）とされる「泰勝寺惣絵図」から、一九

図２　熊本藩主細川家国元菩提寺等位置図

世紀前葉までは確実に遡ることができる[6]。

明治二年、泰勝寺は神仏分離によって廃寺となるが、昭和四六年に「泰勝寺庭園」として熊本県名勝及び史跡に指定され、平成七年には「熊本藩主細川家墓所」として後述する妙解寺墓所とともに国指定史跡となっている。

（二）妙解寺

寛永一八年（一六四一）三月一七日、忠利が熊本にて死去する。翌月には春日村岫雲院にて火葬される[7]。この火葬の地は隈本古城以来の城下町（古町）南西側隣接地で、熊本旧主加藤家時代より、清正生母の聖林院殿天室日光大尊尼（伊都）の菩提寺である日蓮宗妙永寺、清正側室で次男忠正生母の本覚院殿月心日圓大姉（川尻殿）の菩提寺である本覚寺をはじめ、複数の寺院が建立されていた地に近く、花岡山よりの丘陵を挟んだ南側に位置する（図2）。火葬後に遺骨は泰勝院の仏壇に納められ、仮の位牌が立てられている。同年九月に、新藩主光尚は忠利が火葬された岫雲院あたりに「御寺屋敷御見立」のために赴き、翌年二月頃の新寺建立着工を命じている。

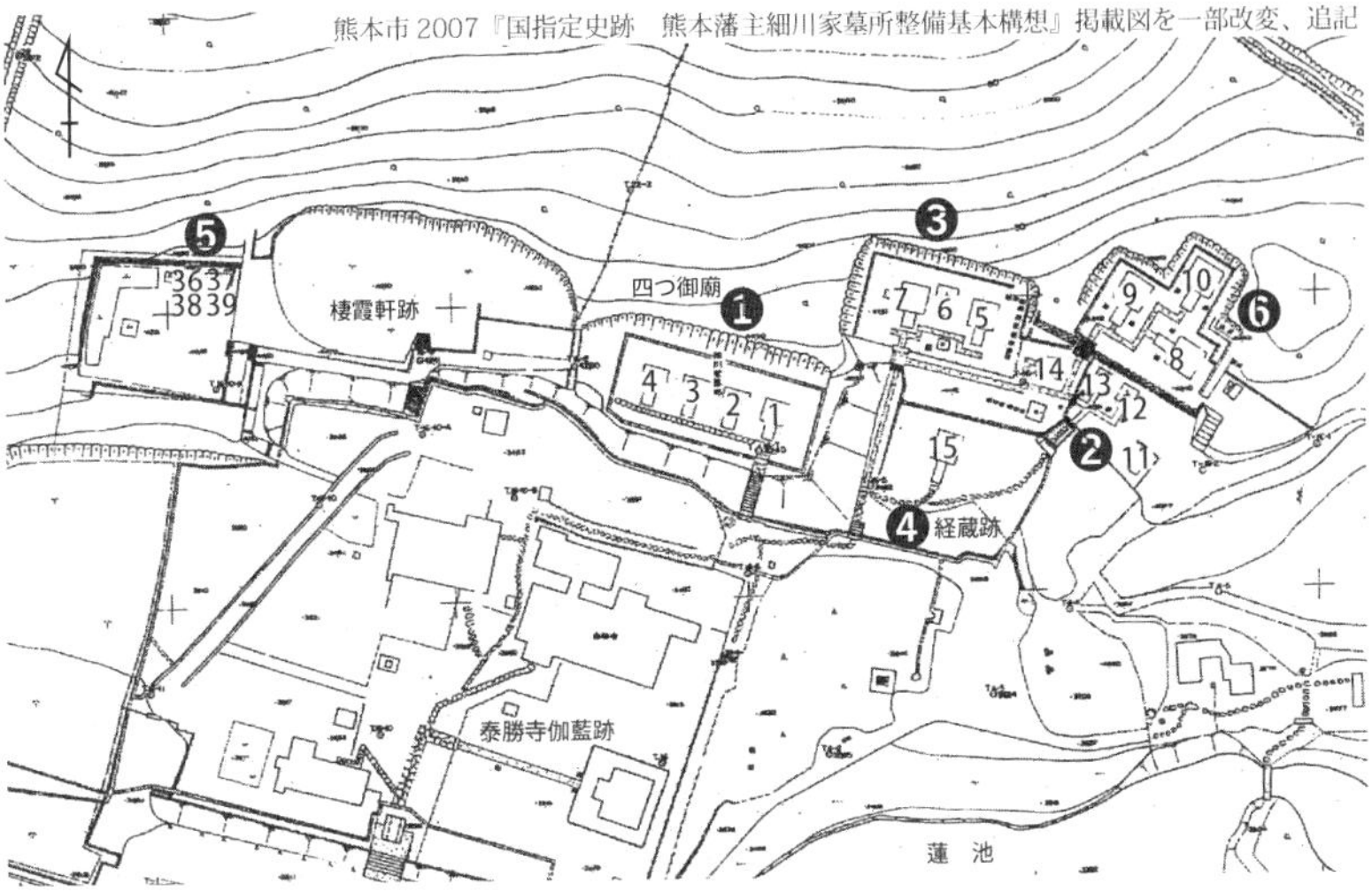

熊本市 2007『国指定史跡　熊本藩主細川家墓所整備基本構想』掲載図を一部改変、追記

図3　泰勝寺墓所平面図

同二〇年の忠利三回忌までに完成し、忠利の法名から妙解寺とされ、臨済宗に属する。

妙解寺造営にあたっては、将軍徳川家光や細川忠利・光尚父子らが帰依した沢庵宗彭が深く関わっていることが知られており、その書状から同二〇年正月段階で多くの細川家臣が石燈籠を寄進していることがわかる。この時期の石燈籠寄進は、東照社や増上寺の徳川秀忠廟所、肥後熊本旧主加藤清正の菩提寺本妙寺等にも見られ、一つの規範として意識されてい

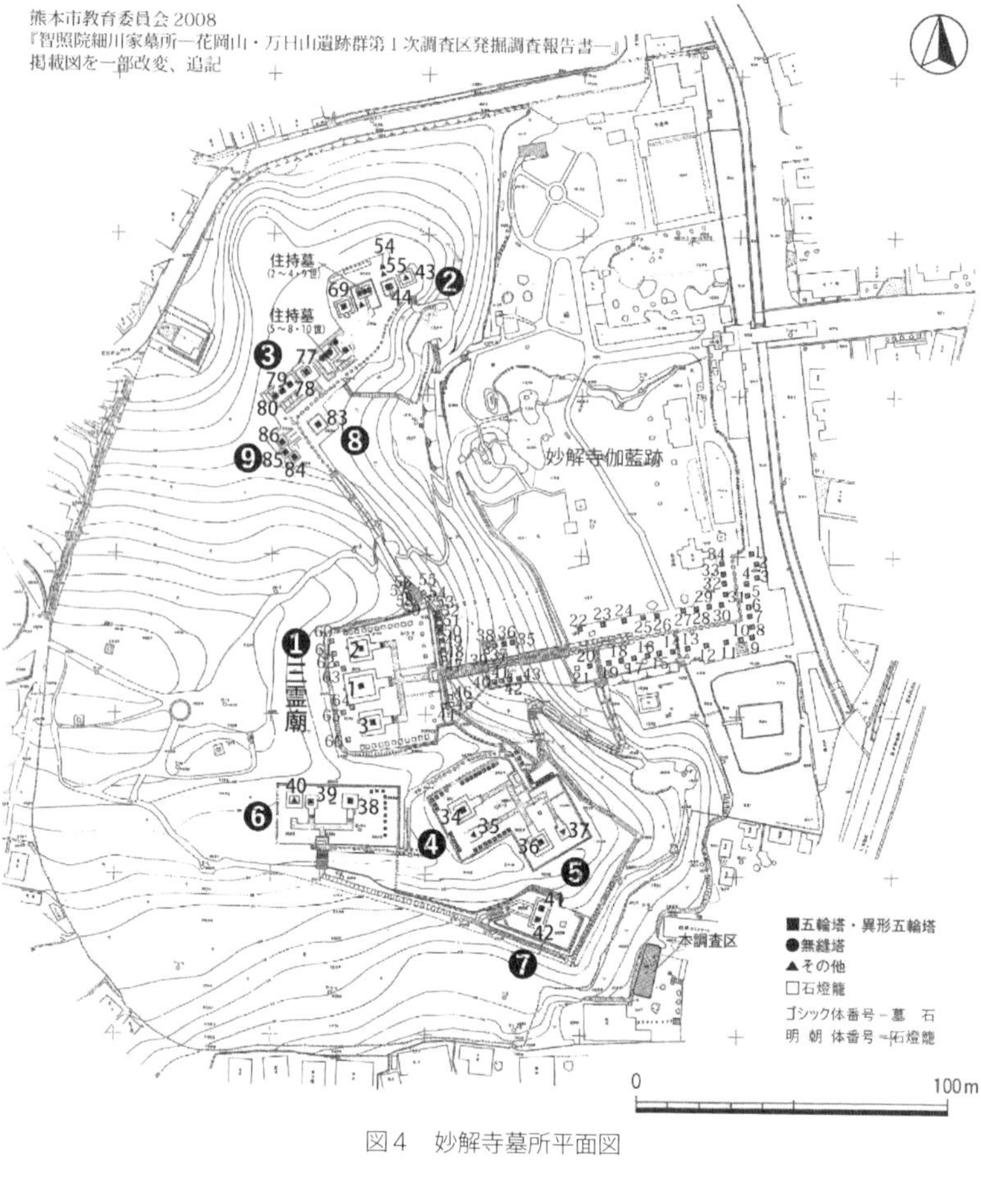

図4　妙解寺墓所平面図

た可能性が指摘されている。[8] こうしたことから、忠利菩提寺である妙解寺完成の段階で、忠利墓所も成立していた可能性が高い（図4）。

以後、妙解寺には、光尚・綱利・宣紀・宗孝・重賢・治年、そして斉護までの藩主墓が造立される。こうした景観は、文政元年（一八一八）六月以前の江戸時代中期頃に描かれたとされる「妙解寺惣絵図」でも確認することができる。[9]

妙解寺は、泰勝寺と同様に、明治二年の神仏分離で廃寺となるが、昭和三八年に「細川家墓地　妙解寺跡」として熊本県史跡、翌三九年には「細川家霊廟及び門（妙解寺跡）」が同県重要文化財に指定され、平成七年には泰勝寺墓所とともに「熊本藩主細川家墓所」として国指定史跡となっている。

二　熊本藩主細川家墓所の調査・研究史

現在、泰勝寺・妙解寺両墓所は、「熊本藩主細川家墓所」として国史跡に指定されている。その調査・研究は、他の近世大名家墓所と比べると古くから行われ、研究の積み重ねがあるため、以下少し長くなるが、公開資料に基づき詳述し、既往の調査・研究内容を整理しておく。

最初の本格的な調査は、昭和四〇年代の熊本市文化財調査会によって実施されたものと考えられる。泰勝寺・妙解寺墓所の歴史的概要はさることながら、特に妙解寺墓所における石燈籠（献燈籠）の配置と刻銘情報の抽出は基礎的作業として位置付けられる。[10] この調査とほぼ同時期であり、県重要文化財に指定された直後の昭和四五年には、北岡自然公園文化財整備事業として、妙解寺跡の細川家霊廟修復工事が実施されている。[11] 当該墓所における初の文化財建造物解体修理であり、妙解寺墓所のうち藩主墓を対象とした平面測量図や霊廟とそれに覆われた藩主墓石塔の実測図が作成されている。一方で、この修理工事は、綱利・宗孝墓を覆う老朽化した霊廟を解体、それらの瓦や一部木材を同様に老朽化していた忠利・忠利室（保寿院）・光尚墓の霊廟修理のために転用するという内容であり、元に復する修理というよりは、古材を利用した整備として捉える必要がある[12]。なお、この際の具体的な解体調査の内容については公開されていないため不明と言わざるを得ず、これら整備建造物を以って直ちに創建当時の様相を考察するのは危険と言わざるを得ない。

加えて、昭和五七年頃からさらなる老朽化による毀損が目立ち始めたことを受けて、同六一・六二年に解体修理工事が実施されている[13]。この際、以前の解体修理による改変状況を基礎としながらも、詳細な調査が実施されており、これまで不明だった事実や過去の解体調査の未公開成果が報告されている。例えば、棟札調査においては、安永八年（一七七九）から昭和四五年までに一七回にわたる修理が実施されていることが示されている。これにより、霊廟の建立は一八世紀後半までは確実に遡ることができる。なお、当該調査では、解体修理対象の古瓦の悉皆的把握も実施されており、軒丸瓦・軒平瓦等の瓦当文様分類把握がなされている。ただし、当該資料は、先述の通り、以前の解体修理時に解体のみされた綱利・宗孝廟の瓦が含まれている点は考慮すべきである[14]。

平成七年の国史跡化後も保存修理が実施されており、また、整備基本構想が策定され、これまでの主要な調査成果等がまとめられている[15]。基本構想策定報告書からは、平成時代になると発掘調査も実施されていることがわかる。この中で、平成一八年（二〇〇六）に実施された妙解寺塔頭の智照院細川家墓所移転に伴う調査は、墓標下部構造に至るまで詳細に記録されており、大名墓所を理解する上で多大なる成果が得られている[16]。

この調査をきっかけとして、九州地方の大名墓所を悉皆的に把握しようとする動きが出る。また、二〇一〇年に滋賀県彦根市にて大名墓研究会が発足する。一〇年にわたる全国規模の活動に呼応する形で、九州近世大名墓研究会の名称で、野村俊之・美濃口雅朗が一連の調査・研究を展開する。熊本藩主細川家墓所に留まらず、九州全域の大名墓所を理解する上での基礎情報を提示したことに大変な意義を見出せる。以下では、この収集された基礎情報の中から、熊本藩主細川家墓所に関する調査・研究内容について抽出してみたい。

まず、二〇一一年に「熊本県大名墓関係概要資料集」を作成し、泰勝寺跡と妙解寺跡の熊本藩主細川家墓所の既往の調査成果を集成している。その中で未報告のため禁転載としながらも、熊本市教育委員会が作成した四〇分の一の泰勝寺跡・妙解寺跡の藩主墓等石塔の実測図を公開している。[17] 注目しておきたいのが、泰勝寺・妙解寺両墓所の藩主一族の墓石の石質すべてを安山岩としながらも、泰勝寺墓所の泰勝院（藤孝・幽斎）・光寿院（藤孝室・麝香）・松向寺（忠興・三斎）・秀林院（忠興室・ガラシャ）（＝通称「四つ御廟」）の石塔について、「四基の墓石が共通する点は周辺では認められない石材を使用する」と述べている点である。

二〇一三年には「九州近世大名墓調査の視点」と題して、近世大名墓の多岐にわたる調査視点を提示しながら、妙解寺墓所空間の形成や泰勝寺墓所の「四つ御廟」の石塔石材について注目している。[18] ここでは、「熊本の金峰山で産出する輝石安山岩を使用している」と述べていることに注目しておく。また、ほぼ同時期に、坂詰秀一・松原典明編で季刊考古学・別冊二〇『近世大名墓の世界』が刊行され、この中で豊田徹士も妙解寺墓所の忠利墓・保寿院墓・光尚墓のある墓域（＝通称「三霊廟」）を熊本藩主細川家墓所の中でも特別視する見解を述べており、[19]「三霊廟」に関しての位置付けは共通理解が得られているようである。

二〇一四年には、「建築物を伴う九州の近世大名墓」と称して集成表が提示されている。[20] ここで興味深いのは、泰勝寺墓所の「四つ御廟」の石塔はすべて改葬墓であり、忠興墓以外の三基の石塔は寛永一〇～一四年（一六三三～一六三七）と具体的な造立年代を提示している。また、この年は、五年にわたる大名墓研究会の総括的書籍が刊行されており、その中で近世大名の成立について様々な視点からの考察例を挙げている。[21] 熊本藩主細川家墓所に関しては、忠利墓の基壇形態に着目し、これを以って近世大名墓の成立としている。ここでもこれまで同様に一貫して、泰勝寺墓所の「四つ御廟」の石塔材質を熊本在地産の金峰山系輝石安山岩製としている。忠利墓石塔との型式比較から先述の通り、寛永一〇～一四年頃に製作されたと指摘している。さらには「四つ御廟」の成立については、霊屋・拝殿が同一形態・規模、その縁石の形状・表面調整技法が共通すること、これらの配置が横一列に並ぶことから、同時に完成し、その時期は忠興墓が八代から改葬された延宝四年（一六七六）頃とした。こうした考察を経て、妙解寺墓所は熊本藩主初代忠利とその子孫たる歴代藩主の墓所、泰勝寺墓所は近世大名細川家の家祖藤孝らを祀る墓所と位置付けている。

二〇一五年には、「九州における非在地系石材墓石の使用」と題して墓所集成がされている。その中で熊本本藩の藩主墓については該当なしとしながらも、妙解寺墓所の石燈籠が花崗岩製であることを指摘している。(22)

二〇一六年に「九州の譜代・親藩墓所」、二〇一七年には「九州の大名墓における儒教の影響」と題して集成を行っているが、(23)熊本藩主細川家墓所とは直接的な関わりはない。

二〇一八年、一〇年にわたって活動してきた大名墓研究会の総括が行われ、九州における活動についても「九州における大名墓の展開」と題してまとめている。(24)熊本藩主細川家墓所については、先述の五年目総括時と同様の内容となっている。

このように、智照院細川家墓所の発掘調査をきっかけとして、熊本藩主細川家墓所の調査・研究は、九州地方全体の大名家墓所の情報収集等が絡まって、爆発的に飛躍したと言っても過言ではない。

一方で近年では、文献史学の立場から、近世大名細川家の菩提寺・墓所を悉皆的かつ体系的にとりあげて、近世の菩提寺の枠組みが形成される過程について、政治的背景や帰依を含む人的関係等を明らかにした研究があり、考古学の立場からの近世大名墓所研究も注視すべき内容と考える。(25)

三　既往の調査・研究上の課題と本稿の視点

前章における既往の調査・研究の整理から、以下に本稿で取り組みたい課題と視点を明確にしておく。泰勝寺・妙解寺両墓所の調査・研究は、智照院細川家墓所の発掘調査を大きな画期として捉えることができる。これ以前は、主に調査がベースとなっており、それ以後は調査とともにそこから一歩踏み込んだ見解が付加されていると考える。本稿はこの一歩踏み込んだ見解を課題対象とする。

□泰勝寺・妙解寺両墓所の藩主一族の墓石の石質すべてを安山岩としながらも、泰勝寺墓所の「四つ御廟の墓石が共通する点は周辺では認められない石材を使用する」とされている点（二〇一一）

□泰勝寺墓所の「四つ御廟」の石塔石材について「熊本の金峰山で産出する輝石安山岩を使用している」とされている点（二〇一三）

□泰勝寺墓所の「四つ御廟」の石塔について、忠興墓以外の三基の石塔は寛永一〇～一四年（一六三三～一六三七）と具体的な造立年代が提示されている点（以下、二〇一四）

□熊本藩主細川家墓所に関しては、忠利墓の基壇形態を以って近世大名墓の成立としている点

□忠利墓石塔との型式比較から、③同様に寛永一〇～一四年頃に製作されたと指摘している点

□「四つ御廟」の成立について、霊屋・拝殿が同一形態・規模、その縁石の形状・表面調整技法が共通すること、これらの配置が横一列に並ぶことから、同時に完成し、その時期は忠興墓が八代から改葬された延宝四年（一六七六）頃としている点

二〇一一～一四年で示されたこれら六項目をまとめると、泰勝寺墓所の「四つ御廟」について、各石塔の型

式差に関すること、各石塔の石質に関することとして捉えることができる。課題とする石塔がすべて五輪塔である点で「形式差」はないが、何を以って⑤のような「型式差」と捉えているのかを明確にする必要がある。このことは、③⑤⑥で示されている造立年代に影響することになり、大きな問題であると考える。①と②の石質についていては矛盾した内容として捉えることもでき、今一度丁寧な整理が必要と考える。そして、④については近世大名墓所ないし墓そのものの本質にかかわる部分であり、それを基壇形態に求めることは大いに疑問である。近世大名墓所の本質は、普遍的に存在する藩主墓石塔であり、その検討なしには語ることはできない(26)。

さらには、近年の文献史学による研究において(27)、大変興味深い記事が紹介されているため引用しておく。

「小倉之寺ニ御座候幽斎、又我等母石塔之儀、熊本へ取寄申度候、坊主之儀ハ跡ニ残御くのう（久能）ニ成可申わけにて無御座候間、熊本へ同道仕候事(28)」（右線は筆者による）。

これは、細川忠利の祖父藤孝や生母の秀林院（ガラシャ）の石塔を旧領小倉から新領熊本へ運んで住持も連れて行くことを、寛永九年（一六三二）に忠利の替わりに豊前小倉に移封されてきた小笠原忠真（忠利と義兄弟関係）へ申し入れるものである。そしてこれについては、小笠原方も同意しているとのことで(29)、各石塔が肥後に移されている可能性が高いことを示す文献となる。このことにより、各被葬者没年から早くて慶長五年（一六〇〇）ないし翌年以降、忠利が肥後転封となる寛永九年（一六三二）までに石塔を伴うそれぞれの墓所が成立していたことになる。

つまり、泰勝寺墓所「四つ御廟」の各石塔は、考古学的手法とされる既往の研究による見解と、文書に遺された記述内容や年代が合わないのである。

以下では、この問題を解決するために、近世大名墓の本質と考える藩主とそれに準じる人物（藩主室等）の石塔について検討する。

四　藩主墓石塔の検討

（一）石塔形式

国元墓所の藩主墓石塔（以下、図1近世大名細川家歴代数を用いる）の配置については図3・4・表1、形式については図5に示す通りとなる。四代忠利墓以前も五代綱利墓・七代宗孝墓と同形式の五輪塔である。没年が逆転している一〇代斉茲墓と一一代斉樹墓も五輪塔ではあるが、これまでの五輪塔では地輪に刻まれていた戒名・没年が水輪にそれ用の枠が掘り込まれた上で刻まれるようになる。九代治年墓は一見すると五輪塔だが、火輪部分が宝篋印塔の笠となり、空風輪部分が宝珠となる異形五輪塔等と呼ばれる形式である。また、六代宣紀・八代重賢・一二代斉護墓は四足の灯籠形であり、六代宣紀墓のみが戒名・没年が刻まれていない特異な形状となっている。最後の藩主であり、明治になって死去した一三代韶邦墓はいわゆる神道形（現代形）となっており、以後の当主石塔も同様となる。このように、国元の藩主墓石塔形式は、五輪塔（Ⅰ類）・灯籠形（Ⅱ類）・神道形（Ⅲ類）の三形式に分類でき、五輪塔・灯籠形についてはそれぞれ細分できる。

Ⅰ―１①（五輪塔・地輪に戒名・没年線刻、火輪に掘り込みなし）　初代～五代・七代墓
Ⅰ―１②（五輪塔・火輪に戒名・没年線刻用の掘り込みあり）一〇・一一代墓
Ⅰ―２（異形五輪塔・）九代墓
Ⅱ―①（灯籠形・戒名・没年線刻部無し）六代墓
Ⅱ―②（灯籠形・戒名・没年線刻部有り）八・一二代墓

5 代綱利（1714）
五輪塔 M34

6 代宣紀（1732）
灯籠形 M35

7 代宗孝（1747）
五輪塔 M36

8 代重賢（1785）
灯籠形 M37

9 代治年（1787）
異形五輪塔 M38

11 代斉樹（1826）
五輪塔 T7

10 代斉茲（1835）
五輪塔 T5

12 代斉護（1860）
灯籠形 M39

13 代韶邦（1876）
神道形 T8

T= 泰勝寺、M=妙解寺。図3・4に対応。

図5　藩主墓石塔形式

Ⅲ　（神道（現代）形）　一三代墓

こうした形式分類の整理と歴代藩主との関係性から、熊本藩主細川家の国元墓所における藩主墓石塔は、Ⅰ類の五輪塔から始まっていることは明らかである。その上で、既往の調査・研究では、例えば「宣紀墓は墓を質素にすること由の遺言があり、新田支藩より養子となった事情から配慮したもの[30]」などと、支藩系統の藩主に対してⅡ類の灯籠形が採用されたとの見解が周知の事実となっている。ところが、同じように支藩系統（図1）と考えられる七代宗孝墓・九代治年墓・一〇代斉茲墓・一一代斉樹墓は、細部においての違いはあれども五輪塔形式が採用されているため、こうした理由では説明が付かない。ここで、国元墓所で燈籠形が採用されている藩主墓について、江戸における細川家の菩提寺・墓所である品川東海寺塔頭妙解院墓所（東京都指定史跡「熊本藩主細川家墓所」）に目を向けてみると、すべてが国元墓所でⅠ―2類とする異形五輪塔となっている[31]。さらに、一〇代斉茲代の寛政六年（一七九四）以降に作成された史料『藩主幷一門連枝墳墓帳』によれば、これらは最も重要とされる葬地を指す「御墳墓」とされている[32]。初代藤孝墓から五代綱利墓についても同様に「御墳墓」とされていることを鑑みれば、Ⅰ類石塔は「御墳墓」、Ⅱ類石塔は同様の史料にある「御位牌」という位置付けとなろう。Ⅲ類石塔については明治の神仏分離の影響であることは容易に想像が着く。

つまり、熊本藩主細川家の藩主墓石塔は最も重要である葬地には五輪塔を一貫して採用しており、国元墓所における別形式採用の理由は、「御墳墓」と「御位牌」の違いであって、宗家や分家などという家系統の違いではないことを指摘しておきたい。なお、六代宣紀の「質素にすること由の遺言」は、「御位牌」を国元墓所にて創出する際に、「御墳墓」としての五輪塔形式ではなく、燈籠形を採用することで果たされたと推察する。

（二）五輪塔型式

次に国元墓所藩主墓の五輪塔形式の中でもI—1類とした初代~五代・七代・一〇・一一代墓に、同形式の初代藤孝室（麝香）・二代忠興室（玉・ガラシャ）・三代忠利室（千代）墓を加えて、五輪塔の型式差の有無とその意味について考えてみる。

図6は各石塔実測図の輪郭線を没年順に並べて、没年の新旧近しい石塔を地輪と火輪の接合部を軸に重ね合わせた図となる。これを見る限り、すべての石塔が完全には合致しないことがわかる。しかし、部材ごとに見ていくと、地輪についてはある程度は同サイズと指摘でき、水輪についてはある程度合致するものとしないものが存在し、火輪・空風輪については顕著に形状・サイズ差を見出すことができる。特に空風輪のサイズや形状差、火輪の反り等の違いは明瞭である。こうした観点で見た場合、図6—⑥の三代忠利室（千代）墓と四代光尚墓の輪郭形状の合致率は目を見張る。計測値で見た場合、空風輪・火輪・水輪の曲線部を除くと僅か一㎝未満差となる。[33]これは没年が僅か一か月差であることが関係するものと考える。つまり、これら二基の石塔はほぼ同時期に製作された可能性が高いということであり、同時製作となれば、図で示した程度の差（精度）となることを示していると考える。図6—⑥以外については、数値差はそれ以上となり、計測部によってその差も異なる。

以上のことから、没年が異なる石塔はそれぞれの死去に伴い製作されたと考える。泰勝寺墓所「四つ御廟」の初代藤孝・藤孝室・二代忠興・忠興室の四基の石塔は、輪郭形状・数値差から同時期の製作として理解することは難しく、それぞれの死去に伴い製作された可能性が高いと考える。なお、二代忠興墓の没年（正保二年・一六四五）とは異なる「延宝四丙辰年九月十五日」銘については後述する。

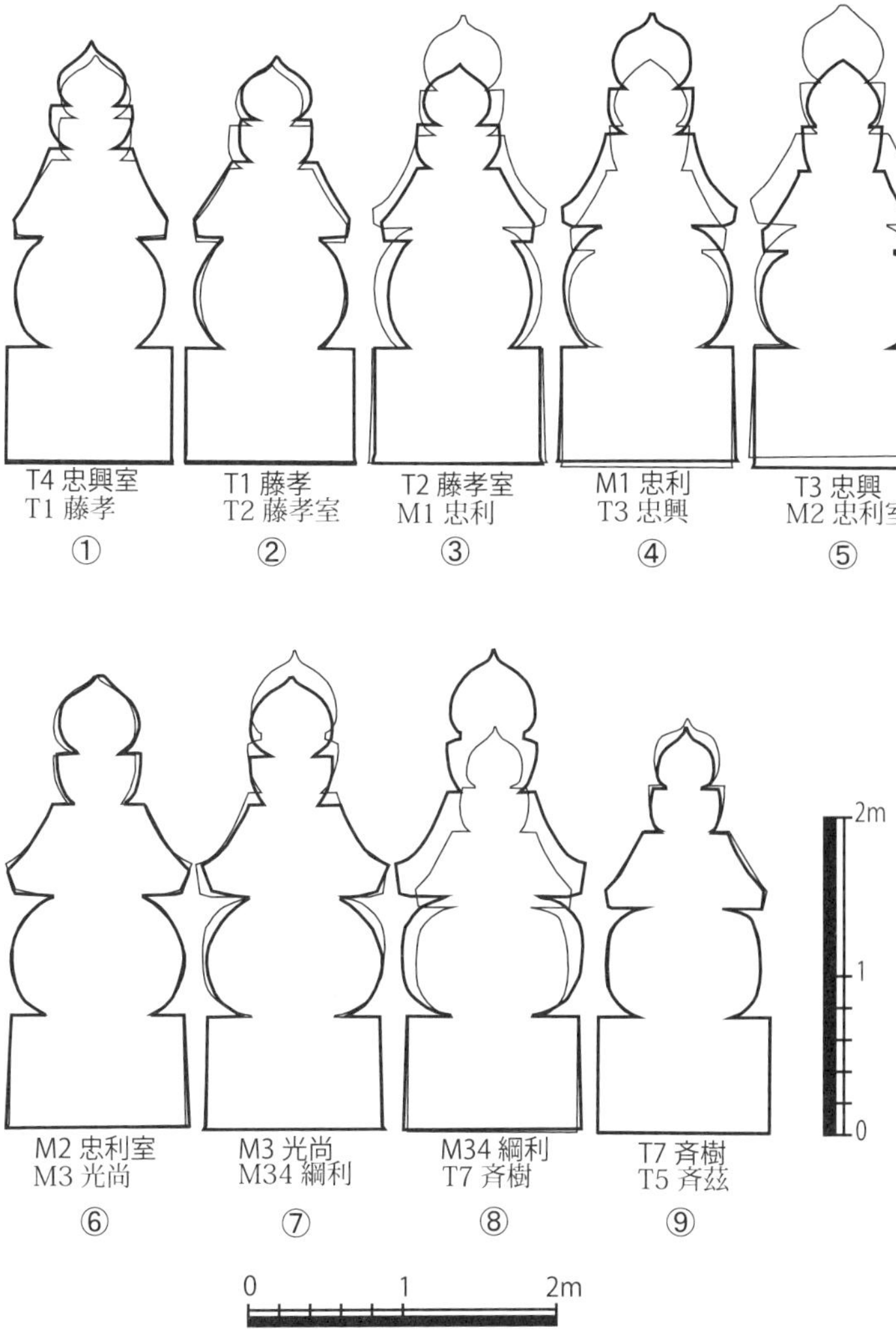

美濃口雅朗・永井孝宏・野村俊之・米村大・宮崎拓 2011
「熊本県大名墓関係概要資料集」『第二回大名墓研究会 発表資料』
掲載実測図輪郭のみを再トレースの上、没年順に二基ずつ重ね合わせもの。
※ゴシック体と**太線**、明朝体と細線がそれぞれ対応。
※T＝泰勝寺墓所、M＝妙解寺墓所

図6　藩主墓等石塔比較図

（三）石質

泰勝寺墓所「四つ御廟」の四基の石塔が同時期の製作ではないことを補強するために、石質についても注目しておく。既往の研究において、これらの石塔石質はすべて安山岩であることが指摘されており、それについては特に異論はない。ただし、先述の二〇一一年段階では「周辺では認められない石材を使用する」としつつも、二〇一三年段階では「熊本の金峰山で産出する輝石安山岩を使用している」とされ(34)、理解し難い状況となっている。そこで、泰勝寺墓所「四つ御廟」石塔と同墓所内五輪塔形式が採用されている一〇代斉茲墓と一一代斉樹墓において、直接雨水に打たれない部位の表面をほぼ同縮尺で撮影した写真を図7にて示す。

これらを比較すると、一㎝を超える黒色の斑点を観察できるものと、できないものに分けることができ、没年順で二代忠興室・初代藤孝・初代藤孝室の一㎝を超える黒色の斑点ありのグループと、二代忠興・一一代斉樹・一〇代斉茲の一㎝を超える黒色の斑点がないグループとなる。参考までに熊本城の石垣築石に採用されている輝石安山岩と角閃石安山岩の表面写真も添付する。熊本城の石垣にお

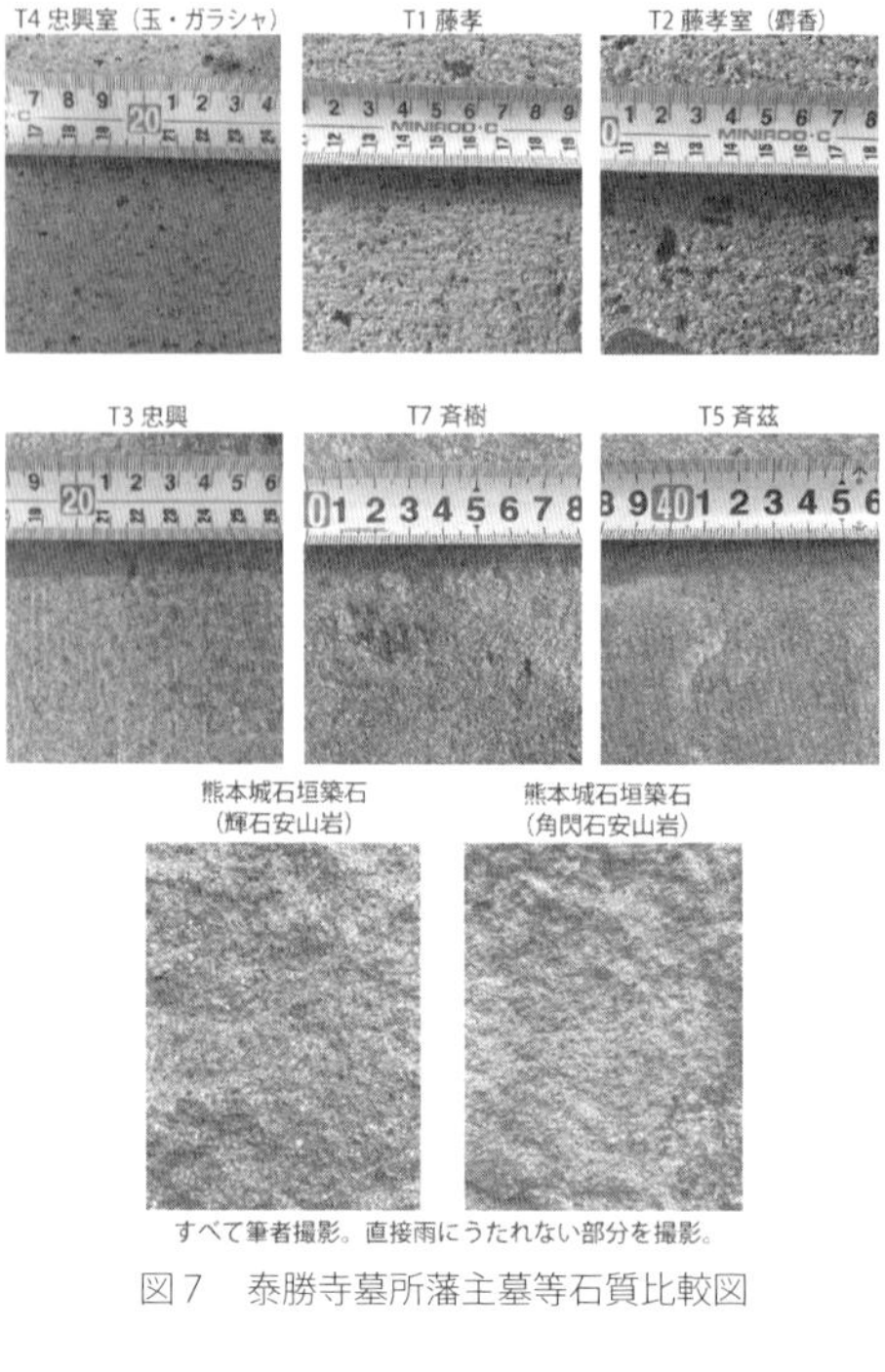

図７　泰勝寺墓所藩主墓等石質比較図

いては、熊本城石垣六期とする細川家による増築・修理の石垣の多くに角閃石安山岩が使用されており、それ以前の加藤家による構築・修理の石垣は輝石安山岩のみが採用されている[35]。これらの石材は熊本金峰山麓東側から調達されており、一㎝を超える黒色の斑点を観察できる石材は管見の限り見覚えがない。よって、後者のグループの石塔が金峰山で産出する安山岩である可能性が高いが、前者のグループとなる二代忠興室・初代藤孝・初代藤孝室石塔はこの限りではないということである。石質については門外漢であることや、現時点で金峰山系の安山岩をすべて把握しているわけではないために一概には言えないことは前提としつつも、目視による石材観察からは明らかに異なる様相であり、即座にこれらすべてが熊本金峰山で産出する輝石安山岩として断定することは説得力に欠けるということである。仮に、金峰山系の安山岩ではない場合、先述からの三代忠利の旧領豊前小倉からの石塔回送に関する文献記事[36]から、豊前産石材である可能性は捨てきれないということである[37]。

五　墓域形成の検討

（一）泰勝寺・妙解寺両墓所の一体的把握

前章で検討・整理した通り、各石塔が没年ごとに製作されたことを前提とし、本章では墓所における墓域の形成について検討する。

表1は、泰勝寺（＝T）・妙解寺（＝M）の各墓所における細川家に関するすべての石塔を没年順に掲載し、図3・4に各墓所の平坦地にナンバリングした上で、墓域の形成順を一体的に把握できるようにした。

被葬者没年				被葬者名　※代数は熊本藩主	死去場所	※T＝泰勝寺、M＝妙解寺　※No.・配置は図3・4に対応				
西暦	和暦	月/日	享年	※( )内は藤孝を初代とする場合		墓石刻字　※【　】は『藩主并一門連枝墳墓帳』より	No.	石塔形式	建築物等	配置
1600	慶長5	7/17	38	(2代)忠興室、玉(ガラシャ)	大坂	秀林院殿華屋宗玉大姉　淑霊　【T　御位牌】	T4	五輪塔	廟屋・向拝	T❶
1610	慶長15	8/20	77	(初代)藩主、藤孝	京都	泰勝院殿前兵部徹宗玄旨大居士　神口　【T　御墳墓】	T1	五輪塔	廟屋・向拝	
1618	元和4	7/26	75	(初代)藤孝室、麝香	江戸	光壽院殿華岳宗栄大姉　覚霊　【T　御墳墓】	T2	五輪塔	廟屋・向拝	
1641	寛永18	3/17	56	初代(3代)藩主、忠利	熊本	妙解院殿前羽林台雲五公大居士　【M　御墳墓】	M1	五輪塔	廟屋・向拝	M❶
1645	正保2	12/2	83	(2代)藩主、忠興	八代	松向寺殿前参議三斎宗立大居士　【T　御墳墓】	T3	五輪塔	廟屋・向拝	T❶
1649	慶安2	11/24	56	初代(3代)忠利室、千代	江戸	保寿院殿三英紹春大姉　【妙解寺　御墳墓】	M2	五輪塔	廟屋・向拝	M❶
1649	慶安2	12/26	31	2代(4代)藩主、光尚	江戸	真源院殿前拾遺回厳夢公大居士　【M　御墳墓】	M3	五輪塔	廟屋・向拝	
1686	貞享3	9/19	4	3代(5代)綱利子、幸	熊本	浄法院殿瑞岳妙祥大姉　淑霊	M44	五輪塔	石玉垣	M❷
1691	元禄4	7/6	8	3代(5代)綱利子、國		実際院殿圓融妙理大姉	M69	五輪塔	石玉垣	
1702	元禄15	9/7	21	3代(5代)綱利子、伊津		霊心院殿光空妙輝大姉　淑霊	M79	五輪塔		M❸
1714	正徳4	11/12	72	3代(5代)藩主、綱利	江戸	妙応院殿中大夫前羽林次将兼越朋大守雲巌宗龍大居士　【M　御墳墓】	M34	五輪塔	廟屋・向拝	M❹
1716	正徳6	3/28	3	4代(6代)宣紀子、村	熊本	香林院殿幻英紹空大姉	M80	五輪塔		M❸
1732	享保17	6/26	57	4代(6代)藩主、宣紀	江戸	なし(戒名:霊雲院殿桃谷義蟠大居士)　【M　御位牌】	M35	灯籠形	石玉垣	M❹
1747	延享4	8/16	30	5代(7代)藩主、宗孝	江戸	隆徳院殿中大夫前拾遺兼越州大守廓然義周大居士　【M　御位牌】	M36	五輪塔	廟屋・向拝	M❺
1785	天明5	10/26	66	6代(8代)藩主、重賢	江戸	霊感院殿中大夫前羽林次将兼越州大守徹厳宗印大居士　【M　御位牌】	M37	灯籠形	石玉垣	
1785	天明5	11/19	1	7代(9代)治年子、浄丸	熊本	幻性院殿浄岳宗清大童子　覚霊	M55	笠塔婆		M❷
1787	天明7	9/16	29	7代(9代)藩主、治年	江戸	大詢院殿中大夫前拾遺兼越州大守禅宗関大居士　【M　御墳墓】	M38	異形五輪塔	石玉垣・向拝	M❻
1787	天明7	9/22	65	4代(6代)宣紀子、紀休	熊本	浄観院殿智海宗真大居士　【M　御墳墓】	M78	五輪塔		M❸
1797	寛政8	7/30	7	8代(10代)斉兹子、長岡熙吉	熊本	桂輪院殿慈照宗圓大童子　覚霊	M42	異形五輪塔	石玉垣	M❼
1800	寛政12	4/13	20	7代(9代)治年子、年和	熊本	常応院殿心月宗鏡大居士	M77	五輪塔	石玉垣	M❸
1803	享和3	1/4	2	8代(10代)斉兹子、鋼之丞		玄春院殿梅隠宗香大童子	T13	五輪塔	石玉垣	T❷
1803	享和3	1/10	49	7代(9代)治年室、埴	熊本	瑶台院殿無相妙空大姉　淑霊	M41	異形五輪塔	石玉垣	M❼
1826	文政9	2/2	38	9代(11代)藩主、斉樹	江戸	諦観院殿中太夫前羽林次将兼越劦太守春谷宗口大居士　覚霊	T7	五輪塔	石玉垣	T❸
1826	文政9	12/23	4	8代(10代)斉兹子(斉樹養女)、コウ		梅株院殿雪窓妙薫大童女　淑霊	T6	五輪塔	石玉垣	
1835	天保6	10/23	77	8代(10代)藩主、斉兹	江戸	諦了院殿中大夫前羽林次将兼越州太守覺海義廣大居士　覚霊	T5	五輪塔	石玉垣	
1841	天保12	4/17	2	10代(12代)斉護子、友之丞	熊本	浄光院殿照巌之球大童子	M83	五輪塔	石玉垣	M❽
1842	天保13	5/6	1	10代(12代)斉護子、真	熊本	真空院殿覚林妙智大童女　淑霊	M54	笠塔婆		M❷
1860	万延1	4/17	57	10代(12代)藩主、斉護	江戸	泰厳院殿中大夫前羽林中郎将兼越州大守仁岳宗寛大居士	M39	灯籠形	石玉垣	M❻
1862	文久2	4/20	1	11代(13代)韶邦子、欽一郎		芳心院殿智林妙珠大童子	M86	五輪塔		M❾
1863	文久3	7/9	2	11代(13代)韶邦子、毅丸		麟祥院殿華山宗栄大童子　覚霊	T12	五輪塔	石玉垣	T❷
1865	元治2	2/22	2	11代(13代)韶邦子、備之丞		香雲院殿巌宗秀大童子	M85	五輪塔		M❾
1870	明治3	3/26	1	12代(14代)護久子、心		心蓮院殿空華妙相大童子	M84	五輪塔		
1870	明治3	4/2	2	11代(13代)韶邦子、長岡毅三郎		寶珠院殿海印宗大童子　覺霊	T14	五輪塔	石玉垣	T❷
1871	明治4	4/3	2	11代(13代)韶邦子、延鋭丸		長岡延鋭丸墓	T11	神道形	石玉垣	
1874	明治7	2/20	43	10代(12代)斉護子慶前室、茂		細川慶前朝臣室細川氏之墓	T15	神道形	石玉垣	T❹
1875	明治8	7/12		2代(4代)光尚子利重子孫、利正		細川利正奥都城	T39	神道形		T❺
1875	明治8	7/20	68	10代(12代)斉護室、益		細川斉護朝臣室浅野氏之墓	M40	神道形	石玉垣	M❻
1875	明治8	8/12		2代(4代)光尚子利重子孫、清若		細川清若奥都伎	T36	神道形		T❺
1876	明治9	10/23	42	11代(13代)藩主、韶邦(慶順)		正四位細川韶邦朝臣之墓	T8	神道形	石玉垣	T❻
1891	明治24	1/9		2代(4代)光尚子利重子孫、州丸		細川州丸之墓	T38	神道形		T❺
1891	明治24	1/12		2代(4代)光尚子利重子孫、利祐		細川利祐奥都通伎	T37	神道形		
1893	明治26	8/30	55	12代(14代)護久		従二位勲二等侯爵細川護久卿之墓	T9	神道形	石玉垣	T❻
1914	大正3	8/26	47	13代(15代)護成		従二位勲三等侯爵細川護成卿之墓	T10	神道形	石玉垣	
1932	昭和7	3/20	61	12代(14代)護久子、志津子		細川志津子之墓	M43	神道形	石玉垣	M❷

熊本市2007『国指定史跡　熊本藩主細川家墓所整備基本構想』掲載表、林晃弘2019「近世前期における細川家の菩提寺」『中近世武家菩提寺の研究』小さ子社、等を基に作成。

表1　泰勝寺・妙解寺墓所の細川家墓石（没年順）一覧

その結果、T❶→M❶→M❷→M❸→M❹→M❺→M❻→M❼→T❷→T❸→M❽→M❾→T❹→T❺→T❻となる。これらのうち、泰勝寺墓所の先述の絵図(38)から、T❹以降は明治の神仏分離による廃寺後の墓域形成となる。よって、M❾までが江戸期に形成された墓域となり、藩主墓に限った場合は、T❶→M❶→M❹→M❺→M❻→T❸となる。

先述の通り、熊本藩主（近世大名細川家当主）の墓所は、旧主加藤家による肥後豊国社参道跡付近において三代忠利段階に泰勝寺（当時は泰勝院）墓所から始まっているが、四代光尚段階に熊本藩祖である三代忠利のために妙解寺を建立の上で境内背後に墓所を造営している。ちなみに、三代忠利墓とそれに至るための参道の直線延長上には、忠利終焉の地でもあり、歴代藩主の肥後熊本における御座所である花畑屋敷が立地しており（図2）、逆に当地から熊本藩祖の葬地を遥拝できるように墓所の選地が行われた可能性を指摘しておく。その後は妙解寺墓所にて連綿と藩主のための墓域が形成されている。

最大の画期となるのは、泰勝寺墓所T❸墓域の形成である。ここに至る参道は一直線状になっており、その状態は絵図にも描かれている。この参道は明らかに一一代斉樹墓を意識した配置となっているため、T❼墓域はその次の一二代斉護ないし斉樹の父で隠居していた斉茲による造営となる。ここで注目すべきが家系統となる（図1）。一一代斉茲以降は宇土支藩の出自となり、遡って新田支藩からの出自となる六代宣紀以降とは意味が大きく異なるのである。九代治年までは妙解寺建立のきっかけとなる三代忠利を祖とする系統となるが、一〇代斉茲以降は忠利の弟である立孝を祖とする系統にかわる。このことが、妙解寺墓所から泰勝寺墓所へと変更になったとする見解については大きく異論を唱えるものではない(39)。ただし、同様の事例となる一二代斉護については妙解寺となっていることについては別の解釈が必要となってくる。これは斉護生前に自身の子の墓（M83と54）が先に妙解寺墓所（M❷❽）に造営されていたことに関係すると考える。泰勝寺墓所の一一代斉樹墓造営の前にもその兄弟であり一〇代斉茲の子の墓（T13）が先に泰勝寺墓所（T❷）に造営されていることは無視できない。こうしたことから、藩主の家系統の意識よりも、藩主自身の近親家族の方へ意識が向けられた結果として、藩主墓が妙解寺から泰勝寺へと変更になっていると考える(40)。

（二）泰勝寺墓所「四つ御廟」成立の実態

図3の泰勝寺墓所❶が先述からの「四つ御廟」であり、初代藤孝（T1・2）と二代忠興（T3・4）それぞれ夫婦での配置となり、❶へ至る参道階段は初代藤孝墓を意識した配置となっている。従前からの指摘の通り、これら四基の石塔を覆う各御廟は、霊屋・拝殿が同一形態・規模、その縁石の形状・表面調整技法が共通すること、これらの配置が横一列に並ぶことから、一時期の整備の状況を示していることには同意する。その時期は四基の石塔の中で最も没年の新しい二代忠興の死後となることは明らかである。先述の通り、忠興は正保二年（一六四五）に八代にて死去しており、同地の泰巌寺に御霊屋が建立されていた。ところが、延宝三年（一六七五）一二月にその御霊屋が焼失し、五代綱利によって泰勝寺に新たに御霊屋が新設されたとしている(41)。この焼失した御霊屋に石塔が伴っていたとすれば、御霊屋焼失の影響で多少なり毀損が見られるのではないかと想像するが、「四つ御廟」の忠興墓にはそうした痕跡は一切見られない。よって、忠興墓地輪の「曽孫拾遺兼越中刺史綱利（後略）」・「延宝四丙辰年九月十五日」銘は、五代綱利による八代からの石塔回送による熊本泰勝寺墓所への移設安置を示すものではなく、延宝四年に熊本にて新規で石塔を造立したことを示していると考える。その根拠の一つとして、先述の石塔石質に関する見解を提示することができる。さらには、図8に示す忠興墓をベースに「四つ御廟」の各石塔と比較すると、塔高や石塔輪郭が最も近いと考えられる初代藤孝墓を模倣して造立された可能性も指摘しておきたい。加えて、曲線部の多い空風輪に注目した場合、他の三基と比

べると形状に直線的傾向を見出すことができ、型式学的観点から言えば空風輪形状の模式化と捉えることができ、これら四基がすべて同時期に造立されたものではないことを追認し得る。そして、忠興墓造立に伴う整備以前は、三代忠利により豊前小倉から回送されてきた可能性のある藤孝墓・藤孝室墓・忠興室墓が現在みられる状況とは異なる配置で存在していたと想定しておく。さらには、三基の石塔とも雨水に直接打たれた形跡が見られないために、何らかの建物内に安置されていたと考える。

（三）妙解寺墓所の石燈籠からみた墓所整備

妙解寺墓所には「妙解院殿」（三代忠利）と線刻された石燈籠（献灯籠）が六六基（図4の明朝体番号）、「妙応院殿」（五代綱利）と線刻されたものが三七基、「大詢院殿」（九代治年）と線刻されたものが一〇基確認できる。妙解院殿に至っては、妙解寺伽藍脇の墓所参道（石灯籠番号1～34）・「三霊廟」と称される❶の塀内外（44～66）・これらを繋ぐ斜面参道階段の中段（35～43）と広範囲に渡って配置され、献灯年が寛永一八・一九・二〇年（一六四一～四三）の三種が存在する。ほとんどが忠利三回忌に伴う寛永二〇年の献灯となる。

ところが、「三霊廟」と斜面参道階段の中段には不規則に寛永一八年（45・46・48・54）・一九年（40・49・53・

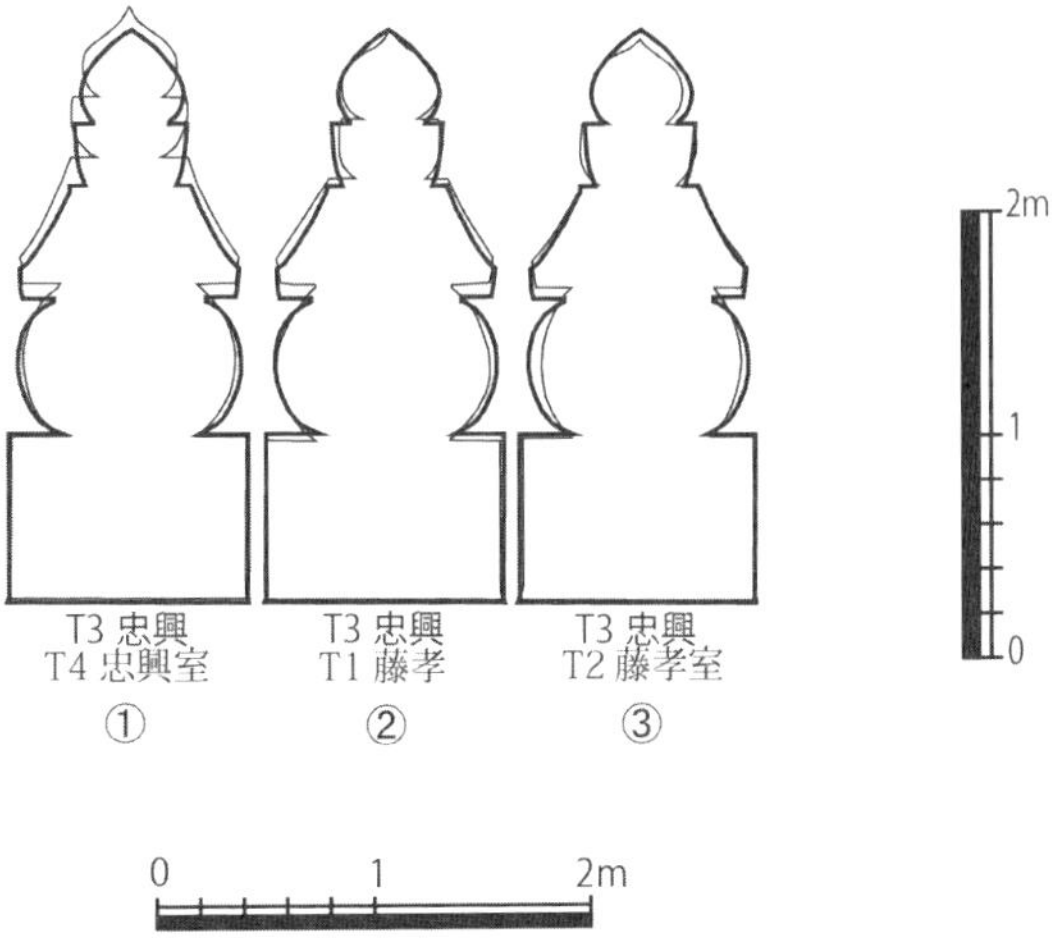

美濃口雅朗・永井孝宏・野村俊之・米村大・宮崎拓 2011
「熊本県大名墓関係概要資料集」『第二回大名墓研究会 発表資料』
掲載実測図輪郭のみを再トレースの上、二基ずつ重ね合わせもの。
※ゴシック体と太線、明朝体と細線がそれぞれ対応。

図8　泰勝寺墓所「四つ御廟」石塔比較図

55・56・60・62・64・66）の献灯籠が配置されている。これに加えて、妙応院殿・大詢院殿の献灯籠の各藩主墓に対する配置は、各献灯対象となる藩主墓に対して、「近くに等間隔に並べられている」と言及することはできるが、「規則的かつ整然と並べられている」とまでは言い難い状態となっている。これらのことから、献灯当初の状況を示しているとは考え難く、その後の藩主墓造営時に影響されて配置換えされた結果と捉えるべきである。また、妙解院殿・妙応院殿・大詢院殿はいずれも妙解寺墓所平坦地❶❹（❺）❻形成のきっかけとなる藩主墓であり、新規で墓域が形成された際には献灯されたことがわかる。その後、各平坦地に墓が追造される際に献灯籠の配置が変更されたと考えるのが自然である。

なお、ほとんどの石燈籠が安山岩製であるのに対して、妙応院殿（五代綱利）三七基を中心に花崗岩製であることは興味深い。これらは花崗岩産地の関係から肥後国外からの搬入品であることはすでに指摘されているが[42]、具体的な産地同定やその意味については今後の課題としたい。

おわりに—大名墓所の考古学的研究とは—

本稿では、熊本藩主細川家墓所にかかる濃厚な調査・研究史を整理した上で、課題を抽出して、藩主墓石塔と墓域形成の検討を行ってきた。紙面の都合上、これまでの結果の振り返りは避けるが、既往の見解について一部同意・追認するものの、多岐に渡って異なる見解を提示することとなった。その際、物質としての近世大名墓の本質を藩主墓石塔として捉え、年代観を証明することが容易ではない石材調整痕などの細かい言及は避けて、考古学的研究の主要な方法論の一つである型式論の視点から検討を行ってきた。これをもとに没年≒石塔造立年代の関係から墓域形成過程を明確にして、画期等についても新見解を提示した。

熊本藩主細川家墓所に関する既往の研究における見解・解釈に至る理由・手法などを振り返った時、大名家墓所を考察する上での多岐に渡る視点の抽出はされているが、その本質の捉え方にズレがあり、それを取り巻く細かい部位等に視点が注がれ過ぎた感が否めない。それにより、例えば、泰勝寺墓所「四つ御廟」石塔の造立年代等に疑問が生じる結果となっていたのではないか。考古学的手法とは、細かい点に単に目をやることではなく、極力悉皆的に情報を取得することを心がけ、有益な検討視点を設定した上で、理論的な解釈に至れるかということに尽きるだろう。本稿の検討がどこまでそれを達成できたかはわからないが、今後の調査・研究の基礎的整理として活用されることを期待したい。

註

1　熊本市　二〇〇一「第二章 細川藩政の成立と展開　第一節 細川歴代藩主とその一門　二近世の細川氏」（新熊本市史編纂委員会編『新熊本市史 通史編 第三巻（近世1）』）。以下、歴史的事項について特に引用文献がない場合は本文献による。

2　出水神社編　一九八八～九一『綿考輯録』（出水叢書）全七巻、汲古書院。藤孝―三〇六頁・忠興下―一六六～七頁。林晃弘　二〇一九「近世前期における細川家の菩提寺」（早島大祐編『中近世武家菩提寺の研究』小さ子社）。なお、泰巖寺については、忠興隠居後の元和一〇年（一六二四）に中津にも建立しようとしており、寛永八年（一六三一）には五十年忌を厚く行っていることから、細川家の旧主織田信長に一方ならぬ思いをもっていたと考えられている。泰巖寺は細川家が肥後に移封されるにあたり、忠興とともに八代へ移転している。

3　前掲註2出水神社編文献、藤孝―三〇六頁。「千葉城先代之士屋敷　長岡内膳元屋敷　泰勝院の跡なり」。

千葉城とは、現在のＮＨＫ熊本放送局跡地あたりのことである。

4　前掲註２林文献に同じ。

5　熊本市　一九九六「第一章　国指定文化財　第三節　国指定史跡　熊本藩主細川家墓所（泰勝寺跡・妙解寺跡）」（新熊本市史編纂委員会編『新熊本市史　別編　第二巻　民俗・文化財』）。以下、歴史的事項について特に引用文献がない場合は本文献による。

6　熊本大学文学部附属永青文庫研究センター編　二〇一一「泰勝寺惣絵図」（『永青文庫叢書　細川家文書　絵図・地図・指図編Ⅰ』吉川弘文館）。

7　前掲註２林文献に同じ。

8　前掲註２林文献に同じ。

9　熊本大学文学部附属永青文庫研究センター編　二〇一一「妙解寺総絵図」（『永青文庫叢書　細川家文書　絵図・地図・指図編Ⅰ』吉川弘文館）。

10　熊本市文化財調査会編　一九七一「⑸黒髪町下立田地域　⑧泰勝寺跡」（『熊本市文化財調査報告書（Ⅱ．北部地区）熊本市文化財調査会』）。同　一九七八「⑶横手町　①妙解寺跡　②妙解寺裏山の御霊屋」（『熊本市文化財調査報告書（Ⅴ．中部地区Ⅰ）熊本市文化財調査会』）。

11　熊本市北岡立田自然公園保存会　一九七一『北岡自然公園文化財整備事業　細川家霊廟修復工事報告書』。

12　ただし、この考え方はいわゆる文化財修理上では、「記念物」に対する考え方と捉えることができ、「建造物」に対しては修理や復旧という考え方になっているのが現状である。

13　熊本市　一九八八『県指定重要文化財　細川家霊廟及び門保存修理工事報告書』。

14　本資料の危険性について述べながらも、熊本城の瓦編年に積極的に利用すべきと考える論考が公的報告書において存在するが（美濃口紀子　二〇二〇「熊本城の出土瓦編年試案」『特別史跡熊本城跡総括報告書　調査研究編　第二分冊』熊本市熊本城調査研究センター）、当該資料の実物の検討なしに他資料と比較検討し、瓦編年上の基準資料的扱いとすることは、今後の熊本城の瓦研究に混乱を招くと考える。

15　熊本市　二〇〇七『国指定史跡　熊本藩主細川家墓所整備基本構想』。

16　熊本市教育委員会　二〇〇八『智照院細川家墓所―花岡山・万日山遺跡群第1次調査区発掘調査報告書―』。

17　美濃口雅朗・永井孝宏・野村俊之・米村大・宮崎拓　二〇一一「熊本県大名墓関係概要資料集」（『第二回大名墓研究会 発表資料』大名墓研究会）。

18　野村俊之・美濃口雅朗　二〇一三「九州近世大名墓調査の視点」（『第五回大名墓研究会 発表資料』大名墓研究会）。

19　豊田徹士　二〇一三「西日本の大名墓　九州」（坂詰秀一・松原典明編『季刊考古学・別冊二〇　近世大名墓の世界』雄山閣）。

20　美濃口雅朗　二〇一四「建築物を伴う九州の近世大名墓（集成表）」（『第六回大名墓研究会 発表資料』大名墓研究会）。

21　美濃口雅朗・野村俊之　二〇一四「地域における近世大名墓の成立1　九州」（大名墓研究会編『近世大名墓の成立―信長・秀吉・家康の墓と各地の大名墓を探る―』雄山閣）。

22　美濃口雅朗・野村俊之　二〇一五「九州における非在地系石材墓石の使用」（『第七回大名墓研究会 当日資料』大名墓研究会）。

23　美濃口雅朗・野村俊之　二〇一六「九州の譜代・親藩墓所」（『第八回大名墓研究会 当日資料』大名墓研究会）。同　二〇一七「九州の大名墓における儒教の影響」（『第九回大名墓研究会 当日資料』大名墓研究会）。

24　美濃口雅朗・野村俊之　二〇一八「九州における大名墓の展開」（『第一〇回大名墓研究会 当日資料近世大名墓研究の到達点』大名墓研究会）。のちに、同　二〇二〇「九州における大名墓の展開」（大名墓研究会編『近世大名墓の展開―考古学から大名墓を読み解く―』雄山閣）。ここでも同様の視点で検討している。

25　前掲註2林文献に同じ。

26　拙稿　二〇二〇「彦根藩井伊家の墓所造営と変遷―清凉寺墓所の再検討―」（松原典明編『近世大名墓の考古学―東アジア文化圏における思想と祭祀―』勉誠出版）。ここでも同様の視点で検討している。

27　前掲註2林文献に同じ。

28　熊本大学文学部附属永青文庫研究センター編　二〇一二「私之御用」『永青文庫叢書　細川家文書　近世初期編』吉川弘文館。一一八号。

29　前掲註2出水神社編文献、忠利上―三一五～七頁。

30　前掲註17の「妙解寺跡細川家墓所の概要」に同じ。

31　品川東海寺塔頭妙解院墓所の参拝（実見）にあたり、細川事務所および同所の山澤敏康氏にお世話になった。また同所に参拝許可を得るにあたり、松原典明氏ならびに品川区教育委員会にご配慮いただいた。

32　前掲註2林文献に同じ。

33　前掲註17掲載の各五輪塔部位計測値から差を算出した。

34　前掲註17・18に同じ。

35　拙稿　二〇二〇「熊本城の石垣変遷」『特別史跡熊本城跡総括報告書調査研究編　第一分冊』熊本市熊

本城調査研究センター）。

36　前掲註28に同じ。

37　産総研地質調査総合センターの地質図Naviによると、小倉城の西側山塊あたりに安山岩地帯が展開するようであり、今後詳細を確認する必要がある。

38　前掲註6に同じ。

39　前掲註24に同じ。

40　前掲註26に同じ。彦根藩井伊家では、一八世紀前半頃に藩主墓の周りに衛星的にその近親者である子息墓が配置され、「藩主家族」の墓所としての機能が付加されるとしており、共通点を見出すことができる。

41　前掲註5に同じ。

42　前掲註22に同じ。ここでは「御影石」の可能性が示されているが、このことが広い意味での花崗岩のことなのか、六甲山系の兵庫県神戸市東灘区御影地方にまで限定しての言及なのかは定かではない。いずれにしろ、花崗岩であることは変わりがないが、産地同定作業にあたっては、流通商品としての観点も必要になるかもしれないが、細川家関連の花崗岩石材調達地の一つである瀬戸内海の小豆島にある石丁場跡辺りからの検討も必要であると考えている。当該石丁場は徳川期大坂城再築用として著名であるが、その後も各大名家が島庄屋を介して維持管理していたようである（橋詰茂二〇一九「大坂城築城にかかる小豆島石丁場の所在地と石材輸送」『東瀬戸内海島嶼部における大坂城築城石丁場と石材輸送水運に関する研究』（平成二六～三〇年度科学研究費補助金（基盤研究（C）研究成果報告書））。

Ⅱ

儒者の葬制

阿南大輔

幕府儒官・医官人見家の墓制について

阿南大輔

はじめに

一七世紀に本格化する我が国の儒教受容の過程において、林羅山を祖とする林家とその一門が果たした役割の大きさについては、今更贅言を費やすまでもないだろう。京都で藤原惺窩に学び、家康から家綱までの四代に儒者として仕えた羅山の後、寛文三年（一六六三）には、二代目鵞峰に「弘文院」の称が与えられ、元禄四年（一六九一）、三代目鳳岡が湯島聖堂の竣工に合わせて大学頭に任ぜられるなど、儒教受容の進展と共に、幕府儒官としての林家の地位は揺るぎないものとなっていく。

この時代に、林家の教育を受けて儒者となり、門弟中の筆頭[1]として活躍したのが人見竹洞《ひとみちくどう》（一六三八～一六九六）である。竹洞は、林羅山やその次男読耕斎を師として儒学を学んで幕府儒官となり、幕閣からの諮問に応えながら、幕府の修史事業、朝鮮通信使の応接等に従事するとともに、経書の講義や詩文の応酬等を通じて大名、旗本等とも幅広く交流し、儒教（朱子学）の宣揚と普及に力を尽くした。子孫も、儒官または医官として幕府に仕え、墓所は、栃木県、埼玉県、神奈川県の各地に所在している。

すでに仏教の喪葬儀礼が深く浸透した当時の日本において、朱子の著とされる『家礼』に基づく儒教の喪葬儀礼を実践・普及していくことは、林家にとって大きな課題であったが、林門の朱子学者として、竹洞も当然その課題を共有し、自家の喪葬儀礼の実践については高度に自覚的であったと考えられる。竹洞の父元徳の墓に始まる人見家歴代の墓所は、この儒者一族の墓制がどのように定められ、その後どう変遷したかを数世代に亘って確認できる貴重な事例であると言える。

竹洞個人の墓については、すでに松原典明による詳細な紹介があるが[2]、管見の限りでは、これまで人見家の墓制が総体的に論じられたことはない。そこで、本稿では、まず、幕府儒官・医官人見家の系譜をたどり、次に、関東地方の各地に残る人見家の墓所について概観した上で、人見家の墓制を『家礼』関係文献の記述及び林家や水戸藩の墓制と比較することにより、その特徴について考察するとともに、そのような特徴を有するに至った理由について、竹洞の人的交流の面及び思想的な面から検討を加えることとしたい。

一　系譜

竹洞の曽孫雀川《かくせん》が宝暦一二年（一七六二）に人見氏の系譜をまとめた『人見氏伝』（国立国会図書館蔵、写本）及び『寛政重修諸家譜』を基礎とし、墓碑や文集に残る碑誌や行状等の記述を参照し、竹洞を中心とした人見家の略系図を図1のとおり作成した。

以下、竹洞を中心として人見家の系譜を略述する。

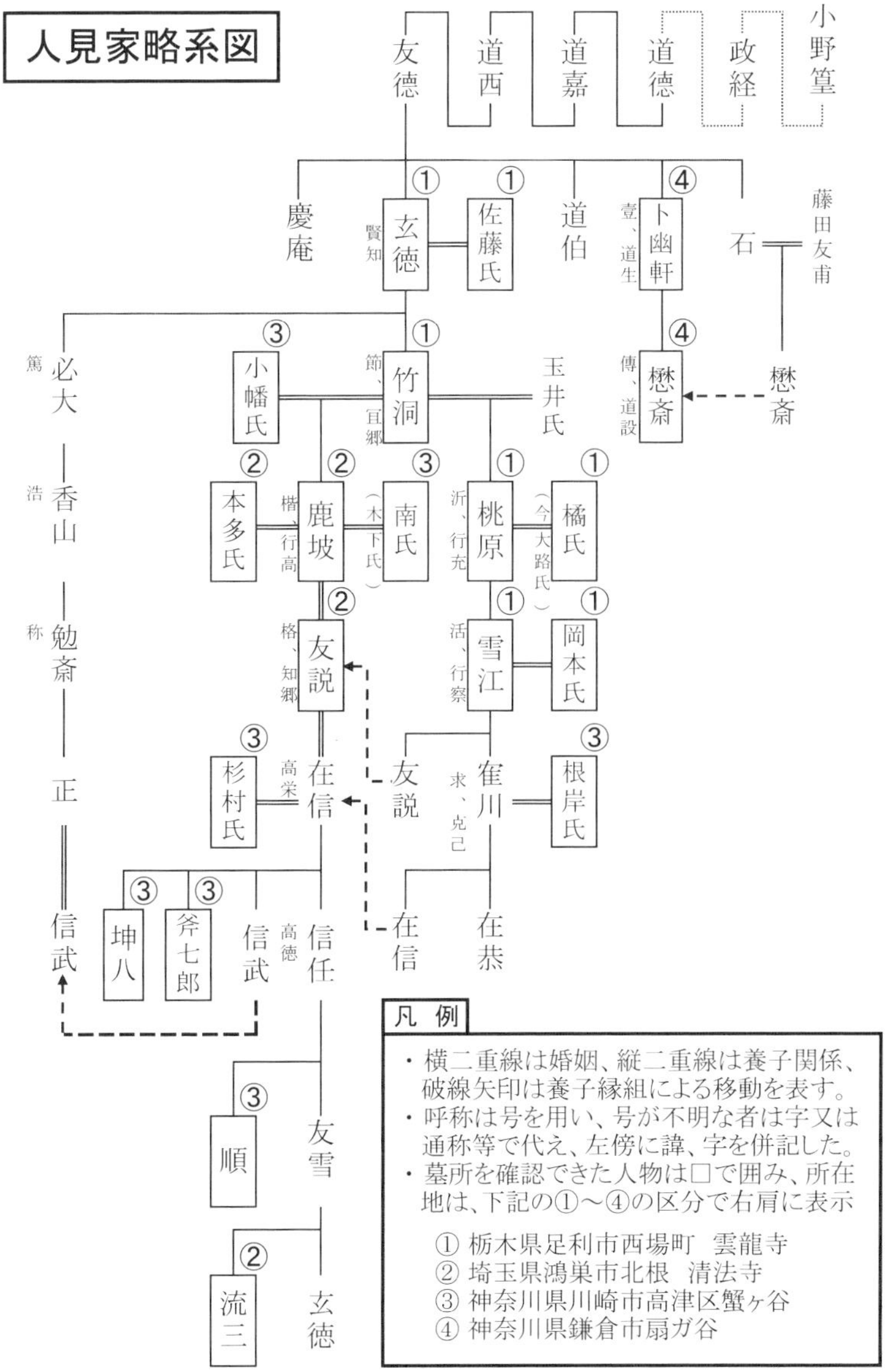
人見家略系図
小野篁
政経
道徳
道嘉
道西
友徳
慶庵
賢知
玄徳
佐藤氏
道伯
壹、道生
卜幽軒
石
藤田友甫
篤
必大
節、宜郷
竹洞
小幡氏
玉井氏
傳、道設
懋斎
懋斎
浩
香山
本多氏
楷、行高
鹿坡
（木下氏）
南氏
沂、行充
桃原
（今大路氏）
橘氏
称
勉斎
格、知郷
友説
活、行察
雪江
岡本氏
正
杉村氏
高栄
在信
友説
求、克己
雀川
根岸氏
信武
坤八
斧七郎
信武
高徳
信任
在信
在恭
順
友雪
流三
玄徳
凡例
・横二重線は婚姻、縦二重線は養子関係、破線矢印は養子縁組による移動を表す。
・呼称は号を用い、号が不明な者は字又は通称等で代え、左傍に諱、字を併記した。
・墓所を確認できた人物は□で囲み、所在地は、下記の①～④の区分で右肩に表示
① 栃木県足利市西場町　雲龍寺
② 埼玉県鴻巣市北根　清法寺
③ 神奈川県川崎市高津区蟹ヶ谷
④ 神奈川県鎌倉市扇ガ谷

図1　人見家略系図

（一）家祖から元徳まで

人見氏の祖は、平安時代初期の公卿で文人としても名高い小野篁《おののたかむら》とされる。平安時代末期には、四郎政経が源頼朝に仕え、武蔵国人見村（現在の東京都府中市の一部）に住し、初めて人見を氏とした。その後、子孫は丹波国馬路村（現在の京都府亀岡市馬路町付近）に遷り、竹洞から五代前の道徳《どうとく》は、当地の土豪として細川氏に属した。次の道嘉《どうか》は、隣邑篠山の長氏、内藤氏らと戦って敗死し、子の道西《どうさい》は、道嘉と旧識のあった天龍寺の長老策彦周良を頼って洛西に走り、嵯峨亀山に居を構えた。策彦は五山の名僧の常として詩文に優れ、室町将軍の命により二度の入明を果たしているが、道西も、天文中、策彦の二度目の渡明に従い、寧波《ねいは》を経由して北京に至って帰朝したという。

医を業とするのは、次の友徳《ゆうとく》からで、友徳の二男が後に儒を以て水戸に仕える卜幽軒《ぼくゆうけん》、四男が竹洞の父元徳《げんとく》（諱は賢知《かたとも》。一字を玄徳ともいう。）である。

（二）幕府医官元徳

元徳は、慶長九年（一六〇四）嵯峨に生まれ、年十五にして京で医を業とし、特に幼科（小児科）に優れて神と称せられ、禁裏にも出入して諸王子の病に侍して奇効あり、甚だ重んぜられた。寛永一六年（一六三九）には、幕府に召されて江戸に遷り、同一八年（一六四一）八月に家光の長男竹千代（後の四代将軍家綱）が生まれると、命により日夜近侍奉薬して怠りなく、一二月には、大府卿法印に叙せられ、下野国足利郡西場村（現在の栃木県足利市西場町）と武蔵国足立郡下大久保村（現在の埼玉県さいたま市桜区下大久保付近）に五百石の采地を賜る。正保二年（一六四五）綱吉の誕生に際しても、奉侍の功により武州埼玉郡北根村及び関新田村二百石を賜り、これにより都合七百石の領主となった。その後も家綱、綱吉などに奉侍し、延宝元年（一六七三）に年七〇で致仕、葛東牛島の別荘「水竹深処」に隠居し、天和四年（一六八四）正月朔に年八一で同所に没した。

元徳は、寛永十年（一六三三）に娶った佐藤氏との間に五男二女を儲けるが、そのうち元徳の後を継いだのが、林家一門の儒者として幕府に仕えた二男の竹洞である。

（三）幕府儒官竹洞

竹洞は、諱は節《よし》または宜卿《よしたか》、字は時中。竹洞、雀山、葛民、括峰と号し、俗称は友元《ゆうげん》。寛永一四年（一六三八）一二月八日に元徳の二男として京都に生まれ、六歳の同一九年（一六四二）五月には母と共に江戸の父元徳の許に移った。九歳で家綱の御伽となり、初めて将軍家光に拝謁している。林家への入門は慶安元年（一六四八）頃のことのようである。[3]

抑も人見家と林家との交流は、元徳の兄で竹洞の伯父である卜幽軒が京都で羅山に入門したことを嚆矢とする。卜幽軒は寛永十五年（一六三八）に元徳に先駆けて江戸へ出、[4]林家の門に出入していたから、竹洞が江戸で羅山の門に入ったのも伯父の誘掖によるものであろう。入門後の竹洞が、一日も欠かさず林家の家塾に通い、学問に精励したことは、羅山の子で林家二代目の鵞峰が「示金節序」[5]（『鵞峰先生林学士全集』巻八十二）で、

節自幼従我先人学、至今十有余年、無一日不負笈、其勤非尋常之所及。

と述懐するとおりである。また、互いの屋敷が咫尺の間に在ったこともあり、[6]両家には家族ぐるみの付き合いがあったようで、竹洞の死後、七歳下の三代目鳳岡が、

老兄長於我七年、自幼同起同眠。（中略）其父其弟其伯父、我祖我父我兄弟、義等骨肉之親、世修師友之縁。
（「祭竹洞野子文」『鳳岡林先生全集』巻百十）

と回想するように、林家の子弟とは親戚同様のごく親しい間柄であった。

そうした環境の中で、好学の竹洞が儒学、とりわけ林家の家学である朱子学に傾倒していったのは、ごく自然な流れであったろうが、高名な幕府医官元徳の嗣子である竹洞には、父の業を継いで医官となることが当然の如く期待された。明暦四年（一六五八）四月には、京都で禁裏の医師を勤めていた伯父道伯と叔父慶庵の許に医術修行に出されたが、一年の予定を早々に切り上げ、その年のうちに江戸に戻っている。京都から帰ってからは、医師として家業に精を出しながらも、儒学への想いは断ち難く、経学や詩文の研鑽を怠らなかった。

竹洞が幕府の命により、三百俵を給されて儒官となったのは、その三年後の寛文元年（一六六一）二五歳の時であり、林鳳岡はその時のことをこう記している。

金節雅丈者御医法印元徳之子也。学活之術、有年於茲。然酔心於六経、著眼於三史、歴観文囿、泛覧辞林。（中略）頃日有官命曰、抛擲医術、以可専攻学業。喜気津津、溢眉見顔。余於雅丈、交際年久、同志莫逆、故聞其事、喜而不寐。
（『鳳岡林先生全集』巻百三「示金節」）

素志を叶えた喜びが「眉に溢れ、顔に見《あら》わ」れる竹洞と、それを我が事のように悦ぶ鳳岡、そして、背後には当然、林家の当主鵞峰による幕閣への周旋があったであろう。

その後、寛文一二年（一六七二）一二月に法眼位に叙せられた竹洞は、延宝二年（一六七四）一二月に致仕した父元徳の跡目を三八歳で嗣ぎ、家督と七百石の采地を相続した。

延宝八年（一六八〇）に綱吉が五代将軍に就任してからは、毎月二三度ほど召し出されて、儒学を好んだ綱吉と経書の討論を行うことが常例であったが、いつの頃からか綱吉に冷遇され始めたようで、晩年の幕府儒官としての活動は、湯島の聖堂における経書の講義にほぼ限られたらしい。嗣子桃原による墓碑銘には、元禄七年春から始まった湯島での尚書講義が非常な盛況であったことを記すが、その講義は篇を終えぬまま翌年九月には病のため暇を請うて葛東牛島の別荘「水竹深処」で療養生活に入り、そのまま翌元禄九年（一六九六）一月一四日に享年六〇で同所に没した。

儒官としての竹洞は、幕閣の諮問に応え、経書等の講義を行うのは勿論、書物の編纂や儀礼、外交等で幅広く活躍した。主な事蹟としては、『続本朝通鑑《ぞくほんちょうつがん》』、『武徳大成記』の編纂、『服忌令《ぶっきりょう》』改正への参画、天和度朝鮮通信使の応接、明の遺臣朱舜水、渡来僧東皐心越《とうこうしんえつ》との交流などが挙げられる。

特に、幕命により林家の総力を結集した大事業であった史書『続本朝通鑑』の編纂においては、林家当主鵞峰の総裁の下、鵞峰の子梅洞と鳳岡、坂井伯元とともに四人の執筆者の一人に選ばれ、保元元年（一一五六）から弘安十年（一二八七）までの百三十二年間の執筆を担当した。寛文四年（一六六四）から概ね六年の光陰を費やして完成した『続本朝通鑑』編纂当時の林家の日常は、鵞峰による漢文体の日記『国史館日録』に事細かに記録されており、竹洞の動静に関する記事はほぼ毎日のように頻出するほか、父元徳、弟必大、伯父卜幽軒とその養嗣子懋斎《ぼうさい》の名もしばしば現れ、両家の親密ぶりが窺える。

また、本稿の主題である墓制との関連で特に重要なのが、『服忌令』制定への参画である。『服忌令』は近親者の死に際して喪に服すべき期間等を定めた法令であるが、天和三年（一六八三）六月、五代将軍綱吉の『服忌令』を改むべしとの上意を承け、大老堀田正俊は、林鳳岡、人見竹洞、木下順庵、吉川惟足に「儒家神道之服忌令書付」を差し出すよう命じた。竹洞らは翌月、『儀礼』『家礼』等の喪服制度の規定を書き上げて提出しており、『服制合編』[7]と題する一冊が内閣文庫に残る。『服制合編』は、四つの文献から成り、うち第二文献は、竹洞が『家礼』の喪服制度を整理したものであるから、竹洞が『家礼』の内容に精通していたことは明らかである。

（四）竹洞の後裔

竹洞は正妻の建部氏との間に子がなく、二人の後妻との間に五男二女を儲けたが、そのうち、人見家を継いだのは、長男桃原《とうげん》と次男鹿坡《ろくは》である。元徳、竹洞と続いた幕臣人見家は、ここから儒者として父竹洞の後を継いだ桃原の系譜と、祖父元徳の医業を継いだ鹿坡の系譜の二つに分かれることとなる。以下、前者を「儒官人見家（本家）」、後者を「医官人見家（分家）」と呼ぶ。

儒官人見家（本家）の系譜

寛文一〇年（一七七〇）四月に竹洞と玉井氏との間に生まれたのが、長男の桃原（諱は沂《みぎわ》、字は魯南、行充《ゆきみつ》または知後。桃原はその号）である。一三歳で初めて将軍綱吉に拝謁、竹洞が没すると、その業を継いで二代目の幕府儒官となり、祖父元徳の時に賜った采地七百石のうち、下野国西場村と武蔵国下大久保村の五百石を受け継いだ。綱吉、家宣、家継、吉宗の四世に亘って仕え、国学講官として、毎月、昌平黌大成殿の講堂で経書を講じたという。享保一六年（一七三一）江戸四谷の書斎に没した。享年六二。著書に『桃原先生全集』（国立国会図書館蔵）がある。橘氏との間に二男二女、後妻の岡見氏と二男一女を儲け、長男の雪江が幕府儒官を継いだ。

三代目の雪江（諱は活《いかす》または美在《のりあり》、字は実函または行察。号は雪江、白峰）は、貞享四年（一六八七）本郷御弓町の邸に生まれ、父桃原の没後、儒官職を嗣いで国学講官に叙せられた。享保度の朝鮮通信使の応接に当たり、元文元年（一七三六）には祖父竹洞同様『服忌令』の改正に参画。寛延二年（一七四九）致仕、宝暦九年（一七五九）、江戸四谷の邸に享年七三で没した。著に『雪江先生詩文集』（国立国会図書館蔵）がある。

四代目の隺川（諱は求《もとむ》または美至《のりゆき》、字は克己、隺川は号）は享保一二年（一七二七）四谷に生まれ、父の致仕により儒官職を継ぎ、書物奉行や船手頭を勤め、天明六年（一七八六）没。竹洞、桃原、雪江の詩文集の整理・書写・保存に努めるとともに、家譜『人見氏伝』を著した。

五代目はその長男在恭（一七五八？―？）が嗣ぎ、その後も『柳営補任《りゅうえいぶにん》』等に人見又兵衛、又七郎などの名が見え、家は幕末まで存続した。

医官人見家（分家）の系譜

二男の鹿坡（諱は楷《たかし》、字は行高《ゆきたか》、祖父の字を取って玄徳または元徳と称した）は、寛文一〇年（一六七〇）八月に竹洞と小幡氏の間に生まれ、元禄九年（一六九六）に祖父元徳の医業を継いで幕府医官となり、元徳の時に賜った采地のうち、武州埼玉郡北根村及び関新田村の二百石を分与された。延享元年（一七四四）没、享年七五。

鹿坡には嗣子がなかったため、本家から甥雪江の四男友説《ゆうえつ》（諱を格《いたる》、字を知郷）を迎え養嗣子とした。友説は享保二十年（一七三五）江戸四谷に生まれ、寛保二年（一七四二）に鹿坡の養子となり、延享元年（一七四四）遺跡を継ぎ、宝暦六年（一七五六）に番医を命ぜられるも翌年には番を免ぜられ、明和四年（一七六七）に享年三三で没している。

友説にも嗣子がなかったため、二代続けて本家から雀川の三男在信《ありのぶ》（高栄、一七六〇？―？）を養嗣子に迎えた。在信は番医から十一代家斉娘の淑姫付医師、奥詰医となり、文化二年（一八〇五）には法眼に叙せられている。

在信の後は、信任《のぶとう》（高徳）、友雪《ゆうせつ》、玄徳《げんとく》と続き幕末に至っている。

二　墓所

（一）西場雲龍寺裏山墓所（栃木県足利市西場町）

まず、元徳、竹洞、桃原、雪江と続く本家嫡流の墓所である西場雲龍寺裏山墓所を見る。足利学校のある足利市中心部から東に八㎞ほど離れた西場地区は、前述のとおり人見家の旧采地である。地区の西には大小山（括峰）がなだらかな山容を現し、雲龍寺はその山裾に抱かれた谷の最奥に位置する。寺の南西の斜面に広がる墓地の最上部からさらに西に向かって山道を少し上がると、斜面をおおむね南北の方向に削平した奥行約五〇m、幅約一〇mほどの墓域に至る。

この地を人見家の墓域に選んだのが、父元徳であることは、竹洞による「関東故大医大蔵卿随祥先生人見君事実」（国立国会図書館蔵『竹洞人見先生後集』冊之二）の左の記述により分かる。

先生按其図、以為西場岩邑也。山林遶村、子孫永久之固也。於是起邸第為不虞之備、乃請官作歴世兆域之所、括峰是也。

しかし、竹洞による元徳の墓碑銘には、「葛東中郷之荘中茶薬園」に葬られたと記されており、元徳は、天和四年（一六八四）の没後、一旦は晩年を過ごした葛東牛島の別墅「水竹深処」に葬られたらしい。二年後の貞享三年（一六八六）十二月に立てられた妻佐藤氏の墓碑銘には、「合葬于野州足利郡西場村観音岩下」とあることから、佐藤氏が没した際に、元徳をこの地に改葬し、佐藤氏と合葬したものと思われ、それがこの墓所の始まりであろう。

各墓の位置関係は図2のとおりで、四世代の墓は、いずれも南面して立てられており、『家礼』の強い影響を窺わせる儒葬墓である。特に、墓碑の形状は、岡本氏を除く全ての墓碑で頂部が四角錘状を呈しているのが特徴的である（以下、このタイプの墓碑を「四角錘型」という）。

世代順に見ていくと、まず、父元徳（一六八四没）と妻佐藤氏（一六八六没）の墓である（写真1）。周囲に石を積んだ方形の基壇が築かれており、その上に、向かって右に元徳、左に妻佐藤氏の墓碑が並

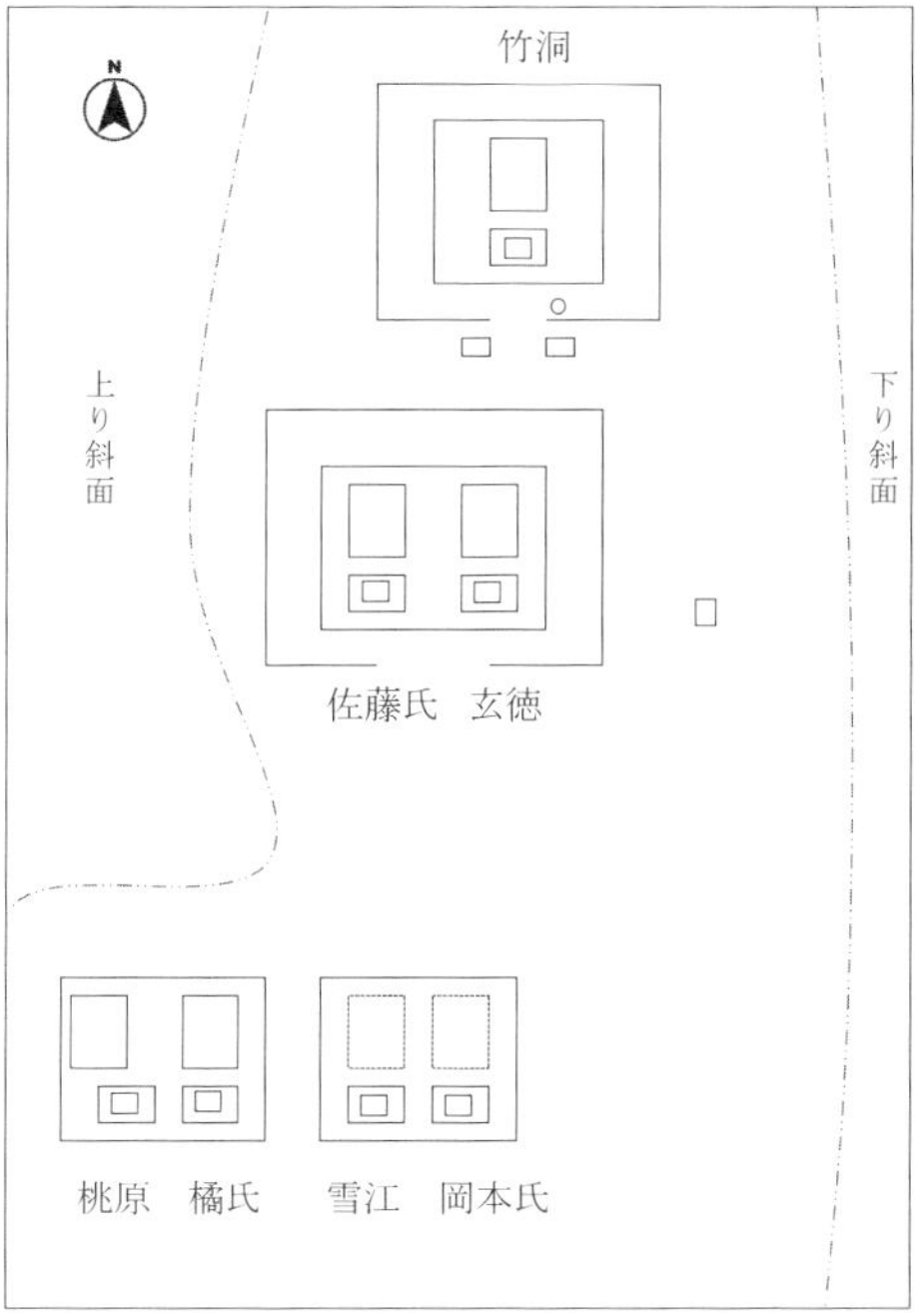

図2　西場墓所概略図

ぶ。墓碑は四角錘型で、正面には四角形の凹部を持つ。竹洞による元徳の墓碑銘には、「儒礼を以て葬」ったことが明記されており、墓碑後方には、二〇㎝ほどの大きさの石が複数あり、これらの石を用いた墳が築かれていた形跡が認められる。また、基壇の四方を大きく囲うように石組の垣が築かれている。

続いて、竹洞（一六九六没）の墓（写真2）は、基壇の方形の石組があり、その中央に竹洞のみの墓碑が立てられている。墓碑は四角錘型で、正面には四角形の凹部を刻す。桃原による墓碑銘には「儒礼を以て葬」られたことが記され、墓碑後方に墳の痕跡、基壇の四周に囲いの石組が残ることも、元徳夫妻の墓と同様である（写真3）。さらに墓碑前方の両脇には、かなり傷みが激しいが、七回忌の元禄一五年（一七〇二）に妻小幡氏や子らが建てた灯籠二基、石瓶一基が残る。

子の桃原（一七三一没）と妻橘氏（一六九七没）の墓も、基壇の上に夫婦の墓が並んで立つが、元徳夫妻とは逆で、向かって左が夫、右が妻である。墓碑は四角錘型で、正面の四角形の凹部も元徳らと同様だが、桃

写真１　右から元徳、佐藤氏

写真２　竹洞

写真３　竹洞墓全景（左側面から）

写真４　左から桃原、橘氏

原の墓碑のみ凹部の縁が二重となっている点が異なる。注目すべきなのは、桃原墓碑の左後方に石を組み合わせて、前面から見ると三角形の墳が築かれていることである（写真4）。やや細長く上部が細くなっている形状からすれば、馬鬣封《ばりょうほう》[8]と考えられる。ただし、墳の位置が墓碑の真後ろではないこと、墳の高さが『家礼』の「墳高四尺」を大きく下回るなど疑問点もあり、これが原状そのものであるかは不明であるが、他の墓にも同じく石を組み合わせた馬鬣封が築かれていた可能性が高いと思われる。

孫の雪江（一七五九没）と妻岡本氏（一七五一没）の墓も、桃原夫妻と同じく、基壇の上に夫が左、妻が右の並びで立つ。墓碑の後部に墳を築く空間が設けられてはいるが、現在は墳の痕跡がほとんど見られない。また、かなり厳密に規格が統一されていた前三代の墓に比べると、雪江の墓碑は一回り大型で、頂部の四角錘の傾斜もかなり緩やかになり、正面の凹部も見られない（写真5）。一方、岡本氏の墓碑は、この墓所で唯一、四角錘型ではなく、頂部を左右に削いだ形の将棋の駒型で、後述する林家の墓碑に類似する（写真6）。十八世紀後半の雪江夫妻の墓碑に至り、元徳、竹洞、桃原の三代に亘り厳格な統一性を保持していた様式から逸脱しつつあることが見て取れる。

写真5　雪江

写真6　岡本氏墓碑頂部（駒形）

（二）北根清法寺墓所（埼玉県鴻巣市北根）

分家の医官人見家の墓所がある清法寺の所在する北根地区（当時の埼玉郡北根村）は、鹿坡が承継した二百石の采地の一部である。赤城山清法寺は寺伝によれば、天正四年（一五七六）に忍《おし》城主成田氏長の家老進藤清三郎により創建されたと伝えられ、後に領主人見家の菩提寺となった。

人見家の墓所は、本堂の南西にある墓地の一角にあり、石組の基壇の上に四つの墓碑が並んで立つ（写真7）。地元では、古くから「殿様墓場」と呼び習わされてきたという(9)。

四つの墓碑を古い順に見ると、右から二番目が医官人見家（分家）の祖である鹿坡、その左が鹿坡の妻本多氏、左端が鹿坡の養嗣子友説、そして右端が猪俣流三という人物（不詳だが、友説の三代後の人見友雪の二男で明治十三年没）の墓である。

まず、鹿坡（一七四四没）の墓碑であるが、本家墓所の元徳、竹洞、桃原の墓とほぼ同じ様式で四角錘型であり、正面の四角形の凹部は、桃原と同様、縁が二重になっている。向かって左面、背面、右面には、甥である雪江（一名は美在）による墓碑銘が刻され、その一節に「先生常語美在曰、我死以儒禮葬、敬随其言」とあることから、鹿坡が生前から儒礼による葬儀を強く望んでおり、その希望に従って儒葬されたことが分かる。現在、墓碑の後方には墳の痕跡はないものの十分な空間があり、埋葬当時はここに墳が築かれていた可能性が高い。

鹿坡の妻本多氏（一七五七没）の墓碑も四角錘型であるが、碑身は鹿坡よりも若干高く、正面凹部の形状も、鹿坡や本家の墓が四角形であるのと異なり、曲線を用いて装飾的で様式の崩れが感じられる。墓碑後方には鹿坡と同様の空間があり、埋葬当時は墳があった可能性も否定できない。

養嗣子友説（一七六七没）の墓碑は四角錘型ではなく、碑頂が平面の方柱型となっており、元徳から鹿坡まで続いた四角錘型の様式を逸脱しているが、正面の四角形の凹部は有している。『寛政重修諸家譜』には、友説について、「明和四年閏九月三日死す。年三十八。儒禮にして葬り私に竹溪と謚す。」と儒葬されたことが記され、当初は墳があった可能性もある。[10]

猪俣流三（一八八〇没）については、人見家から猪俣家に養子に出た人物であり、墓碑は方形で正面の凹部もなく、仏式戒名が記され、様式的にも他の墓碑と共通性は見られない。

なお、在信以降の分家当主の墓については、清法寺には存せず、所在不明であるが、清法寺には、分家の神主や四代目信任の肖像画などが残されている。

（三）蟹ヶ谷墓所（神奈川県川崎市高津区蟹ヶ谷）

蟹ヶ谷の人見家墓所は、矢上川南岸の神庭緑地として整備された台地の西側斜面に所在し、民家裏山の竹林の中に上下二段に削平された地面に二三基の墓碑が並んでおり、うち人見家の系譜に連なる者の墓碑は七基で、全て西向きに立つ。この地は元々、竹洞の妻小幡氏の実家の采地であり、その縁で人見家の別業と墓所とが営まれたらしい。[11]

図1の略系図で分かるようにこの墓地に埋葬されている七人は、鹿坡を祖とする医官人見家（分家）の系譜に連なる者たちであり、女性四人と早世した子供三人である。

女性四人は、小幡氏が分家初代鹿坡の実母で、南氏が鹿坡の妻である。[12] 根岸氏は儒官人見家（本家）四代目の雈川の妻であるが、医官人見家（分家）を養嗣子として継いだ在信の義母であり、杉村氏は在信の妻である。

子供たち三人は、いずれも分家当主の子で、斧七郎は墓碑の破損が著しく、碑文が解読不能であるが、坤八は四歳、阿順は一歳で早世している。

墓碑の特徴であるが、まず竹洞の妻小幡氏（一七一一没）の墓碑（写真8）は、本家及び鹿坡の墓碑と同型の四角錘型で正面に四角形の凹部を有し、現在は墓碑後方に墳の形跡はないが、桃原による墓碑銘の末尾に、「次子元徳小野姓人見氏行高哀哭封之」とあり、当初は墳が築かれていた可能性もある。墓碑両脇には、鹿坡の弟で水原家の養子となった保民による二基の灯籠が立つ。

次に鹿坡の妻南氏（一七〇七没）の墓碑（写真9）については、やはり四角錘型であるが、碑身の高さが四九㎝とかなり小ぶりの造りとなっており、正面の凹部も四角形ではなく、丸みを帯びた形状である。墓碑の

写真7　左から友説、本多氏、鹿坡、猪俣流三．

写真9　南氏

写真8　小幡氏

写真10　左から根岸氏、坤八、杉村氏、阿順、斧七郎

両脇には、死没翌年の宝永五年（一七〇八）の銘がある二基の灯籠が立つ。

他の五人の墓碑（写真10）は、一八世紀末から一九世紀初めにかけてのもので、墓地上段に並んで立つ。形状はいずれも四角錘型で、同じ墓地の小幡家や下山家の墓碑から人見家の墓碑を区別する明白な特徴となっている。しかし、最も年代が新しい坤八（一八一一没）の墓碑は、四角錘の傾斜が非常に緩やかでほぼ平坦に近く、また、五人とも正面の凹部は、無いか、有っても四角形ではないなど、時代が下るにつれて、様式が散漫になっていくのが明白に観察できる。

三　検討

（一）人見家墓制の特徴

前章で元徳（一六八四没）から最も新しい蟹ケ谷の坤八（一八一一没）の墓まで、三つの墓所における七世代約百三十年に亘る一七名の墓を概観したが、岡本氏及び友説の墓を除く全ての墓に共通する特徴は、墓碑の頂部が四角錘の形状を呈していることである。

『家礼』には、墓碑の形状について、「圭首而刻其面如誌之蓋」とあり、それをどう解釈するかにより墓碑の形状が異なってくる。「圭首」の解釈は、大きくは、将棋の駒のように左右対称で上部を尖らせた「尖頭型」と左右対称で上部がゆるやかに円まった「円頭型」の二つに分かれ(13)、前者は林羅山の墓碑をはじめ林家が採用して広く普及し、後者は堀杏庵や中村惕斎、北村篤所等の墓に用いられた。人見家の「四角錘型」の墓碑については、上部が尖っている点では「尖頭型」の一種とも言えるが(14)、その由来は、林家ではなく、水戸藩二代藩主徳川光圀が、藩内での儒葬を奨励するため、寛文六年（一六六六）に士民に頒布したとされる『喪祭儀略』にあると考えられる。同書の「石碑図」（図３）とその傍の

「碑石ヲバ圭首トテ四方ヨリソギテ中ヲ高クスル也」

という記述を見れば、まさに人見家の墓碑の形状に一致する。特に、西場の元徳夫妻、竹洞、桃原夫妻、清法寺の鹿坡、蟹ケ谷の小幡氏の墓碑は、正面の四角形の凹部の形状も完全に一致している。

この碑石正面の四角形の凹部は、先に見た『家礼』の「刻其面而如誌之蓋（其の面を刻して誌の蓋の如くす）」を反映したものと考えられる。儒葬で墓に埋められることが多い誌石は、図４に見られるように、蓋には縁を残して四角形の凹部を穿ち、そこに墓主の名を刻み、底の方の凸部と結合する。四角錘型の頂部と正面の四角形の凹部は、『家礼』の一節に対する『喪祭儀略』の解釈に忠実に従ったものなのである。

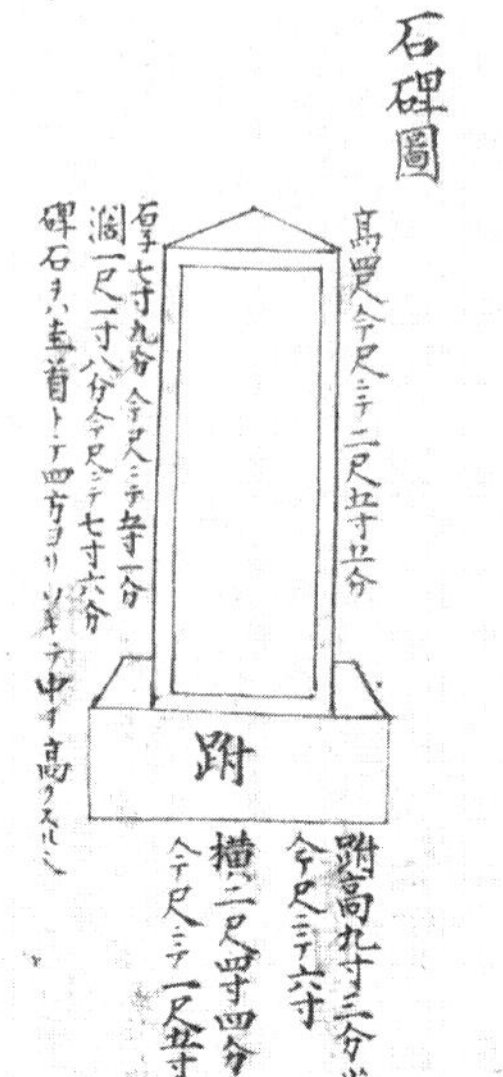

図３　石碑図（『喪祭儀略』）

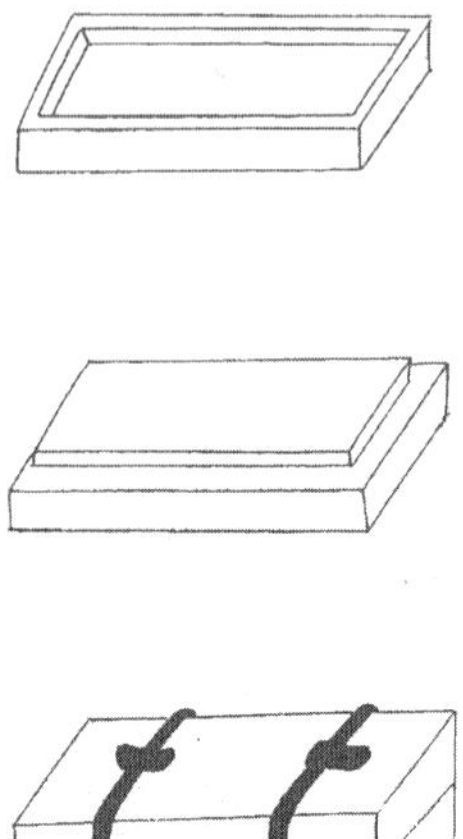
図４　誌石の図
（中村惕斎『慎終疏節』）

また、『喪祭儀略』には、墓碑の碑身の大きさの規格について、「高サ四尺　今尺ニテ二尺五寸五分」、「厚サ七寸九分　今尺ニテ五寸一分」、「潤《ひろ》サ一尺一寸八分今尺ニテ七寸六分」と記されるが[15]、「四尺」「七寸九分」「一尺一寸八分」という周尺（中国の周代に用いられた尺）の寸法を、今尺つまり江戸時代に用いられた曲尺（一尺が三〇・三cm）で計算すると、高さが約七七cm、幅（潤さ）が約二三cm、厚さが約一五・五cmとなる。これを、被葬者を没年順に並べた表1により、人見家の墓碑のサイズと比べてみると、竹洞と雪江の墓碑が大きめであるのと、佐藤氏と南氏の墓碑が小さめであるのを除けば、大体において一致していると見てよいであろう。

表1　人見家墓碑一覧

番号	墓所	被葬者	刻名	没年	享年	碑身			碑文撰者
						頂部型式	正面凹部	寸法（cm）高さ×幅×厚さ	
1	西場	人見元徳	随祥院大府卿法印野老先生之墓	一六八四	八一	四角錘型	四角形	七六×二三・五×一五・五	竹洞
2	西場	佐藤氏（元徳妻）	徳清院法証浄超藤孺人之墓	一六八六	七六	四角錘型	四角形	六九×二三　×一五・五	竹洞
3	西場	人見竹洞	儒官法眼安節野老先生之墓	一六九六	六〇	四角錘型	四角形	八三×二四・五×二三	桃原
4	西場	橘氏（桃原妻）	正善院玉峰宗三橘孺人墓	一六九七	二七	四角錘型	四角形	七五×二三・五×一五・五	桃原
5	蟹ケ谷	南氏（鹿坡妻）	秋光院妙月日照南孺人墓	一七〇七	二九	四角錘型	変化形	四九×二一・五×二一・五	桃原
6	蟹ケ谷	小幡氏（竹洞妻）	陽春院月閑法節小幡孺人墓	一七一一	六二	四角錘型	四角形	七二×二三・五×一七・三	桃原
7	西場	人見桃原	故国学講官謹謙先生小野府君之墓	一七三一	六二	四角錘型	四角形	七五×二三・五×一五・五	雪江
8	清法寺	人見鹿坡	故官医温靖先生小野府君之墓	一七四四	七五	四角錘型	四角形	七五×二三×一五・五	雪江
9	西場	岡本氏（雪江妻）	貞淑岡本孺人墓	一七五一	五五	尖頭型（駒形）	四角形	七六×二三×一五・五	隺川
10	清法寺	本多氏（鹿坡妻）	素心本多婦人墓	一七五七	七〇	四角錘型	変化形	八〇×二四×一六	友説
11	西場	人見雪江	関東故学士靖安先生人見君墓	一七五九	七三	四角錘型	なし	一〇四×三八・五×三七・五	隺川
12	清法寺	人見友説	竹渓先生人見君之墓	一七六七	三三	方形	四角形	八〇×二四×一六	川口尹當
13	蟹ケ谷	根岸氏（隺川妻）	信宜根岸夫人之墓	一七七九	三五	四角錘型	変化形		在恭
14	蟹ケ谷	杉村氏（在信妻）	貞静杉村氏之墓	一七九一	三二	四角錘型	変化形		岡崎正固
15	蟹ケ谷	人見順	阿順之墓	一八〇五	一	四角錘型	変化形		付笑斎
16	蟹ケ谷	人見坤八	人見坤八之墓	一八一一	四	四角錘型	なし		信任
17	蟹ケ谷	人見斧七郎	人見斧七（以下破損、解読不能）	不明	不明	四角錘型	なし		信任

よって、人見家の墓制は、『家礼』とその関係文献の記述に基づいて造営され、墓碑の形状から見ると、特に、『喪祭儀略』に記された水戸藩の墓制に非常に大きな影響を受けていることが明らかである。

（二）墓碑様式の変化

竹洞により定められた人見家の墓碑の様式は、時代が下るにつれて変化していく。

表1でそれぞれの墓碑の頂部及び正面凹部の形状について見ると、元徳（一六八三没）から鹿坡（一七四四没）までは、南氏を除く全てが、「頂部が四角錘型」で「正面凹部が四角形」という二要件をともに満たし、『喪祭儀略』の様式に厳密に則っていることが確認できる。

それに対して、岡本氏（一七五一没）から後は、二要件をともに満たす墓碑は一つも建てられておらず、友説の墓のように分家当主の墓碑ですらも、四角錘型を放棄している例が見られる。

また、雪江（一七五九没）以降の墓碑は、頂部の四角錘の傾斜が目立って緩やかになり、辛うじて維持される四角錘型もその由来は忘却され、単なる意匠として継承されているに過ぎないように感じられる。

これらのことから、『喪祭儀略』に基づく、人見家の特徴的な墓碑様式は、概ね一七五〇年頃を堺にしてその規範性を失い、以後、急速に様式の散漫化が進んだことが分かる。

（三）林家墓制との比較

東京都新宿区市谷山伏町の国指定史跡「林氏墓地」に見られる羅山、読耕斎、鵞峰、鳳岡以下、林家歴代当主の墓碑の形状は、上部を左右対称にそぎ落として尖らせた将棋の駒型＝尖頭型であり、この形状は、松原が「以後、林家朱子学を受け継ぐ子弟関係の儒者はこの様式を用いた」と言い、吾妻が「この形が林家の権威とあいまって日本の同種の墓碑として普及、定着する」と言うように[16]、我国の儒者の墓碑の典型として広く見られるものである（写真11）。

人見家の墓制の基礎を定めた竹洞が林家の羅山、読耕斎に師事し、門生筆頭の儒者として、林家の人々と「義は骨肉の親に等し」いと言うほど昵懇の間柄にあったことはすでに見たとおりである。また、竹洞は、鵞峰が『泣血余滴』に記録した羅山の妻荒川亀の儒式の葬儀にも参加しており、さらに、『国史館日録』には、羅山や読耕斎等の墓に詣でる竹洞の姿が頻繁に記録されていることから、林家の墓制に日常的に触れ、その様式を詳細に把握していたはずである。では、このような竹洞が、自家の墓制を定めるに当たって、権威と影響力のある林家の墓碑を採用せずに、水戸藩の様式を採用したのは如何なる理由によるのか、次に考えてみたい。

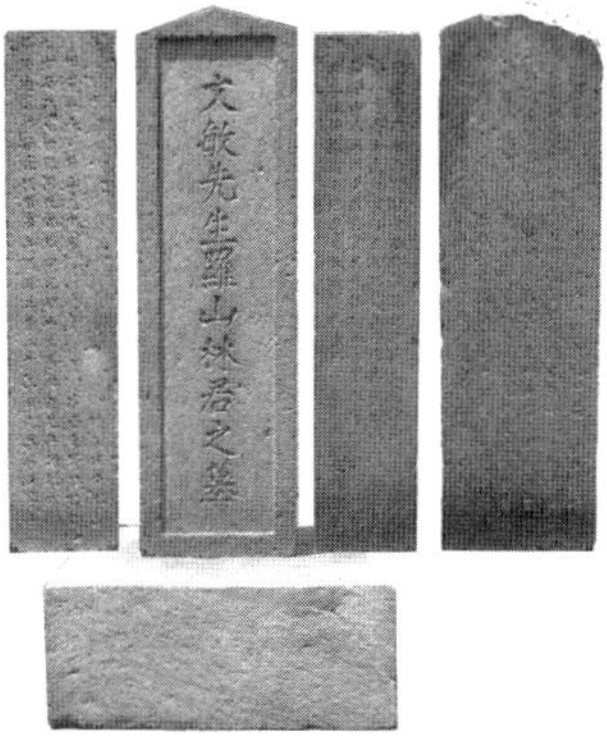

写真11　林羅山墓碑（新宿区）

（四）水戸藩儒人見家の影響

水戸藩と人見家との関係において、まず想起されるのが、水戸藩儒臣であった人見卜幽軒とその養嗣子懋斎の存在である。卜幽軒は、諱は壹《はじめ》、字は道生《どうせい》。玄徳の兄、竹洞の伯父にあたる。京都で菅玄同《かんげんどう》や林羅山に学んだ後、江戸に下って林家の門に出入し、水戸藩に仕えた。寛文元年（一六六一）に儒葬で行われた初代藩主頼房の葬儀の方針を策定するなど水戸藩の葬制が確立する過程で大きな役割を果たし、二代光圀にも重く用いられたが、晩年は目を患い、不忍池の西に「白賁園《はくひえん》」を構えて隠居し、寛文一〇年（一六七〇）に七二歳で没した。卜幽軒には嗣子がなく、姉の子の懋斎《ぼうさい》が養子となり跡を継いだ。懋斎は諱は傳、字は道設。光圀が修史のために設けた史局「彰考館」の初代総裁となり、元禄九年（一六九六）九月に五九歳で没している。

このト幽軒・懋斎父子の墓が、神奈川県鎌倉市扇ガ谷に残されている。場所は、JR鎌倉駅から一㎞ほど北に位置する智岸寺谷の洞の中である。洞の奥の壁面には、「卜幽埜氏《ぼくゆうやし》墓」と刻まれ、それを背にして、向かって右に卜幽軒、左に懋斎の墓碑が立つ（写真12）。

碑文(17)によると、卜幽軒墓は初め江戸不忍池西畔の寓居「白賁園」の北隅、谷中村に営まれたが、懋斎墓の碑文(18)に、その後、懋斎により扇ガ谷に改葬され、懋斎も没後ここに葬られた旨が記される。光圀が家臣に編纂させた地誌『新編鎌倉志』（貞享二年〈一六八五〉刊）によれば、智岸寺谷は、元々南に隣接する英勝寺の境内であり、英勝寺は水戸藩初代頼房の義母英勝院が創建、代々水戸家の姫が住持を勤め、光圀も延宝二年（一六七四）にここに滞在した。光圀に重用された卜幽軒父子がここに墓所を営んだのも、この地と水戸藩との深い縁によるもの

写真12　右から卜幽軒、懋斎

表2　人見卜幽軒・懋斎墓碑一覧

番号	墓所	被葬者	刻名	没年	享年	碑身 頂部型式	碑身 正面凹部	碑身 寸法（㎝）高さ×幅×厚さ	碑文撰者
1	扇ガ谷	人見卜幽軒	故致仕鴻儒卜幽軒野先生之墓	一六七〇	七二	四角錘型	四角形	七七×二三・二×一六	懋斎
2	扇ガ谷	人見懋斎	故懋斎先生小野君墓	一六九六	五九	四角錘型	四角形	七七×二三×一五・五	安積覺

であろう。

卜幽軒（一六七〇没）及び懋斎（一六九六没）の墓碑は、上部が四角錘型で正面に四角形の凹部を有し、『喪祭儀略』に基づいた形状となっている。また、表2のとおり、碑身の寸法も、『喪祭儀略』の規格と合致している。現在、墳は見られないが、卜幽軒の墓碑の後ろには、土が若干盛り上がっており、もとは墳があった可能性がある。[19]卜幽軒は元徳の一四年前に没しているから、竹洞は、父の墓制を定める際に、卜幽軒の墓制を参考にしたと考えて間違いない。

卜幽軒の訃報を聞いた林鵞峰が、『国史館日録』寛文一〇年七月二六日条で、「卜幽者先考老門生、余相識漸向四十年、（中略）友元学問亦依卜幽勧導也。」と記すように、竹洞が儒の道に進む上で、卜幽軒の教導は大きなものであったし、幕府儒官となった後も、卜幽軒、懋斎との行き来が頻繁であったことは『国史館日録』などの記事により確認することができる。[20]前述のとおり、卜幽軒は、初代水戸藩主の儒葬に深く関わっており、水戸藩が墓制を定める過程で大きな役割を果たしている。よって、竹洞は、卜幽軒父子を通じて、水戸藩の墓制に関する情報を比較的容易に得ることができたと考えられる。

ただし、水戸藩儒である卜幽軒父子が、水戸藩の『喪祭儀略』に基づいて墓所を造営するのは当然とも言えようが、幕府儒官である竹洞が水戸藩の墓制を採用したことについて、卜幽軒父子の存在とその影響を論じるのみでは、その理由としていささか説得力に欠けると思われる。

そこで次に、竹洞と水戸藩の関係のもう一つの要素である朱舜水との交流について見てみたい。

（五）中華の礼への関心と朱舜水の影響

明の遺臣である大儒朱舜水（一六〇〇～一六八二）が、水戸侯徳川光圀の招きに応じて長崎から江戸に居を移したのは寛文五年（一六六五）七月十一日のことであるが、残された書簡等の資料によれば、竹洞と朱舜水との交流はその直後から始まっている。[21]竹洞の舜水あて書簡は、国立国会図書館所蔵の『竹洞先生詩文集』巻之二に一八通が収められ、そのうち同年八月二十三日に書かれたと推定される[22]「舜水朱大翁書」には、

前日所許借之道服、製工晩成、還璧延及今日。多罪多罪。

と、竹洞が舜水から道服（儒服）を借りて複製させたことが見える。他の書簡にも、茶匙や銀箸、唐土の茶、卓囲、坐褥といった物を借用したことが記され、竹洞の唐物への並々ならぬ偏愛ぶりが窺える。

同年十二月二十一日頃と推定される別の「舜水朱大翁書」に、

僕好唐物、既已為癖。其所好為癖、唯恐有玩物喪志之譏。僕非漫好之、以慕中華文物之盛也。今得此賜、欣然不止。

とあるように、竹洞も自らの唐物への偏愛を認めるが、それが単なる好事家の遊戯的な関心に発するものではないことは、道服の借用複製の意図について、初めに引用した「舜水朱大翁書」で、続けて次のように記していることによっても明白である。

僕欲見道服久矣。今遇翁之来于江城、併得野服之製。国俗服製混淆、無儒服之制。以此道服為国儒之所服、則僕所願也。其礼改之、則道即在茲乎。奈何。伏請鑑察。

徳田武が、「竹洞にとって道服を借りることは、単なる異国の器財文物への憧憬ではなく、礼式を改め正すことによって、そこに道を具現させる、という儒教上の意義を有することであった」[23]と言うように、竹洞が示した強い関心は、儒者として中華の「礼」に対する切実なる希求に基づくものであったと言える。竹洞は後に、光圀が庇護した明僧東皐心越から七弦琴の奏法を熱心に学ぶこととなるが、これも中華の「楽」を日本で行うことへの情熱の表れに他ならない。

中華の（儒教の）「礼楽」＝「道」を我国で実践することについて、かくも並々ならぬ情熱を抱いていた竹洞であるから、自らの父の墓制を定めるという、極めて重要な礼の実践にあたっては、当然最も中華の礼に近いと考えられる制度を採用しようと試みる、と考えるのが自然であろう。

鎖国政策下にある当時の日本において、中華の礼制に関して、豊富な礼学の知識と実際の経験に基づき権威を持って語りうる儒者は、朱舜水を措いて他にない。水戸藩の『喪祭儀略』が頒行されたのは、朱舜水が江戸に移った翌年の寛文六年（一六六六）四月である。『儀略』頒行の目的が、儒教による葬祭実践の普及にあることを考えれば、同書には、朱舜水の意見が反映されていると考えるのが当然である。

また、現存する『喪祭儀略』の写本のうち、頒行当時の形を残すとされる系統の写本[24]には、「明制墳墓図」（図5）が載るが、この図で墳土

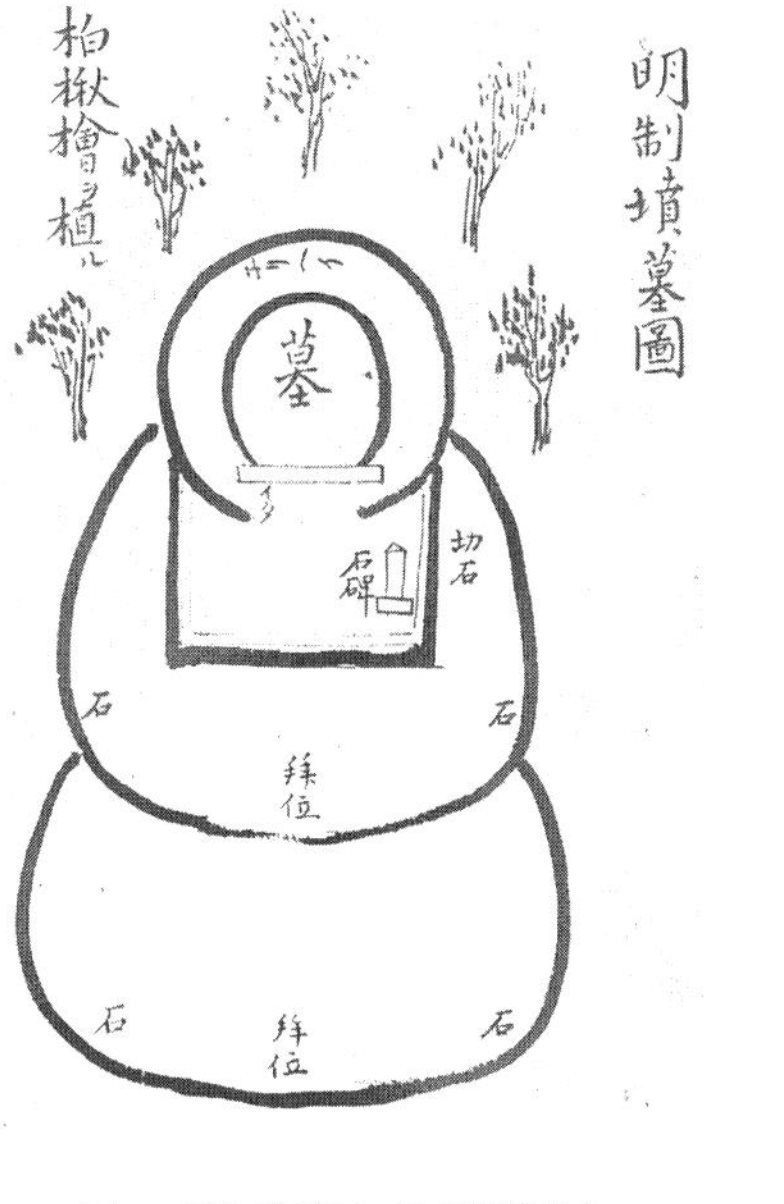

図５　明制墳墓図（『喪祭儀略』）

の右下に描かれる石碑は四角錘型である。このことは、水戸藩が、四角錘型の墓碑を、明（中華）の礼制に基づく様式であると認識していたことを示すが、この認識も朱舜水と無関係とは考え難い。

竹洞と朱舜水の間でやりとりされた書簡で現在見ることができるものは、竹洞書簡が十八通、朱舜水書簡が六十三通のみであり、ここには、両者が墓制について意見を交わした形跡は残っていない。しかし、書簡のやりとりと並行して、竹洞と朱舜水がしばしば面会していたことも考えると、両者の間で墓制についての意見が交わされたであろうことは想像に難くない。竹洞は、その結果として『喪祭儀略』の定める頂部が四角錘型で正面に四角形の凹部を有する墓碑が、朱舜水も認めた、明の制度に則した様式であり、林家の墓碑の様式に比べ、中華の礼制により近いものであると考え、自家の墓制に採用したと考えられるのである。

おわりに

本稿では、幕府儒官・医官を勤めた人見家の墓制について、その顕著な特徴とそのような特徴を持つに至った理由について分析を加え、次のような認識が得られた。

①　竹洞により定められた人見家の墓制において、墳の形式などは風化により明確には確認できないものの、墓碑は、頂部が四角錘型を呈し、正面に四角形の凹部を刻するという特徴を有し、水戸藩の儒葬マニュアルとも言うべき『喪祭儀略』に記された様式に合致する。しかし、一八世紀後半以降は、この様式に厳格に則った墓碑は作られなくなる。

②　竹洞が、林家の墓碑様式ではなく、水戸藩『喪祭儀略』の様式を採用した理由としては、伯父人見卜幽軒及びその養嗣子懋斎の影響がある。卜幽軒父子が水戸藩儒として重用され、水戸藩の葬制の策定

にも深く関わっていたことから、竹洞は水戸藩の墓制に関する情報に容易にアクセスできる立場にあった。また、鎌倉市扇ガ谷に残る卜幽斎父子の墓碑も、竹洞らの墓碑と同様『喪祭儀略』に則った様式であり、竹洞が父の墓制を定めるに当たっては、卜幽軒の墓制を参考にしたと思われる。

③　中華の文物礼楽に深い関心を抱き、それを日本に移入・実現することに熱意を持つ竹洞にとって、依るべき最大の権威が、水戸藩が招聘した明の大儒朱舜水であり、その存在こそが、水戸藩『喪祭儀略』の墓碑様式を明（中華）の制度に基づくものとして、自家の墓制に採用する最大の理由となったと考えられる。

『喪祭儀略』の四角錘型の墓碑と朱舜水との関係については、文献の上では直接の証拠を見いだせないが、林家門下の筆頭であり、幕府儒官である竹洞が、林家の墓碑様式を踏襲せず、水戸藩の定めた墓制に従った理由については、竹洞が、水戸藩の墓制を、より中華の礼制に適ったものと認識したためで、その認識を支えたのは朱舜水の存在だったと考えるのが最も納得がいく推論であろう。

本稿では、水戸藩が『喪祭儀略』で定めた墓碑の様式が、幕府儒官の人見家によって採用され、代々受け継がれたことを明らかにしたが、今後の課題としては、水戸藩の墓制の影響が、どの程度及んだかについて、藩外の儒者や医家などに調査の範囲を広げて検討することがあるだろう。

また、筆者は、光圀が藩士の儒葬墓地として設け、『喪祭儀略』の様式に基づく墓碑が多数現存する水戸の常盤・酒門の両共有墓地を訪れて実見したが、人見家の墓所で見られた傾向と同様に、「四角錘型の頂部」と「正面の四角形の凹部」の両方を持つ典型的な『喪祭儀略』式墓碑は、十八世紀後半に至って急速に減少している印象を持った。水戸藩における『喪祭儀略』式墓碑の様式の変遷を明らかにするには、関口慶久が言うように、常盤・酒門両共有墓地等における「熟度の高い墓標悉皆調査」の実施が必要であろう。(26)

最後に、本稿を記す機会を与えてくださった石造文化財調査研究所代表の松原典明氏と調査に御協力いただいた方々に心から感謝の意を表したい。

註

1 林家の門人録である『升堂記』(東京大学史料編纂所所蔵)では、竹洞の名が冒頭第一に挙げられており、門人の中で別格の存在であったことが窺える。

2 松原典明 二〇一二「儒者ネットワークと喪禮実践」『近世大名葬制の考古学的研究』雄山閣。

3 山本巌 二〇〇四「人見友元小傳」『宇都宮大学教育学部紀要』五四号 一七~三六頁。

4 卜幽軒が江戸に出た時期について、竹洞による「林塘集叙傳」(国会図書館蔵『竹洞先生詩文集』巻十五)は寛永五年戊辰とするが、松本純郎(「人見卜幽の生涯と思想」『水戸学の源流』朝倉書店一九四五)の考証と、養嗣子懋斎による卜幽軒墓碑文の「寛永戊寅、始来于江都、仕水戸威公」との記述に依り、寛永十五年とする。

5 林家一門の詩文集等では、比較的若年の頃の竹洞を「金節」と称すことが多い。『羅山林先生集』詩集目録上にも、竹洞について「官醫法印人見元徳長子而卜幽姪也。自幼受業先生、晩年親炙無比倫。一氏金、名節、字伯毅」とあるが、何故に金氏を称したかは不明である。

6 当時、林家の屋敷は神田鷹匠町(現在の神田錦町一丁目)に、人見元徳の屋敷は神田三河町(現在の内神田一丁目)にあったようで、『江戸城下変遷絵図集:御府内沿革図書』第2巻、第5巻(幕府普請奉行編、原書房、一九八五)で最も古い延宝年間の地図を確認すると、互いの屋敷の距離は二百mにも満たない。

7 『服制合編』は、『家礼文献集成 日本篇八』(吾妻重二編 関西大学出版部 二〇一九)所収。

8 『礼記』檀弓篇の孔子の言葉に基づく墳土の形式。林鵞峰が母荒川亀の墓に採用し、亀の葬儀記録『泣血余滴』に、「形如臥斧、前高後下、旁殺刃上而長、上狭而難登、所謂馬鬣封是也」と記され、斧を臥せたように細長く上が狭くなる形とされる。林家や水戸徳川家の墓が馬鬣封の墳土を採用している。

9　石渡健司　二〇二二『清法寺史』私家版。

10　『寛政重修諸家譜』では友説は三十八で没したとされるが、墓碑銘及び『人見氏伝』によれば享保二十年生まれで、享年は三十三が正しい。

11　人見家以外の十六基の墓は、竹洞の妻小幡氏の血縁者の墓が四基、人見家の家宰筑麻直方の墓、家士宇野七兵衛の墓、家来筋であったと思われる下山家の墓が十基である。この墓所については、深瀬泰旦「川崎市蟹ヶ谷にある幕府医官人見氏の塋域」（『日本医師会雑誌』第三十巻一号　一九八四）に詳しい。

12　南氏については、中尾征司　二〇二〇「日出藩木下氏の宗教思想と祭祀」（『近世大名墓の考古学』勉誠出版）をはじめ、これまでの研究では、鹿坡の祖父元徳の妻とされてきたが、両者の生没年から見てあり得ない。南氏の墓碑銘や『人見氏伝』の記述によっても、鹿坡の妻であることは明白である。

13　吾妻重二　二〇二〇「日本における『家礼』式儒墓について―東アジア文化交渉の視点から（一）―」『関西大学東西学術研究所紀要』第五三輯　八―一〇頁。

14　吾妻重二は、四角錘型の墓碑を「尖頭型」の一種に分類している。吾妻重二　二〇二二「日本における『家礼』式儒墓について―東アジア文化交渉の視点から（三）―」『関西大学東西学術研究所紀要』第五五輯。

15　『喪祭儀略』の墓碑の寸法は、林鵞峰『泣血余滴』を完全に踏襲する。

16　松原典明　註2前掲論文。吾妻重二　註13前掲論文二一頁。

17　人見懋斎撰。「故致仕鴻儒卜幽軒野先生碑」として『井井堂集』巻之八（早稲田大学 古典籍総合データベース）所収。

18　安積澹泊撰。「野懋斎碑陰」として『澹泊斎文集』一（国立公文書館蔵）所収。

19　林鵞峰が卜幽軒没後一か月に作った「卜幽叟挽詞」（『鵞峰先生林学士文集』巻八十）には「事實以て小石碑に叙し、一杯新たに築く馬鬣塋」とあり、当初、谷中村に作られた墓は、馬鬣封の墳を有したことが分かり、扇ガ谷に改葬した際にも馬鬣封が築かれた可能性がある。

20　水戸藩主は江戸定府であったから、卜幽軒、懋斎ら儒臣も江戸に居住していたため、往来は容易であった。

21　竹洞が、朱舜水の江戸到着後に、かくも早く交流を持つことができたのは、卜幽軒・懋斎父子の周旋があってのことと考えられる。

22　徳田武　二〇〇四「人見竹洞・朱舜水往復書牘年時考証」『近世日中文人交流史の研究』研文出版五三頁。

23　註22前掲書五五頁。

24　『喪祭儀略』のテキストについては、田世民　二〇一二「水戸藩の儒礼実践―『喪祭儀略』を中心に」（『近世日本における儒礼受容の研究』ぺりかん社）が、七種類の写本をA・Bの二系統に分けて比較検討しており、うち頒行当時（一六六六年）の形を残しているとされるA系統の写本四種類には、いずれも「明制墳墓図」が掲載されている。

25　林鵞峰『国史館日録』寛文五年九月七日条「友元（竹洞）甚だ華風を慕い、（舜水を）屡しば招き、屡しば逢い、相睦むこと故人の如し」※原漢文。

26　関口慶久　二〇二二「水戸徳川家と家臣の葬制」『近世大名の葬制と社会』雄山閣　九八頁。両共有墓地における十七世紀に限定した調査は、北脇義友　二〇二〇「水戸藩主徳川光圀による儒葬墓とその影響」『石造文化財』第一二号　石造文化研究所。

III

東アジア研究への視点

金　炳完
松原典明

朝鮮王朝加封胎室石物における蓮葉図像に関する研究

金炳完

はじめに

朝鮮王室は、胎盤が個人の吉凶だけでなく朝鮮王室の盛衰にも繋がると考え、風水地理思想に基づいて胎盤を埋葬する独自な儀礼文化を発展させた。朝鮮王室で生まれた王子女は、その胎盤を吉地に埋葬し碑を建てたが、その中で国王に即位した人物の胎室は、埋葬した場所に石物をさらに加えて封じたため、これを加封胎室と呼んだ(1)。

朝鮮王室の加封胎室に関する研究はこれまで多数行われてきたが、胎室の石物図像について単独で扱った論考は多くない。胎室の様式と構造に関する論理を展開した多くの研究では、胎室の八角図像と蓮華図像の根拠を仏教の僧塔(舎利塔)または朝鮮王陵石物との関連性において求めたが、具体的にどのような点が類似しているのか、どのような点が異なっているのかについて注意深く考察した研究は、現時点では存在しないものと判断される。

本稿では、胎室石物に使用された様々な図像を整理し、先行研究を検討した上で、仏教の舎利塔と朝鮮王陵の石物との相違点について論じた後、胎室石物に使用された蓮葉図像についてその特徴と意味を抽出することを目的とする。筆者の見解では、胎室石物は意図的に蓮華図像を使用せず、蓮葉を主に使用しており、八角の平面の中央に蓮華図像を排除したことは、胎室という誕生儀礼に関連する特殊性と関連しているものと解釈される。そのため、まず朝鮮王朝加封胎室の様式と図像について簡単に整理し、それらを仏塔および朝鮮王陵石物と比較した上で、関連図像に対する解釈を付与しながら論考をまとめたい。

一　朝鮮王朝加封胎室の様式と図像

（一）加封胎室の各部構成

加封胎室は類型的に石造文化財に分類できる。胎室に関する用語は、儀軌の図説部分に各部材の図と名称

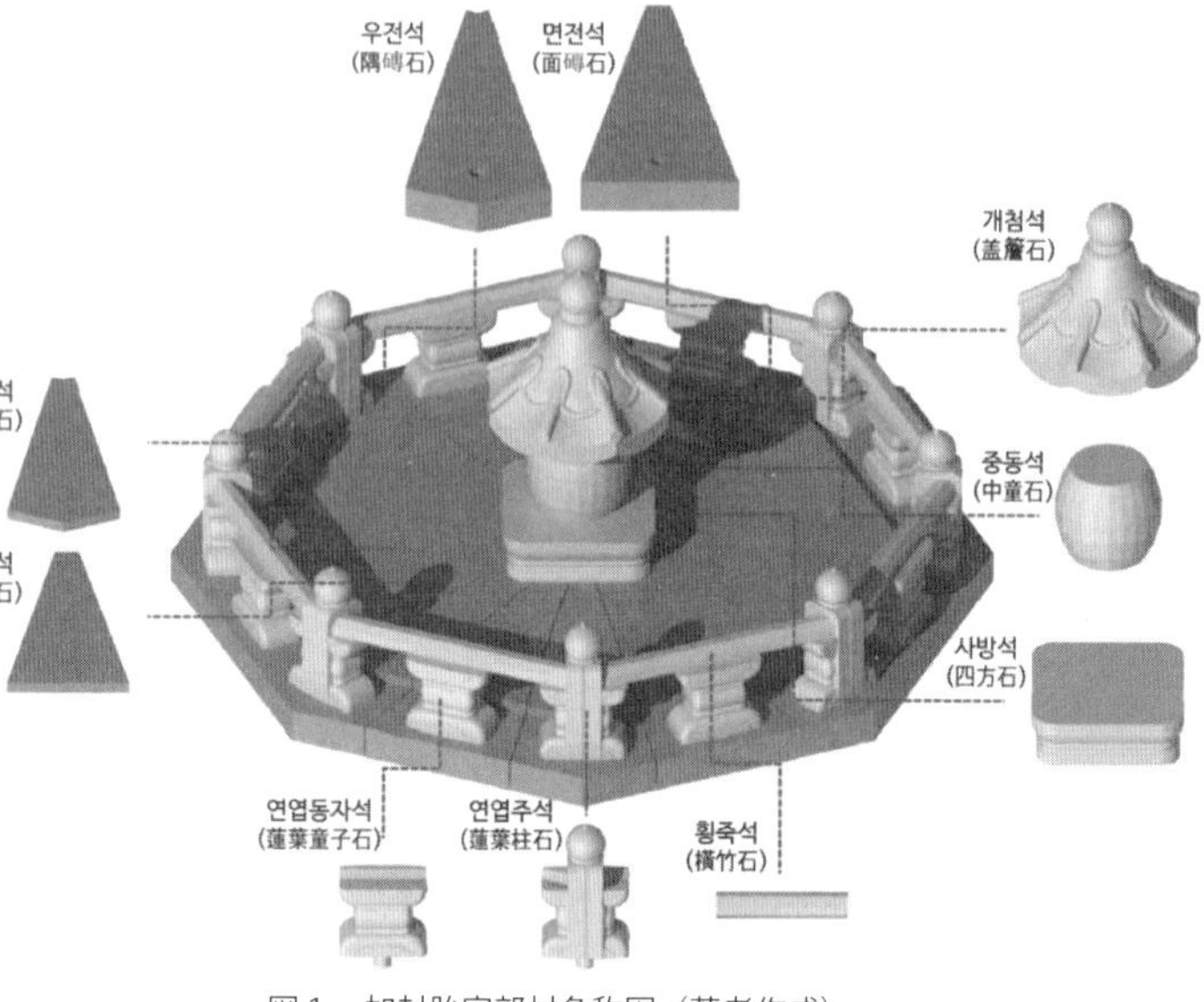

図1　加封胎室部材名称図（著者作成）

が詳しく示されているので、これを基準に整理すると次のようになる。まず、胎室の各部構成を位置と機能を考慮して大きく基壇部、欄干部、中央胎石部に区分した。[2] 基壇部には磚石と裳石があり、位置によって面石と隅石に区分される。欄干部には蓮葉柱石、蓮葉童子柱石、横竹石がある。中央胎石には四方石、中童石、蓋簷石が区分される。胎室は例外なくすべて八角形の平面で造営されており、図1のように模式化できる。

このような名称区分は著者が勝手に定めたものではなく、朝鮮王室の儀軌に明示された名称であるという点が重要である。特に蓮葉童子石、蓮葉柱石などの名称には、本稿で重要な扱いを受ける具体的な図像の名称が部材名に使用されていることに注目される。ところが、多くの研究者たちはこれを蓮の葉ではなく蓮華文様と記述するなど誤りを示しており、修正が必要である。

（二）加封胎室の様式変遷

胎室の様式変遷に関する最新の研究は金炳完外（二〇二二）のものであり、同論文では胎室の各部の様式変遷を表にまとめて示している。拙稿を簡単に整理して、本稿と関連する加封胎室の様式変遷を説明すると、次のとおりである。

①　中央胎石の様式変遷

まず、中央胎石の中童石は、初期には八角柱形を使用していたが、成宗胎室（一四七一）では腹部がほとんどない円柱形を使用し、仁宗胎室（一五四六）からは球形の中童石が一貫して使用された。中童石にはほとんど文様を使用していなかったが、正祖胎室（一八〇一）から連環文や雲文などの華麗な文様を彫刻し始めた（図3）。

初期の胎室の蓋簷石は中童石と一体型で製作され、覆鉢形の形で丸みを帯びた形状を表現する単純な様式

図 2　定宗胎室（1399）の中童石

図 3　正祖胎室の中童石

図 4　定宗胎室の蓋簷石

図 5　成宗胎室の蓋簷石図

図 6　明宗胎室の蓋簷石

図 7　正祖胎室の蓋簷石

が用いられた。しかし、文宗胎室（一四五〇）以降は中童石と別石で製作され、文宗胎室と成宗胎室の場合はその形が軒全体に葉脈を表現した覆蓮葉の形が用いられた（図5）。仁宗胎室からは、図6に示す明宗胎室（一五四六）の場合のように、屋根の軒線などが露わになった屋蓋石形式が用いられたものと思われるが、従来の覆蓮葉形式は縮小されて蓋簷石上部に上がり、頂子石の受けの役割を果たすようになった。その後、正祖胎室からは若干の形式的な変化が見られるが、図7のように蓋簷石上部に上がった覆蓮葉形の頂子石受けが二段に作られ、屋蓋石形式の蓋簷石全体を覆っているものとして製作された。

②　欄干石の様式の変遷

欄干石のうち、柱石は胎室の八角平面の各頂点に置かれる柱状の石である。儀軌には蓮葉柱石と表現されており、名前の通り大部分は蓮の葉を彫刻して装飾されている。柱石は大きくない様式的違いが見られるが、初期胎室の柱石は朝鮮王陵で使用される柱石とほぼ同じ様式を使用している。王陵の柱石は英祖代に編纂された『国朝喪礼補編』にその様式が詳しく記述されているが、四角柱の柱身を中心にその上部に円首―仰蓮―聯珠帯―覆蓮で構成される装飾を乗せ、柱身両側には仰蓮葉―聯珠帯―連環文―聯珠帯―覆蓮葉で構成される装飾を付けた。このように朝鮮王陵の石柱と同じ形態を示す胎室は稀に用いられた。代表的に初期胎室に属する太祖胎室[3]（一三九三）があり、文宗胎室[4]（一四五〇）と荘祖胎室[5]（一七八五）もまたこの形態をしている。しかし、大部分の胎室には図9のように王陵の柱石と同じ様式から柱身上部の仰蓮―覆蓮の装飾が除かれた構成をしている。

童子柱石は平面規模が小さい場合は設置しない場合もあるが、概ね柱石の間に一基ずつ設置した。童子柱石の多くは、柱石から柱身と柱身上部の円首形装飾を除去した杖鼓形の形態を示す。仰蓮葉と覆蓮葉が上下を広く受け、連珠文を上下に置いた円筒形の柱身が、仰蓮葉と覆蓮葉の間に挟まった形である（図10）。また、一部の胎室では図11のように、四角形の柱身の両側に模様だけを刻んだ形を示す。正祖胎室以降の後期胎室では図12のように、四角形の柱身上部に仰蓮葉を乗せるT字型の形態を示す。

欄干石のうち、柱石の間に横たわる八角断面の横竹石は、様式的に有効な違いは見られない。ただし、全体的な横竹石の数が八基から一六基の間で異なる場合がある。英祖胎室のように全体規模が小さい胎室は、柱石の間に横竹石を一基ずつ設置して合計八基を使用した。一方、仁宗胎室、明宗胎室などは、童子柱石の上部で横竹石を継ぎ合わせる方式で連結し、合計一六基を設置した。

図8　太祖胎室の柱石

図9　仁宗胎室の柱石

図10　仁宗胎室の童子柱石

図11　英祖胎室の童子柱石

図12　純祖胎室の童子柱石

（三）胎室に用いられた図像

①　八角形平面

前述の通り、胎室には様々な図像が用いられた。まず、平面構成において胎室は八角形の図像を採用しており、これは全ての胎室に例外なく適用された図像と言えるだろう。八角形平面の基石を敷き、その上に八角形の欄干石を立て、その中央に四方石と中童石、蓋簷石を載せて仕上げる全体的な構成は、胎室の様式の変遷においても変化しないものである。四方石が八角形から四角形に、そして再び八角形に変化する場合や、中童石が八角形から円形に変化する場合もあるが、蓋簷石は八角形平面が維持され続けた(6)。

②　蓮関連図像

胎室において文様として最も重要なのは蓮関連図像であると思われる。前で説明した胎室の各部構成および様式の変遷のように、胎室の主要部材には蓮の華葉関連図像が主に使用された。胎室の欄干石を構成する重要な部材である柱石と童子柱石は、儀軌に記録されているように、名称自体が蓮葉柱石、蓮葉童子石と書かれており、その上下に主に葉脈を表現した蓮葉を刻み入れて装飾した。また、胎室各石物の最上部に上がる蓋簷石の場合、時期によってその大きさや形は異なるが、上部に覆蓮葉文を刻み入れて装飾した。この覆蓮葉の図像は、蓋簷石の上に上がる頂子石受けの役割を果たすが、成宗胎室などの初期胎室の場合は蓋簷石全体に覆蓮葉文様を刻み入れ、その後は建築物の屋根の形である屋蓋石の上に縮小されて上がるものへと変化した。

蓮葉以外にも、蓮華図像も一部確認されている。成宗胎室など一部の胎室では、四方石に文様を入れる際に蓮華を使用したことが確認されている。具体的には、四方石に蓮華文を入れた胎室は太祖胎室、文宗胎室、睿宗胎室（一五七八）、成宗胎室、仁宗胎室、明宗胎室など六つが確認されているが、このうち太祖胎室の四方石は本来の部材ではなく、文宗胎室および仁宗胎室の四方石は現代に復元されたものである。これらの胎室の四方石を除けば、蓮華文を使用した胎室は睿宗胎室、成宗胎室、そして明宗胎室など朝鮮初期の胎室一部に限られるものと把握されている。

③　その他の図像

前述した八角図像と蓮関連図像以外にも、胎室では様々な図像が用いられた。胎室の柱石と童子柱石には連珠文と連環文などが使用され、後期胎室の中童石には雲文と連環文などの図像で装飾された。柱石と童子柱石の場合は、中期胎室以降に四角柱形の柱身に双絲を刻み入れることもあったが、これは木造建築の欄干柱や窓枠、家具などによく見られる文様である。

二　舎利塔（浮屠）および朝鮮王陵石物との関係

特定の時代の芸術様式を理解しようとする場合、それを孤立的にではなく、全体芸術史の流れの中で歴史的発展の契機として理解すべきだという観点[7]から見ると、胎室という特殊な機能を持つ新しい石物の出現について、その様式と形態について論じようとするならば、全体的な石造美術史の流れを考慮する必要がある。胎室に関する先行研究者たちも、このような観点から胎室石物の様式と図像について論じてきた。先行研究を見ると、大まかに胎室の様式と図像に影響を与えた石物として仏教の舎利塔と朝鮮王陵を挙げている。仏教舎利塔の八角円堂型構成が胎室の八角図像と中央胎石と繋がること、朝鮮王陵の欄干石と長明灯が胎室の欄干石と中央胎石の蓋簷石と類似しているという論理である。本稿でもこのような観点から舎利塔と朝鮮王陵石物を胎室と比較し、その共通点と相違点を整理しようとするものである。

（一）八角円堂形舎利塔と加封胎室

胎室の八角図像の起源を仏教の舎利塔に求める例は多くの研究者に見られる。洪性益（二〇一五）は、加封胎室石物の美術史的源流を加封碑と中央石物、欄干石に分けて整理した。亀趺を基座にして螭首を載せた形式の加封碑は、太宗武烈王陵の亀趺碑にその様式的源泉を見出し、武烈王陵の亀趺碑が亀の形態を備えていたが後代に下るにつれて龍の形態へと変化したと説明した。中央石物の場合は、八角円堂型の形態を檜岩寺の地空、懶翁などの舎利塔にその形式的根拠を見出した。特に一四三一年に没後、加平懸燈寺に舎利塔を建てた涵虚の場合、八角形の台石を二重に積み重ねた基壇部の様式が朝鮮初期胎室の形態と一致するものと見た。尹碩寅（二〇〇〇）も朝鮮王室の加封胎室様式を寺院舎利塔と結びつけており、この他にも多数の研究者が同様の立場を維持している。

しかし、現在石物として残っている胎室は全て朝鮮時代のもので、朝鮮は仏教を排斥し儒教を崇尚した抑仏崇儒政策を展開していたことは広く知られている。そのため、仏教の舎利塔が胎室に影響を与えたと断言するのは難しいという見解もある。

でも、金珠美（二〇二二）によれば、朝鮮は表面上は抑仏崇儒を標榜したが、内部的には王陵または胎室を造営する際に周辺に寺院を建設してこれを守ったり福を祈願したりすることもした。朝鮮の太祖は神徳王后の墓である貞陵を造営し、この陵を管理し王后の冥福を祈るために貞陵の東側に興天寺という大寺院を建てた。また、太祖の胎室も鳳棲寺という守護寺院を造営して保護したことが確認されている。その他にも、正宗胎室と直指寺、文宗胎室および章祖胎室の鳴鳳寺、純祖胎室の法住寺など多数の胎室が寺院と関係していることは、仏教の建築と図像が胎室に影響を与えた可能性のある根拠となる。特に荘祖胎封図（図13）と純祖胎封図（図

図 14 『純祖胎封図』（1806 年、藏書閣所蔵）

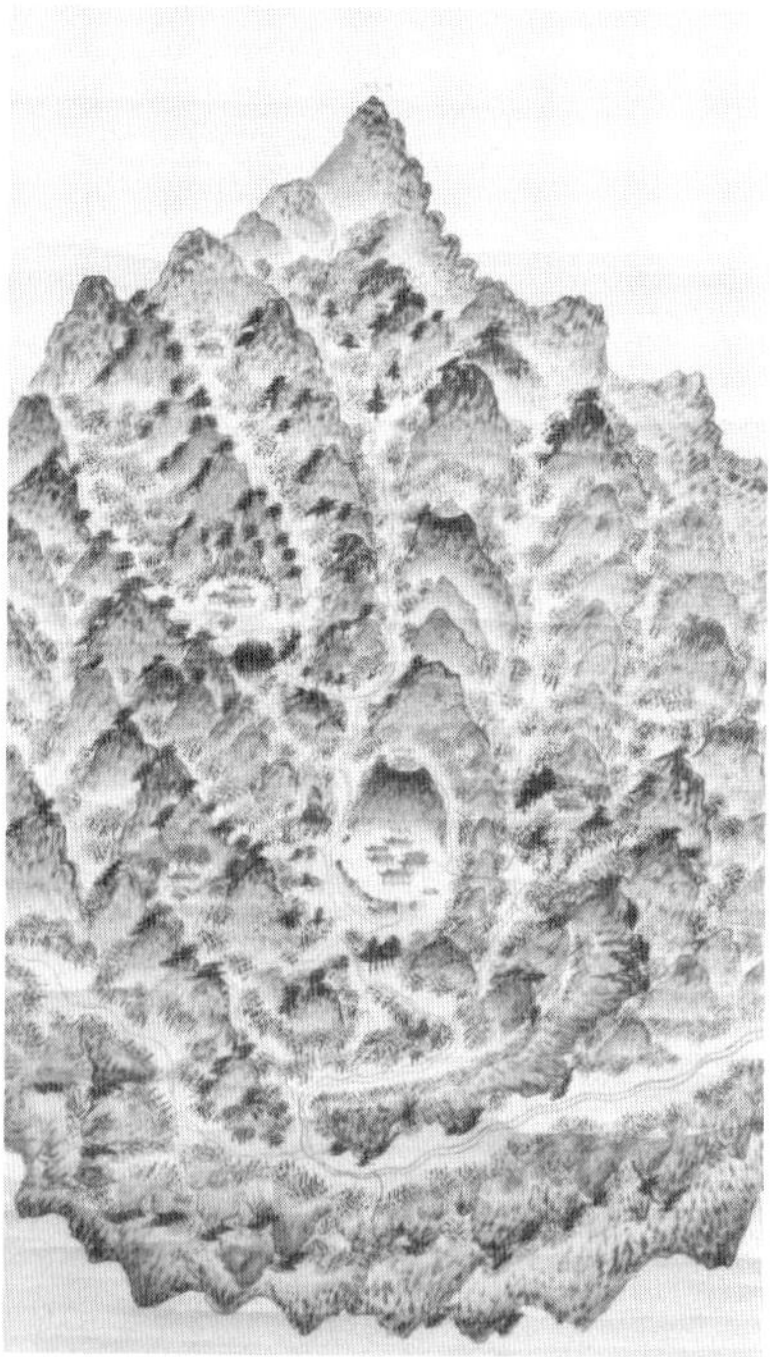

図 13 『莊祖胎封図』（1785 年、藏書閣所蔵）

図 15 『莊祖胎封図』の莊祖胎室と秀庵和尚塔（學祖燈谷和尚の塔描写部分）

14）にはそれぞれ胎室の守護寺院である鳴鳳寺と法住寺が描かれているが、章祖胎封図には法住寺福泉庵の秀庵和尚塔（一四八〇）と學祖燈谷和尚塔（一五一四）も一緒に描かれており、八角円堂型の仏塔との関連性を見せている。

（二）朝鮮王陵石物と加封胎室

① 長明燈と蓋檐石

尹碩寅（二〇〇〇）は、仏教石物だけでなく王陵に造営された石物でも胎室の石物と類似した点を見出すことができると述べた。つまり、王陵の石欄干と胎室の欄干が類似しているという見解である。特に尹碩寅は王陵の長明燈の蓋石と加封胎室の蓋檐石も様式的類似性があると見たが、本稿もこの観点に同意するものである。

朝鮮王朝王陵には長明燈とともに欄干石、屏風石、石人像など様々な石物が使用された。このうち長明燈と胎室の蓋檐石を比較言及した研究は多くないが、実際に長明燈の蓋石と胎室の蓋檐石は互いに類似した形態を見せており注目される。宣祖穆陵の長明燈は八角平面の構成に八角蓋石を載せているが（図18）、胎室の場合より華麗な手法を見

図16　報恩法住寺福泉庵秀庵和尚塔
（資料：文化財庁）

図17　報恩法住寺福泉庵學祖和尚塔
（資料：文化財庁）

せているものの、覆蓮葉形の頂子石受けを載せその上に連珠文と宝珠を連ね上げる手法などは胎室と非常に類似している（図19）。

王陵石物の一つである長明燈の様式が胎室の場合と同様に世宗朝に完成されたという点は、このような脈絡において意味がある。世宗以前までは高麗恭愍王と魯國公主の玄正陵に設置された四角長明燈を継承した様式で見えるけど、これが世宗朝に編纂された『國朝五禮儀』（一四七四）で八角長明燈に定められたものである。その後、粛宗代には長明燈の規模が簡素化され、八角に比べて簡単な四角長明燈が再び造営されたが、正祖代に至って再び八角長明燈が登場し朝鮮末期まで続く。また、朝鮮英祖在位当時、胎室加封の議論において高麗康宗の墓である厚陵の石物制度を参照するように命じた記事も、胎室石物と王陵石物が互いに関連していることを示している。(8)

長明燈と胎室蓋檐石をより詳細に比較するためには、長明燈の様式の変化を検討する必要がある。金民圭（二〇〇九）は朝鮮王朝王陵長明燈の様式を大きく四期

図18　宣祖穆陵の長明燈
（資料：国立文化財研究院）

図19　睿宗胎室の中央胎石

図20　荘祖隆陵の長明燈
（資料：国立文化財研究院）

に区分し、正祖が昇遐した一八〇〇年以降は急速に文様、建築要素、構造などが形式化されるため、正祖昇遐以降を四期として区分したことがある。ここで四期長明燈の蓋石を誇張と装飾化が特徴であると説明しているが、筆者が見る限り最大の変化は長明燈蓋石上部の覆蓮葉装飾が二段に変わり、蓋石の大部分を覆う形式になったことである。このような変化は、正祖昇遐後に加封された正祖胎室の蓋檐石にも同様に現れる変化であり、王陵石物と胎室石物の関連性を考慮すれば、十分に一緒に変化したものと見ることができる点である（図20～22）。

ただし、蓋檐石上部の頂子石部分に使用される図像に違いが見られる。正祖健陵と荘祖隆陵の長明燈は、正祖胎室の蓋檐石と類似した蓋石を載せているが、頂子石部分には蓮華形の受けを載せてその上に宝珠を据えた。しかし、正祖胎室の場合は直接宝珠を載せて蓮華形が除外されている。このように蓮華図像を除いた蓋檐石の形式は、正祖胎室以降の純祖胎室（一八〇五）、憲宗胎室（一八四七）などでもすべて現れるものである。

図21　正祖健陵の長明燈
（資料：国立文化財研究院）

図22　正祖胎室の中央胎石

② 欄干石

洪性益（二〇一五）は胎室欄干石が王陵の欄干石の影響を受けたものと見ており、新羅金庾信墓、高麗恭愍王陵などの王陵欄干石と加封胎室欄干石の類似性を説明した。ただし、図像については蓮華、蓮葉文などに対する別途の解釈はなく、正祖代以降に現れる中東石の華麗な文様を一四三九年に建立されたとされる水鍾寺の貞懿翁主舎利塔と関連があると見た。

前述したように、王陵石物は英祖代に編纂された『国朝喪禮補編』にその定められた規格や様式が詳細に記述されているが、太祖胎室など一部の胎室の柱石もこれと類似した構成を取っている。これは、胎室石物の造営において朝鮮王陵石物の事例を参照するようにした英祖代の記録に見られるように、互いに類似した様式を共有したものと見ることができる。

しかし、胎室の様式変遷部分で述べたように、朝鮮王朝王陵に見られる欄干石は柱身上部に覆蓮と聯珠文、仰蓮を順に載せてその上に円首を据える様式を取っているが、このような様式を見せる胎室は多くない。太祖胎室と文宗胎室、荘祖胎室などがあるが、太祖胎室の場合は柱石を一六八九年に交換したものであり、文宗胎室と荘祖胎室はそれぞれ現代に復元したものである。大部分の胎

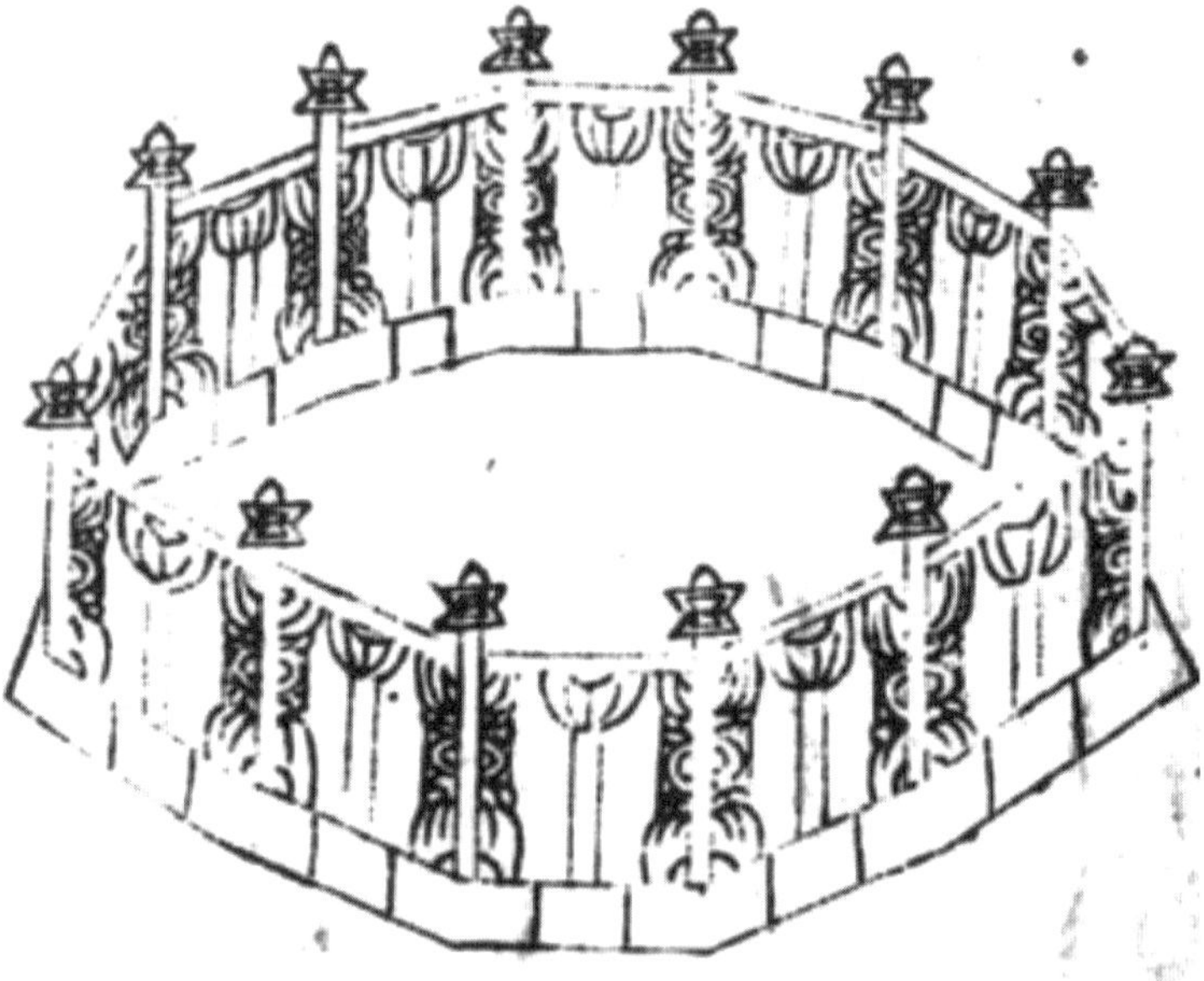

図 23　国朝喪禮補編』の欄干石の図説

室には仰蓮と覆蓮がなく、直接聯珠文に円首を載せた柱石を使用している。

三　加封胎室蓮葉図像に対する解釈

（一）　胎蔵界曼荼羅との関係

金榮振（一九九四）は、胎室の八角図像と蓮華図像について、密教と関連がある可能性があると考えた。彼は、従来の八角円堂形浮屠と胎室の様式的類似性を結びつけようとする見解に反対し、胎室の図像を密教の経典である胎蔵界曼荼羅の中心である中台八葉院を象徴するものと解釈した。

つまり、密教における女性の出産原理を図像化した胎蔵界には、出産の宝庫である一二の房があり、その中央に大日如来を中心とした八つの蓮華からなる中台八葉院があるが、これが胎室で表現しようとした図像であるというのである。彼は特に、胎蔵界の中台八葉院の理論に基づいて、太祖の寿命長寿を祈願するために、中台八葉院の中心である大日如来を球形の中童石で、八角形の基石は八つの花びらを表現したものと説明した。

しかし、胎室の図像が密教と結びついていると直接的に言及された文献はない。安胎に関連して文献上言及されているのは胎蔵界ではなく胎蔵經であり、文宗實錄に言及されて安胎の重要性を説明するのに引用された。また、胎蔵界曼荼羅は女性の出産原理を図像化することが目的ではなく、大日如来を中心とした万物の生成原理を図像化しているものを女性の出産に例えて表現したものと理解するのが正しい。

ただし、胎室では蓮葉文が多数使用され、部材名称でも蓮葉柱石、蓮葉童子石などの表現が登場することから、蓮葉に囲まれた八角平面の図像として理解し使用していたと考えられる。ただし、金榮振（一九九四）が八角の台石が八つの花びらを表現したと解釈したとき、その蓮華の図像が八面から除外された理由は説明がつかない。

（二）蓮華図像の限定的な使用

前述したように、胎室における重要な図像は八角図像と蓮関連図像に分けられる。しかし、胎室では意図的に蓮華関連図像を除外して蓮葉関連図像を主に使用したと考えられる。第二章で説明したように、胎室の主要な石物様式は仏教の舎利塔と朝鮮王朝王陵石物と比較できるが、全体的な構成は似ているものの蓮関連図像は比較的に大きな違いを見せている。

まず、僧侶の遺骨を奉安するための墓塔であるという点から、仏教石造美術の一種である舎利塔が胎室に影響を与えたであろうという見解は認められる。近年研究によると、高麗時代の胎室は仏教寺院域内に造営したと考えられており、朝鮮時代の胎室も胎室の加封と同時に守護寺院を建立・維持した点などを見ると、仏教と胎室は思想的な本源は異なるが、同じ図像知識を共有していた可能性がある。

しかし、新羅末期の浮屠である實相寺證覺大師塔を見ると、八角円堂形の形態を示しているものの、実際には木造建築の翻案要素が多く、特に屋根石は垂木や瓦などが表現され

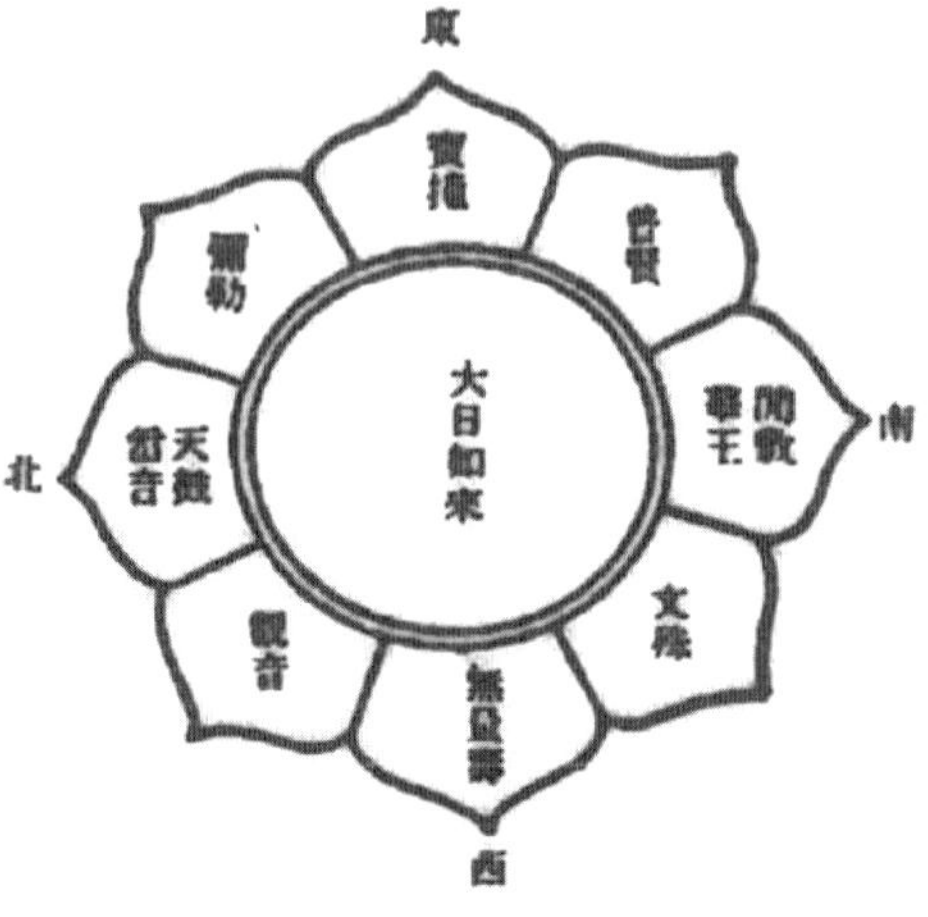

図24　胎蔵界曼荼羅の中台八葉院の図像
（資料：金榮振、1994）

た八角形屋根の様式を示しており、胎室とは大きく異なる（図25）。また、本稿で注目する図像においては、證覺大師塔の屋根石上部には八角の仰花・宝輪と宝珠で構成された相輪部を載せているが、仰花と宝輪を全て蓮華文で装飾しており、胎室の蓮葉文図像とは異なる様式であると言える。

新羅以外にも、高麗初期の浮屠である泰安寺廣慈大師塔（九四五～九五〇年頃）も木造建築形式の屋根石相輪部に覆蓮と仰蓮図像を使用していることが確認されている。その他にも、泰安寺 寂忍禪師塔（八六一年頃）、鳳巖寺靜眞大師塔（九五六年頃）など、相輪部が確認できる多数の八角円堂形浮屠は、大抵屋根石の上に仰蓮と覆蓮図像を使用している。これは、胎室が開尖石の上部に蓮華図像を使用していないこととは対照的である。

朝鮮王朝王陵石物の場合も同様である。第３章で説明したように、王陵石物の中で長明灯の蓋石が胎室の蓋石と様式的類似性を共有していることが確認された。しかし、長明灯の場合は蓋石の上に蓮華図像を積極的に採用しているのに対し、胎室には排除されている。これ

図25　南原實相寺證覺大師塔
（資料：文化財庁）

図26　景宗胎室の中央胎石

は正祖胎室と正祖建陵の長明灯との比較で明確に表れている。

朝鮮王朝王陵石物の欄干石においても、柱身の上部に覆蓮と仰蓮を載せて円首を受けるのに対し、胎室欄干石では覆蓮葉と仰蓮葉のみが存在するだけで、覆蓮と仰蓮を載せた例は非常に稀であることが確認された。

(三) 加封胎室蓮葉図像の解釈

このように、胎室石物では八角平面に蓮葉関連図像を積極的に使用しているが、蓮華関連図像は極めて少なく、または制限されていることが確認された。これは、胎室と影響関係にあると思われる仏教の浮屠塔や朝鮮王朝王陵の石物と明らかに対照的な違いであると言える。

整理すると、胎室の八角平面は仏教の八角円堂形浮屠塔または密教で表現する八葉院の図像から影響を受けたものと見られ、これにより胎室全体に蓮関連図像を積極的に使用していると考えられる。しかし、胎室全体において蓮葉関連図像を積極的に使用しているのに対し、蓮華関連図像を使用した例は少ないことが確認された。

このように、胎室で蓮華関連図像が制限されているのはなぜだろうか。Erwin Panofsky（1932）が述べたように、ある図像を解釈する際に、その図像を使用した理由を明確に説明した文献記録を発見するのはほとんど不可能である。したがって、私たちは彼が図像解釈学で述べたように、その図像の一次現象意味を超えて、事実意味と表現意味を区別する必要がある。蓮葉図像を見て「蓮葉を描いたものである」と言えば、それは事実意味のみを記述したことになる。しかし、蓮関連図像が一般的に誕生、転生などと関連していることを知っていれば、蓮華が描かれていない理由を胎室の機能と関連付けて説明できるかもしれない。

蓮は誕生または転生と関連する図像である。したがって、誕生儀礼の産物である胎室と非常に相応しい図像であると言える。しかし、胎室に実際に埋葬されたのは胎児の誕生とともに出てきた副産物である胎盤である。胎盤は生命ではなく生命誕生の補助物であり、生命誕生以前の妊娠中に作られた副産物である。したがって、誕生―開花と繋がる蓮華図像とは合わない。むしろ、八角図像全体を蓮葉で包んだ形式が意味的に合っていると言えるだろう。

以上のことから、本稿では胎室の八角図像と蓮葉図像を以下のように解釈したい。胎室の八角図像は八角円堂形浮屠塔など仏教に由来するものであり、具体的な石物は朝鮮王朝王陵の石物と仏教の影響を受けているが、その図像使用においては意図的に蓮華図像を排除する形で整理されている。これは、胎室が胎児の誕生以前に形成された胎盤を埋葬したという機能に従っているためである。つまり、胎室の全体的な構成と使用された図像は、まだ開花していない蓮華を表現しようとした意識が反映されているというのが筆者の解釈である。

おわりに

本稿は、胎室石物に使用された様々な図像の中で、八角図像と蓮葉図像に注目し、その意味を解釈しようとした研究である。出生と共に現れる胎盤を安藏することを、我々の先祖がどれほど重要に考えていたかについては、異論はない。これは歴史的記録にも表れており、制度化されてすでに法式として定着していたためである。しかし、胎室という石物造営において、我々の先祖がどのような認識を持っていたかについては、知る由もない。特に胎室石物の図像使用に関しては、なぜ八角平面を使用したのか、どのような意味で蓮葉図像を使用したのかについて、直接的に明らかにした文献がないため、その起源を知ることは難しいことである。

ただし、胎室という石造様式が突如として発生したものではない以上、他の石造文化財と関連しているであろう。これにより、本稿では胎室石物に様式的に影響を与えたと思われる仏教の浮屠塔や密教の図像、そして朝鮮王朝王陵石物との比較を通して、胎室石物の図像的特徴を説明しようとした。

近年、胎室に関する注目度が高まっている。韓国では、朝鮮王朝の加封胎室を連続遺産として世界遺産に登録しようとする努力が続けられている。胎室は、安胎を重要視した他の主要な文化圏でも見られない朝鮮独自の独特な文化財であるため、世界遺産的価値が高いと判断されている。しかし、胎室と類似した日本の胞衣塚のような遺産も確かに存在している。そのため、今後日本や中国、さらにはモンゴルなどとの研究交流を通じて、比較遺産的研究が必要であろう。

このような文脈において、本稿は韓半島内における様式史的側面からのみ胎室石物の図像を扱ったが、今後蓮華図像と関連する外国事例との比較研究もまた行われるべきであろう。本稿の出版とともに、日本研究者の胎室に対する研究関心が高まることを期待する。

註

1　以下で記述する「胎室」という用語は、「阿只氏胎室」と明記されていない場合は、すべて石物を加えた加封胎室を意味するものとして使用した。

2　中央胎石という用語は、沈賢容（二〇〇五）が最初に使用した用語であり、四方石・中童石・蓋簷石をまとめた用語が別途ないため、著者自身が命名したものであると明らかにした。本稿でもこの用語を準用して使用した。

3　一三九三年に加封されたが、柱石は一六八九年に交換されたものである。

4　一四五〇年に加封されたが、二〇一五年の復元計画によって復元されたものであり、柱石は醴泉邑事務所に残っていたものを用いた。

5　一七八五年に加封されたが、文宗胎室とともに復元され、発掘調査で出土した柱石片に基づいて推定されたものである。

6　ただし、最近の発掘調査で確認された大邱光海君胎室の場合は、六角形の平面の蓋簷石が発掘されており、唯一の例外となっている。この場合、誤った部材を廃棄したという見解が提唱されている。

7　エルンスト・フィッシャー（一九八四）。芸術とは何か、ドルベゲ、一六〇頁。

8　承政院日記六九二冊英祖五年（一七二九）八月二九日 辛未年記事、「かつての先朝の頃、厚陵の石物制度が非常に良かったので、これにならって制度とするように特に命じた。」。

参考文献

国立文化財研究所　二〇〇六『国譯 胎封謄錄』。
金玟圭　二〇〇九『朝鮮王陵の長命灯に関する研究』（東国大学校大学院修士学位論文）。
金炳完・金會正　二〇二二『公州粛宗大王胎室の様式と構造に関する研究」（『建築歴史研究』三一―（四）、五七―七〇頁。
金榮振　一九九四「忠州景宗胎室小攷：変作と復元を中心に」（『博物館報』七、三一―一六頁。
金珠美　二〇二二「韓国密教美術の形成と展開」（『仏教学密教学研究』二、五九―一〇九頁。
朴春圭　一九九二「羅末鮮初の浮屠に関する研究：八角円堂型石造浮屠の様式変遷を中心に」（朝鮮大学大学院修士学位論文）。
沈賢容　二〇〇五「星州世宗大学王子胎室研究」（『博物館年報』（２））。

エルンスト・フィッシャー　一九八四『芸術とは何か』（ドルベゲ）。
尹碩寅　二〇〇〇「朝鮮王室の胎室石物に関する一研究」（『文化財』三三、九四―一三五頁）。
卓孝庭　二〇一三「朝鮮王室胎室守護寺院の歴史的由来と機能」（『歴史民俗学』六四、七―四六頁）。
洪性益　二〇一五「胎室石物の美術史的継承と変遷」（『死林』五四、一一九―一四一）。
Erwin.Panofsky ,1932. Problem der Beschreibung und Inhaltsdeutung von Werken der bildenden kunst, Logos 21,pp.103—119.

近世日本の「胞衣納め」と葬制

松原典明

はじめに

二〇二三年一〇月二七日韓国ソウル市江南区漢城百済博物館において「朝鮮加封胎室世界遺産化のための国際学術大会」が開催され、筆者も参加してきた。大会での発表は、近世大名家墓所と加封胎室の構造的な比較研究を中心に発表したが、ここでは、広く世界に共通する蔵胎文化において、特に東アジア文化圏における朝鮮胎室と日本の胞衣納めについて比較検討してみたい。

朝鮮は、国家継承に直結した儀礼として王陵と胎室の造営があった。

歴代王陵は、儒教的な「孝」、すなわち亡王・亡親に対する追孝により、墳を築き、墓前に墓碑ならびに石造物を据え、神道（参道）の入口に被葬者を顕彰する碑（従二品以上の官職と品階を有した人物に限られた）を造立した(1)。しかし、第四代世宗英陵を最後に製作されなくなる。一方、胎室は、王室の子女の生誕と成長を守るために造営された。中でも王となった人物の胎室（阿只胎室）には、平面八角形欄干を設置し、中央に石造物（胎石）が置かれ、さらに胎室前面に加封碑（螭首と一体型の碑身と亀趺の組合せ）が据えられた。

神道碑が第四代世宗英陵を最後に製作はされなくなる中で、胎室には亀趺碑が造立されていたことの意味は大変重要であろう。新しい生命の誕生は、国家がこれを管理し、王室子女の「胎」に願いが託された。そのため子女の胎は、聖地（胎峰）に蔵胎が実践され、安胎により安寧を願った。胎峰に安胎される際には、国の管理のもと埋納され石造物が据えられ、儀軌一切が記録され現在に伝わっている。このような胎封の石造物と儀軌の存在は、安胎に込められた道教による風水思想や壁邪、そして儒教による孝の思想が想起され、石造物には母胎の種子の生育を守るための仏教理念が反映・顕現されているとされており大変重要である[2]。このような朝鮮独特の蔵胎文化は、世界的にも重要な歴史的記憶遺産であるといえ、「継承の遺産」として歴代王陵と共に、未来へ永劫に継承されることが望まれる。

生まれ来る子供の安寧と未来への成長を願う気持ちは全世界共通している。朝鮮時代の「胎」は、日本では「胞衣《えな》」と称し同義である。日本においてもこれを丁寧に埋納した。「胞衣《えな》納《おさ》め」と称し新しい命に寄せた思いは共通しているといえる。しかし両国の違いは、朝鮮王室が国家事業として安胎が実践されたのに対し、日本では武家上層階級でさえも、個々の「家」の継承のための儀礼に留まったと捉えざるを得ない。

そこで、ここでは改めて日本における胞衣埋納（胞衣納め）について、先学の文献研究成果や、考古学的な発掘調査事例を紹介し、新しい命の継承儀礼が習俗化する流れと、一方では生命とは相反するイメージである「墓」における葬送に組み込まれ、死者の来世を願う習俗へと変化した点に着目してみたい。

一　胞衣納めの歴史―古代から近世まで―

日本における「胞衣納め」の歴史は古く、木下忠の研究[3]によれば、縄文時代中期（七〇〇〇年前）くらいまで遡るという研究もある。一方、文献的研究によれば「胞衣」は、『医心方』[4]（丹波康頼 九八四年著作）とされる日本最古の医学書に見いだせるとされる。この史料は、中国唐代の医学文献を参考としたとされており、中国において用いられていた名称を学んだことがわかる。日本では、後にふれるが、出産や胞衣について医学的な知識が未発達で、一五世紀後半段階でも古代中国医学書の『医心方』や『福田方』などから学んだでおり、民衆への広い敷衍には至らなかった[5]。したがって、中世において出産の場面では、妊婦が譫言《うわごと》を発することから、邪気が妊婦に「憑依《ひょうい》」した、という習俗的な捉え方があった。また、出産時に伴う出血は「血の穢れ」という捉え方でしかなかった[6]。このような日本の医学知識の未熟さや、民衆の識字率の低さは、胞衣納めに対する俗信的な捉え方を広げ、生命誕生への危機感を、習俗的なベクトル方向へ向かわせたものと思う。そして近世においては、鎖国体制の中、島国・日本は医学の知識を、江戸全期を通して韓国に希求した。韓国では、中国医学・医書に範を求め、国内で翻刻され自立医学が大成していたことから、日本の各地の大名や、儒者等は、幕府も含め、対馬藩を通して韓国の医学書を懇願し、明の影響を受け成立した韓国の李朱医学を取り込むこととなった[7]。特に曲直瀬道三[8]をはじめ、対馬の以酊庵における輪番五山僧の韓国の対応は振興的であり、日本における朝鮮医療普及の一翼を担っていたとされる。そして日本における医学的な欲求が満たされるのは、朝鮮第一の医書とされる『宝医宝鑑』二五巻（許浚《きょしゅん》著）の入手が可能になった一七世紀後半であったとされている[9]。

このように先進医学の将来を願っていた日本では、新生児と母体に生命の危機を与える「胎」について恐れや穢れの根源でしかなかったようであり、俗信が優先し、朝鮮蔵胎文化のように、「胎」を大事に祀り、石造物を造立し、守り伝える文化は残念ながら上層文化においても発展しなかった。さらに、日本において「蔵胎」への関心が芽吹かなかった大きな誘引は、絶対君主的な中央集権体制でなかったことにある。また、江戸初期

（寛永二〇年〈一六四三〉～慶安四年〈一六五一〉前後までか）、地方自治は為政者である大名家が領地の安堵を条件に任せられていた。したがって大名家が個々の家の血統性と相続の正当性を固持したが、血統を守ることは容易ではなく相続できない大名家も多くあった。そこで幕府は「家」の存続を、血統ではなく、養子縁組による継承を認める法令システム（末期養子導入―慶安四年〈一六五一〉）とした。このような擬制的相続による非血縁者による家の継承という法の管理が、生命への危機感を薄弱にしたと考えられよう。また時代はやや下がるが、下層階級や農村における出産について触れれば、出産は、生殖システムと生活システムのバランス管理が重要であったが、教育的な知識普及に至らなかったことで管理が出来きず、出産が生活や女性の労働などに直結していた点から、生活苦などによる胎児の間引出会ったり堕胎なども行われてしまっていたことも良くも悪くも胞衣文化の多様な変化を生み出したことに繋がったとも考えられる。[10]

思想的な視点では、朝鮮は、儒教を国教としていたが、日本における儒教は、武家や儒者などの一部の知識人たちによる実践に過ぎなかったことが、儒教的な「孝」に基づく祖先祭祀の思想的理念の広い形成は限定的であった。したがって子供の成長と安泰を願う朝鮮における蔵胎文化のような発展は得られなかったと理解している。

そこで先ず、日本の胞衣納めの研究に触れ、次に各時代の様相を概観し、その大きな変遷を確認したい。

二　日本の「胞衣納め」の研究

日本では、古くから胎盤と臍帯を「胞衣」と称し、特に臍帯《さいたい》を「臍《へそ》の緒」と呼び、出産後の子供の成長を願い様々な場所に丁寧に埋納した。これを「胞衣納め」（＝胎室）と称した。[11]

「胎」は、母体に子（胎児）が宿ることを指すと同時に、母体内で胎児が生命として独立した機能を有さないことから、臍帯で母体と繋がり、胎盤が胎児を包み（嚢《ふくろ》の役割）、母体からの諸毒（胎毒）などの感染から守るとされることから臍帯は生命維持機能を担っている臓器の一部と考えられている。人類が普遍的に胎盤と臍帯の重要性を認識していたことは、世界各国の民俗事例などから明らかであり、埋納の仕方は各国様々ではあるが、凡そ胎を埋納することで共通している。

日本の胞衣納めは古くから行われており、貴族や皇族関係の人々の間で通過儀礼として実践された。文献に記された胞衣納めの具体的な内容は後に触れるが、古代から近代に至るまで連綿と続けられた。近世に慣行的に実践された胞衣納めは、武家儀礼（小笠原家や伊勢家〈『伊勢家礼式雑書』巻7〉）の間に伝わり、文献から有職故実を重視し実践された(12)。

一般庶民の実践においては様々な俗信による解釈が加わり実践されていたことも明らかにされつつある(13)。また、近年の民俗調査による事例研究や考古学による都心部の発掘調査では、近世庶民の胞衣納め痕跡が多数発見され、その様相が解明されつつある(14)。さらに近世産育書の研究の進展により、出産に伴う儀礼において胞衣が「子供の同胞」として考えられていたことも明らかにされている(15)。庶民における「胞衣埋納」は、古代中世の文献を紐解きながら実践されているが、様々な俗信も含まれた解釈による「胞衣埋納」であることも明らかになっている。また、自然科学者・中村禎里(16)は、皇族・貴族・将軍家にまつわる古代から近世に至る文献記録の研究を踏まえ、近代の民俗学的調査や、諸外国の事例研究なども交えた幅広い大系的な研究を提示しており、日本の胞衣の集成的な研究を示している。この中で、出産と胞衣は、何れも母体の安全とも密接にかかわる点に触れながら、出産は、生死と表裏一体にある通過儀礼であり、生命の復活あるいは、祖霊との関係から子孫の繁栄を願う信仰上に位置付けられるとして、胞衣埋納と嬰幼児の死や葬送に視点を照射したことは示唆的であり注視したい。

今回は、この中村研究や先学の研究から多くを学びつつ、屋上屋ではあるが文献研究による日本の主な胞衣埋納の概略を紹介し、考古学的な視点から、胞衣と共に埋納する品々や新生児の墓から出土する副葬品類が極めて類似している点に着目して、胞衣と嬰幼児の死・葬送の関係についても触れてみたい。

二　古代の胞衣納め

胞衣は、多くの場合、出産後に母体から剥がれ落ちる。しかし、まれに母体内に留まってしまう場合があり、感染症を引き起こすなど、母体に大きな悪い影響を与える場合も少なくなかった。宮中では、胎児の未来への成長を願う呪術のほか、胎盤が母体から落ち、母体の安全を守るための呪術なども古くから行われてきた。出産は、生命活動の最初であるが、一方では、出産において胎児と母体は、死と表裏一体の関係にあるため、あらゆる呪術を用い生まれ来る新生児の生命と将来への成長を願い、母体の安全に意識を集中させる瞬間でもあった。

胎児の生命維持機能には欠かすことが出来ない機能を有する臓器であった臍の緒は、出産の後、竹箆を用いて切り離されるが、俗信的には「実際に接触が無くなった後まで（産後）も、なお胎児の身体と共感的な結合を保つ(17)」と信じられ、産後の胞衣の処理に対して、祀り方や埋め方において、子供（胎主）の成長への永久的な影響への配慮が払われ丁寧な扱い（処理）が行われた。

そこで、少し煩雑であるが、文献を中心とした先学の研究から、貴族を中心に、胞衣の埋納までの対処の方法を概観してみたい。特に、出産には、血を伴うことから、穢れを恐れ、産屋《うぶや》を住居と離し、新設、若しくは別屋を利用する場合も多かった。そして、この産屋（産所《さんじょ》）は、多くの場合、産婦の親の下で出産した。現代では、産屋こそ病院であるが、妊婦は郷で出産をするために帰郷する。まさに習俗として現在に遺っている。

四　古代・中世の産穢《さんえ》と出産

日本では、誕生と死とは、穢れが発生する場面との認識があった。『弘仁式』（源高明著・有職故実）では、人の死と産、六畜の死と産、その肉を食うこと、喪を弔うこと、病人の見舞いに行くことが「触穢」であるとしている。[18] 同一の空間にいた場合も転展するとして「触穢」であるとした。それでは、このような産穢《さんえ》をどの様に避けたかを見てみたい。

産屋を決める際には、密教の力をかり、不動調布伏法（仏教儀礼）を修し、「護符」を貼るなどの儀式[19]を行う。しかし産穢は、血の穢れだけではなく、母体の生死にも関わり、死穢《しえ》にも触れる場合があったため、妊婦は予め出家戒めを受け、「忌籠り」を行った。特に一二世紀頃までは、出産が近づくと妊婦は産所に移り、「白御張」「白木御張」という白い布を巡らせ結界した場所に移動し、産穢による感染を避ける配慮をした。近年、北条暁子氏の研究[20]では、後深草院二条（一三〇六年没）の出産に介助役として産婦の父兄が臨んいることが指摘され、一三世紀代中葉以降の文献からも多くの場合、父兄が出産に介助し、臍の緒を切る儀礼に際しても皇子の場合、父兄による場合が多いことも明らかにされつつある。「穢れ」を伴うとされていた出産の場面で、「家」あげて支える儀礼であったことが鮮明にされた。

一方、『紫式部日記』や『小右記』（藤原実資の生涯を記録）の日記類には、妊婦が発熱し苦しむ様子から、他界的なニュアンス[21]に属する状態と捉え、譫《うわごと》などを発する様子を、「祟り」「御もののけども駆りうつし」（『紫式部日記』）と表現し、邪気が、外から憑依（憑祈祷《よりきとう》――（天台仏事）を常に行う）した状況として描き出し、出産を死穢と産穢に感染する場面と捉えていた。このため産家は、平素の住居を避け別屋として設け、几帳（薄絹を下げた間仕切りの一種）を立て囲んで結界をした。そして、陰陽道の呪術を用いて邪気を祓い、浄化を促す処置を施していた[22]。

この様に出産では、仏教的な結界と陰陽道的な呪術を用いることで、産婦は、出産により一旦は他界的世界に引き込まれるが、結界と呪術の力によって、此岸へと呼び戻され、産後に「切御臍緒」「御乳付事」が行われ、誕生という新たな生命を授かることになる。「臍緒」を地に蔵することで宇宙的秩序（道家思想的解釈）があるとして玉腰芳夫は「天地なる秩序[23]」とした。

五　古代・天地なる秩序とその方法――「切御臍緒」の習俗

産婦が他界から呼び戻され、出産が無事済む過程で、「切御臍緒」が行われた。そこで古代の「切御臍緒」「御胞衣蔵す」のことについて史料を示し触れておきたい[24]。

① 藤原為房が記した『大御記』（康和五年正月一六日の条）には、後の鳥羽天皇の誕生について記されており、誕生の八日後の二四日に「巳刻胞衣を蔵せらる。大納言少弁顕隆その事奉仕にす。瓮中銀犀角墨筆小刀か」としている（圏点筆者、以下同じ）。

② 『中宮御産部類記』が引く源雅兼（一〇七九～一一四三）の『源礼記委記』元永2年（一一一九）の項に、顕仁親王（後に安徳天皇になる）誕生の記事があり、「午刻御所申方に御胞衣蔵せらる」としている。

③ 源師時（一〇七七～一一三六）の『長秋記』元永二年（一一二〇）六月五日条には、興味深い胞衣の

記録が記されている。

『長秋記』

御胞衣の事。御胞衣納めらる。白瓶子に入れ、木を以ってその口を塞ぎ、入桶推桶の如し。但し頗る高くその上を結び、縻化。宮侍一人透渡殿より北壺に昇り、寝殿狐戸に結び付く。件の胞衣本条地に埋めるべきの出所見云々。然りと難も、近来多くは天井等に結び付く。なかんずく近日土用の頃なり。仮埋地の儀、憚りあり。仮沙汰良暫く結び付く云々。

④　藤原忠親（一一七八〜一一九五）の『山槐記』治承二年（一一七八）一一月一二日（野々宮定基家写）条に、後の安徳天皇の誕生の様子が記されている。これによれば、産屋が設けられ、陰陽頭・僧侶が控え、出産が近づくと儀軌曰く息災法である密教の七仏薬師法・孔雀明王経の檀が設置。祈祷が行われ京内の多くの仏社が安産と生命の安全を祈った。御産が無事了すると、内大臣によって竹刀によって「切御臍緒（長さ約六寸二分）」が行われ、同日に東の流水で洗い、巽に蔵された。なお、竹刀を用いる点は、『貞丈雑記』には、『日本書紀』（養老四年〈七二〇〉）神代巻「火明命・火酔芹命・火々出見尊誕生において用いた」ことに由来したことが記されている。

⑤　九条道家の日記（承元三年〈一二〇九〉〜から暦仁元年〈一二三八〉）に娘の竴子《しゅんこ》の胞衣の話が記されている。

『玉蕊《ぎょくずい》』（……前略）

胞衣……先ず清水を以てこれを洗い、美酒を以て之を洗う。次に綵縑を以てこれを裹む。次に銭五文を白瓷瓶子に入る。……次に胞衣を以て銭の上に入る。次に新筆一管胞衣の上に入る。次に瓶の蓋を掩《おお》ふ。生気《しょうげ》方の土を以てこれを塗り塞ぐ。……次に行兼を以て乾の方に釣らしむ。

⑥　小笠原流の基盤（十世小笠原長秀）が整えられた室町時代の礼式の基本書である『三議一統』にも「切御臍緒」においては竹刀で行うことが記されている。

六　中世・将軍家の胞衣について

⑦　足利将軍家における三〇回に亘る産事記録が『御産所日記《ごさんじょにっき》』（群書類従四一〇）として伝わっている。足利義勝（室町幕府第七代征夷大将軍〈在任：一四四二～一四四三年〉の誕生について詳しい史料である。伊勢貞国（室町幕府政所執事、外孫に北条早雲がいる）は、胞衣を清水で七回洗い、酒で三回洗い、その後、酢に浸し後に白布三尺と赤絹で包んだ。「太平」文字がある銭三枚と筆一本、墨一丁を添えて壺にいれる。陰陽頭が吉方を申し、貞国と典薬頭が同伴してその方向の山に向かい、壺を納めた、としている。文章中に「御胞衣納之御具足桶布壺」とあるので、白と赤絹で包んだ壺は、具足桶に入れたということなのかもしれない。

次に同じ一五世紀の胞衣納めの資料として『親元日記』を挙げておきたい。室町幕府の要職にあった蜷川親元（一四三三～一四八八）の日記で、京都の東山清水寺南に位置する清閑寺⑧と同じ東山の浄土寺の北方の小松山山中⑨への胞衣の埋納についてである。

⑧　寛正六年（一四六五）八月朔日、丙子、天晴曇、

「貴殿御胞衣おさめのために御産所江御参、御供又三郎助、三郎親元、白直垂大帷御産所ニテメス、御胞衣洗るゝ、時宜、知るに及ばず、やがて御前より御出、御直垂、路のほどハ持れる、御ゑな、長唐櫃に入、政所公人相副、御吉方巽也、仍、しる谷を経て歌の中山江御出、則直垂於中山被着之、典薬頭参向狩衣、歌の中山にての在所清水より栖岩寺江、通路より上、五枚ばかりか、土を掘て河原者四、五人先壺をすべて、御胞衣の

桶白赤緒にて二つに包む典薬頭参向典薬是をとりて壺の中江入てふたをす、則土をかけてうづミ申て、上に松を長さ三尺ばかり栽らる、やがて御かへり、同所にて御直垂をぬがる、清水寺を経てすぐに御産所江御参候、(以下略)」

⑨　同年（寛正六）一二月二日、乙亥、天晴、

「御胞衣蔵、時巳、貴殿は御産所に於て白直垂着て、即御胞衣出す、長い唐櫃ニ入テ、政所公人両人が共に相伴って、貴殿は御直垂と裃着て、御吉方向は、正に東也、東山へ御出、御供　蜷川掃部助、太田五郎衛門、浄土寺門跡北小松山也、この所で又白直垂被を着て、河原者三人、土を掘り、典薬頭が御胞衣を蔵した、土を懸そめて、河原者うづミ終て、上に松をうへる、時宜、去る八月一日のように、即改めて御直垂と裃を着て帰る、直ニ御産所へ共に御参した。」

以上、古代から中世において胞衣は、丁寧に埋納されていることが伺える。そしてその方法は、壺に入れ外函として櫃に納め、土中に埋納したことが明らかである。また埋めた場所の上には樹木を植えている。しかしこの様な胞衣包蔵の習俗は、平安時代後期（一二世紀初頭）③『長秋記』の例を見てみると、天井に納めるという習俗もあったようであるが、結局のところ他の事例のように土中埋納が主であったようである。

古代・中世の胞衣包蔵の基本的な方法は、文献、⑤『玉蕊』（一二〇九）や⑧・⑨に示した寛正六年（一四六五）の『蜷川親元記』の事例が詳細に伝えている。基本的な流れを改めて示すと次のようである。

先ず、清水で胞衣を洗い、さらに美酒で洗う。緋で染めた紐を用いてつつむ。白磁壺に銭貨五文を入れ、その上に胞衣を入れる。さらに胞衣の上に筆を入れ、蓋を閉じる。気の良い土で塗り塞ぎ、陰陽道によって方角を占い、良い場所に埋蔵した。上部に樹木を植える。このような方法は、朝鮮の「胎室」の安胎に共通する部

分が多い。

以上の様な国内の「胞衣納め」は、丹波康頼《たんばのやすより》が著した『医心方』（九八四年）巻二三の第一五章「蔵胞衣断理法」(25)を参考にした結果であろう。

七　近世の胞衣納め

縄文時代から行われてきた「胞衣納め」は、古代以来、特に上層・支配者層の一部が行ってきた習俗であったが、近世における「胞衣納め」については多くの刊行物から知れる。中でも『貞丈雑記』(26)には、皇族の「胞衣納め」について次のように記している。「天子の御胞衣は稲荷山・加茂山・吉田山、この三所え納めぬなり。」特に吉田山は、近世以前の段階で一五世紀後半に、吉田神道創始者である吉田兼倶が、吉田山に八百万の神々を習合させ、宮中の八神殿も吉田山に移し吉田山を聖地化したことに由来しているとされる。(27)またこの他、皇族等の胞衣は、神楽岡・祇園社・若宮八幡社など神社に納められた(28)ことがわかる。

一方、一般民衆は、広く世俗書・教訓書・医学書等が流通する中、庶民階層の識字率も上がり、教育が徐々に浸透したことで、例えば貝原益軒が著した『和俗童子訓』（一七一〇）「教女子法」などの便利書などの普及によって中国宗法社会における儒教的な教えである「三従四徳」と共に広まったとされる。(29)そして民衆による様々な俗信的な解釈が付け加えられ胞衣の処理方法も広く共有された。具体的な埋納については、武家儀礼の有職故実を重視した小笠原家の出産儀礼「産所方式」などに詳しく継承させている(30)が、この儀礼書の中でも「平人」《ママ》についての儀礼や方法についても記載している点は、上層階級から一般庶民へも次第に習俗が広まっていたことを示している。

そこで、近世の武家階級（大名家）の胞衣納めについて、伊達家の事例を挙げておきたい。

（二）近世武家の胞衣納め

⑩　黄檗宗紫雲山瑞聖寺の境内墓地造成中、偶然発見された事例（図1）である。この地点は近世期に伊達家墓所域であった場所で、これを一般墓域とするために造成工事を行っている途中で発見された。[31]土中約一mから発見された容器は、木製の多面体紐の蓋付杉桶を納めた同じ多面体紐を有する鋳造製の外筒が発見された。外筒の内部に納められていた杉桶は、胡粉を用いて慶事に用いられる吉祥図「鶴亀松竹」と「縦三引両」（伊達家家紋）の家紋が描かれていた。外筒器面には、同図柄が毛彫によって繊細に彫られていた。この文様は、先に示した『伊勢家礼式雑書』中の挿絵の「おし桶」（図2―『女重宝記大成』（元禄五年〈一六九二〉）や、貝原益軒の弟子である香月牛山が著わした医学書『小児必要養育草』（元禄一六年〈一七〇三〉序）の挿絵にも類似するとされている。[32]

瑞聖寺出土の胞衣桶の大きさは、杉桶：口径二五・二、底径二二、高さ二一・三㎝、銅製外筒：径二八・二、高さ三〇

図1　大名・伊達家胞衣桶と外容器
（下：外容器毛彫文様図、註31加筆）

図2　伊勢貞丈『伊勢家礼式雑書17巻』[7]
（註30加筆）

・二㎝である。

胞衣桶の内容物は、銅銭一二〇枚、割られた竹製箆二本、小石三個である。銅銭について庶民レベルの実践書には「銭一二文」と示されているが、伊達家例は、一〇倍の一二〇枚が納められていたことから、階層性が指摘されている[33]。また、大徳寺寺域第3遺跡で確認された越前松平家第一三代藩主治好の嫡男光現院（五歳で夭逝）墓（改葬墓―二三号墓）からは、合わせ口の胞衣皿と一二〇枚の寛永通宝文銭が発見されていて共通するので注視したい。また、竹箆は、臍の緒を切るための道具で、小石は、民俗例などから胞衣埋納に用いた「産飯」ではないかと推測されている[34]。胞衣主は、伊達家四代藩主綱村の嗣子扇千代と推定されている。伊達家と瑞聖寺との縁は、天和二年（一六八二）に綱村が鉄牛道機に参禅したことから始まるが、扇千代の生誕は、天和元年（一六八一）とされていいて時間的な錯誤があるが、当初誕生とともに別の場所に胞衣を埋納したが、綱村が鉄牛道機に帰依をしたことを切っ掛けに、室の実家の稲葉家の宗旨に基づいて瑞聖寺に納めた可能性も考えられる。因みに室の菩提寺は、仙台の開元山万寿寺である。

（二）　近世庶民の胞衣納め

次に、江戸庶民の胞衣埋納について少し触れておく。これまで、考古学調査による近世遺跡発見の土器を二枚合わせた状態の出土例は、胞衣埋納痕跡を表わす容器として捉えられてきた。そして図3の墨書（「胞衣祭」）の発見により、土器二枚合わせた出土状態は、「胞衣納め」の痕跡という仮説を補強した[35]。しかし、これまで土器内から何も検出されていないことからこれを断定するまでに至っていないのが現状である。

そこで、土器二枚を納めることに付いて、文献であるが次の事例を紹介しておきたい。将軍家の胞衣納めの例から少し考えてみたい。

⑫将軍家の事例[36]では、臨月を迎えた妊婦の出産に向けた準備の道具の中に記されている。「（前略）御夜具の前には白木造りの三方に紙を一重敷き、洗米、山椒、勝栗、昆布を備え、土器二個を置き、熨斗、麻苧を結びて添ゆ。また陰陽の箆、鉄刀一本孰れも柄にを紙に於て包み、水引にて結びたるを備ふ。（後略）」（圏点筆者）

ここに記載された土器は、三方にのる大きさと思われ、「盃」として機能させるために準備されたものと思われるが、このように出産に際して事前に準備する道具の中に「土器二個」がある点は注視したい。先述した近世の遺跡で発見される二枚の合わせ口カワラケ等は、武家（上層階級）に伝わった出産儀礼の道具の中の「三方に載せる土器二個」を、一般庶民に相応の実践可能な儀式に略され土器二枚を合わせ口にするよう変化させた結果ではなかろうかと想像している（図1）。そして図3の「胞衣祭」でも明らかなように、産後の安寧を神に願う俗信的な略式儀礼の道具の一部として「壽」の

図3　多摩ニュータウンNo. 105A遺跡

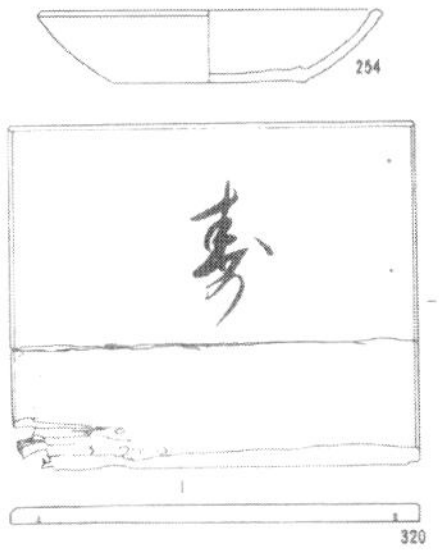

図4　港区芝神谷町町屋敷跡

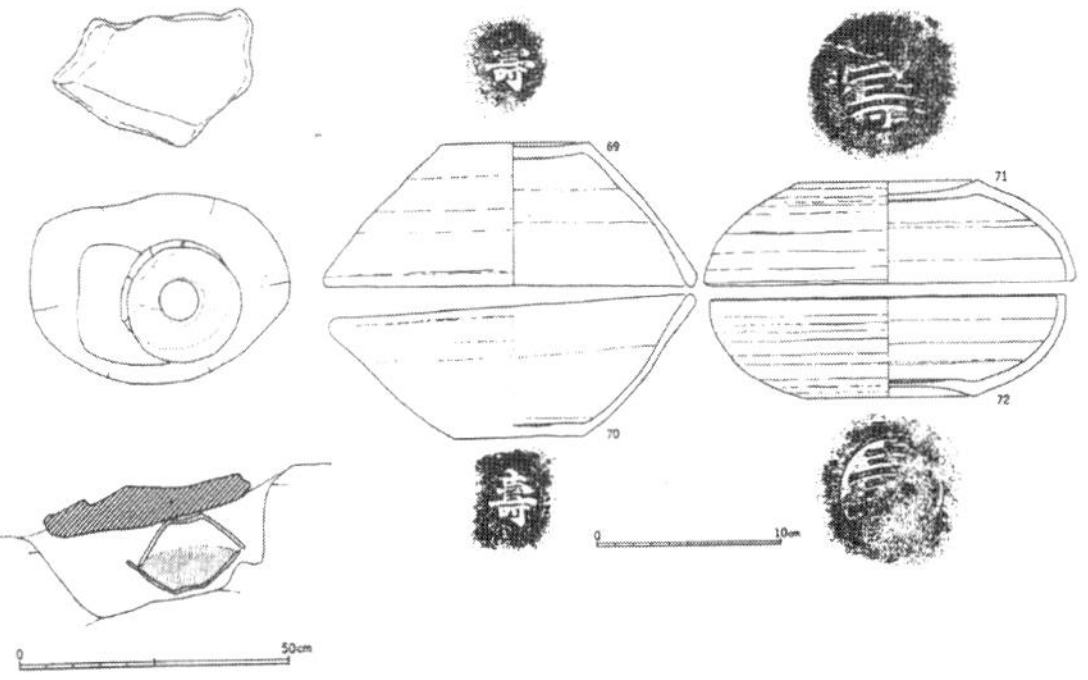

図5　八王子市旧志村家屋敷跡

文字が用いられた可能性を考えておきたい。時代的には、近世後期で、一八世紀後半における例と思われる。

近世前半、つまり一七世紀までの武家における「産事」は、「家」の継承に直結する重要儀式であったと思われる。しかし、藩主の急な死に際して、嗣子がない場合や、子がない場合などのケースが増え、幕府の法令上は、相続が認められないために改易となる場合も度々あった。そこで幕府の施策は、末期養子制度を認め、相続問題は比較的安定し、「家」の継承・存続が可能になった。そして藩政はもちろんのこと幕府の安定には繋がったのであるが、血統は軽視され、出産における母子の生死への緊張も薄れ、嗣子誕生への期待は勿論、成長を見守る胞衣埋納への思いや儀礼は形骸化したものと思われる。これは庶民の間にも反映し、出産に伴う生死への恐れや、穢れは、払拭され吉事としての捉え方が広まった結果が、「壽」「胞衣祭」などの現象として示されたものと考えている。

以上、庶民の胞衣埋納の一部について簡単に触れてきたが、庶民の間では、床下・墓・屋敷内の庭など様々な場所への胞衣納めが行われていたが、「壽」の文字が示しているように「穢」から俗信による解釈から「祝事」的な意味合いが強い儀礼へと変化した可能性も考えられる。

一方、下級武士はというと、「産事・産育」は、生活に直結しており、生まない子と生む子というような選択と闘ぎあいが個々人によって行われた、とする研究がある[37]。この研究によれば、産育は生活困窮と関係し、やむを得ず堕胎や間引きが必要となる場合も多かったという。このような状況下において下級武士や農民・庶民は、武家上層階級における胞衣埋納によって子供の安寧と成長を願うというような儀礼は、実践されるはずもなく、実践数も当然少なかった。農民は、さらに農事歴との関係があり、天候状況・作付け・刈り入れ時期の問題などが、一層日々の生活へ直接的な影響を及ぼしたものと思われる。

以上、日本の古代から近世にいたる日本の胞衣儀礼について概観してきたが、特に一四世紀頃から出産は、上層階級において「家」の重要な儀礼として記録され近世に至っている。しかし、近世における胞衣埋納への理念は、大きく変化した。というのも、一七世紀中葉に朝鮮および中国の医学書の輸入が叶い、医学的な対処による母体保護が可能となったことが、俗信に頼っていた胞衣埋納に変化をもたらしたものと思う。つまり出産は、母体に影響し、生死に関わることで非常に大きな儀礼であったが、医学的な対処と女性を対象とした世俗書・教訓書などが広く流通し、皆が学んだことで、科学的に捉えることが出来るようになった。このことが、出産による死や穢れへの恐怖を和らげ、恐らくは、埋納はせず、「埋める」行為儀礼に変化し、保持するように変化するのではなかろうか。これは、想像であるが、儒教による「死の穢れ」「血の穢れ」が払拭され、むしろ復魄の意識の高まりが、自らの死や、成長時に亡くなった子供の墓に「胞衣納め」で準備された品々を埋葬することにつながったのではなかろうかと考えている。そこで、次に墓から発見される「胞衣納め」に共通する遺物の出土事例について紹介する。

八　「胞衣納め」理念の変化

古代・中世を通して吉日・吉方に蔵していた「胞衣」は、近世にいたり韓国に懇請した医学書や医学によって母子共々の生命への安全性が高まったことや、儒教的な思惟の発達に裏付けされた「穢れ」の払拭は、「死」の復魄再生意識が高まったと言える。遺骸を丁寧に治める方法はこれを示しており、火葬から土葬への変化が、これを示しているものと思われる。特に一七世紀中葉以降、この意識は高く、上層階級を中心に儒葬が実践された。考古学的な墓の調査によってもこれは証明されていることである。

続いて、近世の墓の調査で幾つか興味深い結果があるので示しておきた。

　図7は、港区某寺境内墓で確認された子供の墓である。天保二年（一八三一）二月に生まれ僅か五箇月で亡くなった子供の墓である。特に副葬品が興味深い。胡粉で白く塗られた陶製の小さな人形と手・足が沢山出土した。この胡粉の陶製人形は、「あまがつ」であろうと思われる。『伊勢家礼式雑書』[38]に記載された出産を間近に控える準備品の一つとして図を挙げ示している（図6）。出産のために準備した品々は、壁邪の力を発揮せず嬰児は亡くなってしまったが、子供への再生の思いから「あまがつ」を副葬したのではなかろうか。

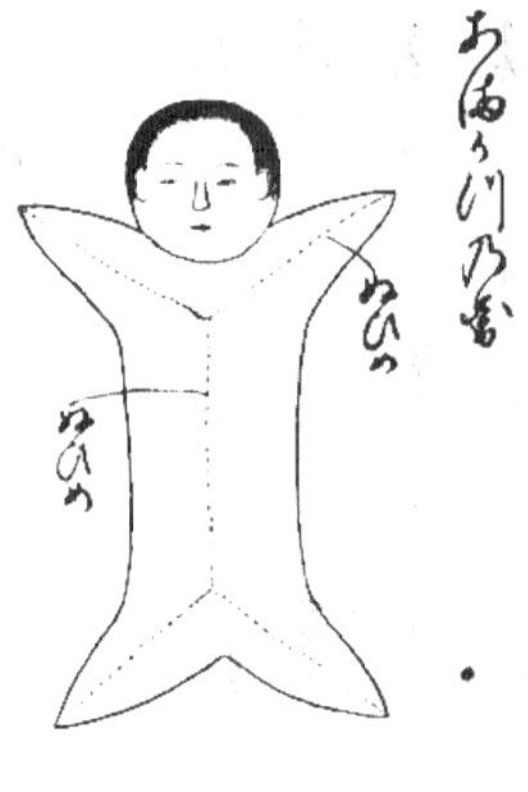
図6　あまがつ図（註30転載）

図7　港区済海寺出土あまがつ

　一方、同区天徳寺子院墓地で発見された壮年女性の墓の副葬品からも「あまがつ」が発見されている[39]。下層武士の家の出身の女性の墓と思われる。甕棺の木製蓋の墨書には「館林藩士岡尾荘六娘／名末文政四年辛巳年〈一八二一〉正月廿九日有病卒／武州江戸西久保浄品／院地中葬先塋之側」と記されていた。病卒であるが、「あまがつ」の存在を考えると、出産間近で「あまがつ」などが準備されている中、亡くなった可能性や、あるいは出産に伴い母子ともに亡くなった可能性などが想像させられる事例である。

　以上のような事例を捉えると、小笠原家に伝わった武家の「産所方式」などは、時代とともに広く下級武士あるいは民衆にも共有され、出産に伴う儀礼用品が既製品的に売られていた可能性も想像される。出産に際して事前の準備を行う一般的な品の一つとして子供に降りかかる災いの身代わりとして「あまがつ」があり、様々な原因による不幸の場合、墓に納めることが習俗化していた可能性も指摘できるのではなかろうか。また、このほかミニチュアなどが数多く共伴する場合も多いことから考えると、復魄への思いと生まれてくるはずであった嬰児の来世における穏やかな安寧を願う複雑な思い（来世観か）が墓に示されていると捉えておきたい。

以上、日本の「胞衣納め」儀礼を概観してきたが、大名の家督相続が、擬制的な非血縁による相続を可能にした法の整備により、民衆の習俗の多様な変化を生み出し、様々な儀礼となった。中でも最後に触れた来世観とも捉えられる副葬品の存在は、武家における幕府管理下にあった政治的な相続制を背景とした葬制とは異次元の、あるいは相反する葬制であり、「死」に対峙した人々の生命に対する尊厳的な理念と敬う理念が端的に示された葬制が確認できることは、近世社会における精神性の変化を示している可能性としても捉えておきたい。そしてそれらは、韓国王室における加封胎室の壮大な継承儀礼とは違った日本的な生命の尊厳性を取り戻した「蔵胎」文化の変化の本質を示すものことなのかもしれない。

註

1　篠原啓方　二〇二〇「朝鮮王朝の碑の文化と社会」（松原典明編『近世大名墓の考古学』―東アジア文化圏における思想と祭祀―　勉誠社）。
2　沈賢容（李芝賢訳）二〇二二「朝鮮胎室の立地と構造」（松原典明編『近世大名の葬制と社会』雄山閣）
3　木下　忠　一九八一『埋甕‐古代の出産習俗』（考古学選書一八）一一五～一二六頁。
4　槇佐知子編　一九九八『医心方』巻二三（産科治療・儀礼編、筑摩書房―一五四～一九六頁）、同二〇一七『『医心方』事始　日本最古の医学全書』（藤原書店）。

5　田代和生「近世前期朝鮮医学の受容と対馬藩―医学書・薬種・医師について―」（『第一三回日韓・韓日合同学術会議・世界の中の東アジア文化　Ⅱ』財団法人文化交流基金）。
6　玉腰芳夫　一九七五「産所について―建築的場所の研究」（『日本建築学会論文報告集』二二八）。
7　三木　栄　一九五六『朝鮮医書誌』四二九～四四三頁）。
8　三木　栄　一九五五『朝鮮医学史及疾病史』（堺）。
9　田代和生　一九九七「近世前期朝鮮医薬の受容と対馬藩―医学書・薬種・医師について―」（『歴史の中の病と医学』思文閣出版で、後の道三流医学とされ、陰陽五行説や運気論が強いとしている
10　沢山美果子「一関藩の「育子仕法」からみた武士層の妊娠、出産」（岡山大学大学院社会文化研究『文化共生学研究』第九号　二〇一〇）。
11　姚　明希・我部山キヨ子　二〇一五「日本の胎盤（胞衣）処理の歴史」（『京都大学大学院医学研究科人間健康科学系専攻紀要　健康科学』一〇　一―七頁）。
12　陶　智子「小笠原流礼法における胞衣についての研究」（『富山短期大学紀要』第三九号　二〇〇四）。
13　横井　清　一九八八『的と胞衣』（平凡社）の四二一～五五頁。鳥野裕子　二〇一〇「胞衣にみる産と育への配慮―近世産育書における子どもと母の関係」（『神戸大学大学院人間発達環境学研究科研究紀要』四（一）、二七―三六頁）。
14　山近久美子　二〇一〇「平城京における胞衣埋納場所の選地」（人『人文地理』第六二巻第3号、二七―四六頁）。
15　鳥野裕子　二〇一〇「胞衣にみる産と育への配慮―近世産育書における子どもと母の関係―」（『神戸大学大学院人間発達環境学研究科研究紀要』四（一）、二七―三六頁）。
16　中村禎里　一九九九『胞衣の生命』海鳴社。自然化科学者として「胞衣」をまとめた唯一の包括的な

研究といえる。
17　J・G・フレイザー　一八九〇～一九二二『金枝編』（吉川信訳『初版金枝篇』全二巻筑摩書房二〇〇三）。
18　玉腰芳夫　一九七五「産所について─建築的場所の研究」（『日本建築学会論文報告集』二二八、一三九～一四八頁）、井出真綾・牛山佳幸「古代日本における穢れ観念の形成」（『信州大学教育学部研究論集』第九号、二〇一六）。
19　儀式は『左京記』長元元年九月二〇日の例、註一八玉腰による。永尾竜造　一九四二『支那民俗誌』第6巻（支那民俗誌刊行会）にも示されている。
20　北条暁子「『とはずがたり』における父雅忠像─御産記事と二条の家意識─」『中世文学』五五、一一九～一二四頁）。
21　註18、一四三頁。
22　「典薬頭雅康朝臣、鎮御座施呪術」（『群書類従』方技部十二─医術三─呪禁施術九一五頁）。
23　註18、一四四頁。
24　「三」以下の文献は、中村禎里『胞衣の生命』による。文中の圏点は筆者が加筆。
25　槇佐知子氏全訳『全訳精解 医心方』参照）に依拠しているものと思われる。なお、『医心方』は、唐代の医書（『産経』か）。
26　島田勇雄 校注『貞丈雑記』一（東洋文庫四四四、平凡社、一九八五）。
27　中江和恵・山住正己　一九七六『子育ての書 1』（東洋文庫二八五）。
28　宮内庁　二〇〇九『皇室制度史料』儀制 誕生 三。
29　任　夢渓　二〇一四「貝原益軒の女訓思想について」（『東アジア文化研究科院生論集』三　一七三─一九〇頁）。
30　「産所方式」（伊勢貞丈『伊勢家礼式雑書　一七巻』［7］、写、国立国会図書館デジタルコレクション

https://dl.ndl.go.jp/pid/二五七四三三三（参照二〇二三-〇八-三一）。

31　松本　健　一九九八「瑞聖寺旧伊達家墓所出土「胞衣桶」の保存処理に伴う調査」（『港区文化財調査集録』第4集、東京都港区教育委員会）、谷川章雄　二〇〇一「江戸の胞衣納めと乳幼児の葬法」（『母性と父性の人間科学』早稲田大学人間総合センター）。

32　註31松本論文に同じ。

33　註31松本論文に同じ。

34　天徳寺寺域第3遺跡調査会　一九九四『天徳寺寺域第3遺跡発掘調査報告書』三七～四八頁。

35　伊藤敏行　一九九一「胞衣習俗と胞衣容器—東京都内遺跡出土の考古資料を中心として—」（『学芸研究紀要』第八集）

36　永島今四郎・太田贇雄 編　一九六八『定本江戸城大奥』人物往来社、（三五一～三五三頁）。

37　註10沢山論文に同じ。

38　註29に同じ。

39　天徳寺寺域第3遺跡調査会　一九九四『天徳寺寺域第3遺跡発掘調査報告書』一三四～一三九頁。調査所見によれば人骨は壮年女性とされる。

Ⅳ

大名墓研究と学際的研究の連携

水野文月
松下真実

遺骸と科学分析２
―沖縄県南城市神座原古墓群の人骨分析から―

水野文月
松下真実

はじめに

大名家墓所の発掘調査では、主に埋葬の状況や形式、副葬品などを対象として行われているが、近年の科学分析手法の進歩により、考古学視点と科学分析を組み合わせた多角的な検討を行うことで、被葬者を理解するための重要な知見を得られるようになっている。

水野は、これまでに旧石器時代から近世に至る国内外の様々な遺跡等から出土した人骨（古人骨）のＤＮＡを用いた比較分析を行ない、分子人類学や古代ゲノム学の領域における多数の知見を得ている[1]。松下は、近世大名墓をはじめ国内の様々な遺跡等の発掘調査に携わり、多数の人骨に関する形態学的な調査を行なっている[2]。筆者らが取り組んだ「伝・三浦按針墓」のケース[3]では、伝・三浦按針墓埋葬遺骸の個人識別を行なった。三浦按針ことウィリアム・アダムスは英国人であり、リーフデ号で日本に到着した後、徳川家康に仕え旗本になり、慶長一四年（一六〇九）に亡くなった。現在の長崎県平戸市にはアダムスの遺骸を譲り受けて埋葬したという言い伝えが残されており、昭和六年（一九三一）にその墓が発掘された際には多数の人骨片（頭骨・歯・肩骨・脊椎骨・肋骨・大腿骨など）がみつかった(4)。この遺骨は発掘場所に埋め戻され、その場所が「伝・三浦按針墓」として整備され現在に至っている。平成二九年（二〇一七）、平戸市教育委員会によりこの墓の再発掘が行われ、「伝・三浦按針墓」の下から長方形を呈する墓坑と磁器製の壺から人骨が検出された。残存していた人骨は、頭蓋骨・下顎骨・大腿骨・脛骨などの骨片（部分骨）のみであった(5)。「伝・三浦按針墓」に埋葬されていた人骨はアダムスのものであるのかを探るために、人骨の形態学的分析、ＤＮＡ分析、年代測定、食性分析を行なった結果、以下のことが明らかになった。墓坑の形は長方形であったことから寝棺が用いられていたと推測されるが、近世では「伸展葬」は西洋人かキリスト教徒に限られる。形態学的所見より、熟年の男性骨でありアダムスの死亡年齢に合致する。また、頭蓋骨や大腿骨の形態は西洋人と考えても矛盾しない。人骨のミトコンドリアＤＮＡ分析より、西ヨーロッパ集団に特徴的なタイプである。人骨のコラーゲンを用いた放射性炭素年代より、アダムスの死亡年と矛盾がなく、炭素・窒素安定同位体比より、一〇〇年以上当時の日本人と同じ食生活をしていた。これらの結果から、出土人骨がアダムスの遺骸である蓋然性が高まった(6)。このように多角的な視点から検討することで、墓所とその被葬者の人物像をより理解することが可能である。

沖縄県南城市玉城字富里《ふさと》神座原《かんざばる》にはかつて古墓群が存在した。平成四年（一九九二）頃に取り壊されたため、どのような古墓であったのか規模も形態も不明である。古墓群は取り壊され、牛乳工場とＡコープ店舗が建設されたが、蔵骨器と古墓に納められていた人骨を収納するために二基の納骨堂が建設された。

本稿では、前述の二基のうち大きい方の納骨堂に安置されていた「石厨子に納められていた人骨」に関して、被葬者像の手がかりを得ることを目的とし、人骨の形態学的分析、年代測定、食性分析、ＤＮＡ分析をおこなった結果を中心に紹介する。

一　調査対象

（一）南城市玉城字富里

南城市は、沖縄本島の南部、那覇市から南東に約一二㎞の距離にあり、地理的には北緯二六度一一分五五秒、東経一二七度五五分四一秒に位置している（図1）。北側から東側と南側の三方が中城湾と太平洋に面している。西平剛[7]によれば、本市では旧石器時代から平安時代に属する遺跡が四五、グスク時代相当期（一二世紀末から一五世紀前半頃）の遺跡が七一、時代が下って近世以降の遺跡は三三ヶ所確認されており、したがって周知の遺跡総数は一四九ヶ所である。グスク時代の主要な遺跡は、島添大里城、糸数城、佐敷城など各地のグスクに加えて、稲福遺跡、蔵屋敷遺跡、下代原遺跡などグスクと関連する集落遺跡がある。一七二四年に琉球王府によって記された「中山世譜」巻之三には、佐敷城の按司（後の尚思紹・巴志）が浦添大里城を急襲して攻略し、それを足掛かりに三山統一（一四二九年）を成し遂げ王朝を樹立したとある。第一尚氏王統第五代尚金福王の死後、世子の志魯と王弟の布里による王位継承をめぐる争いが起こり（一四五三年：志魯・布里の乱）、布里は首里城を追われ玉城の当山村に隠棲したと伝わる。第七代尚徳王即位時には、第六代尚泰久王の遺児

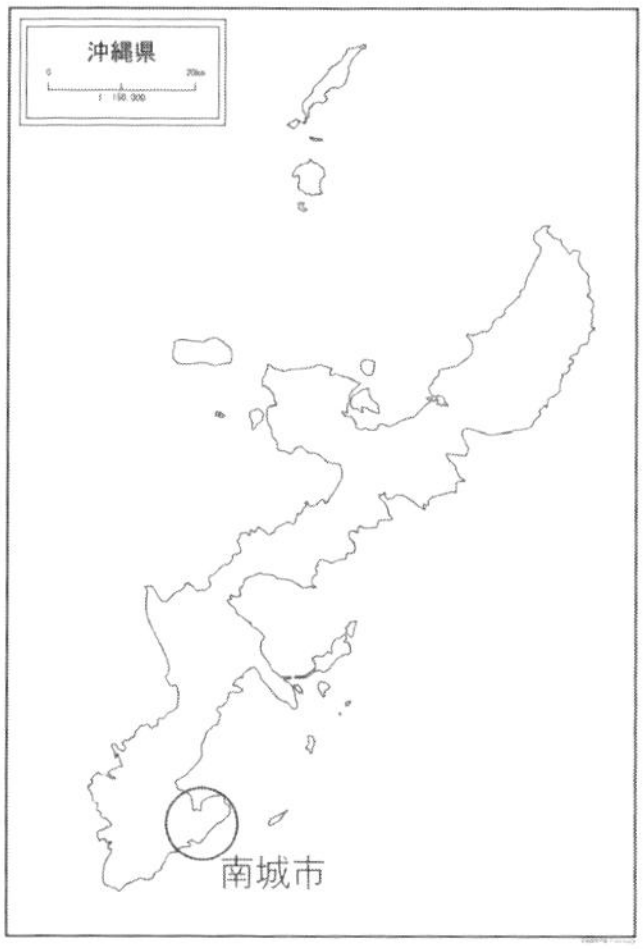

図1　沖縄県南城市の位置

らが都の首里から逃れ、長男の安次富金橋は玉城字當山にある安次富グスク、次男である三津葉多武喜は大川グスク、四男の八幡加那志は玉城字富里にある仲栄真グスクに居を構えたと伝えられている[8]。

富里は、南城市の東部、地理的には北緯二六度九分、東経一二七度四八分に位置している（図2）。西平剛[9]によると、富里の集落の発祥については資料もなく不明であるが、伝承によれば一五世紀の中頃に豊見城按司が仲栄真城を築城したと伝えられ、その時代に小渡家、宇堂志家、松堂家、名幸家、仲間家、赤嶺家が次々に住み着いたといわれている。それから尚泰久王の長男安次富金橋、次男の三津葉多武喜、四男の八幡加那志の子孫が都首里から富里に家臣を引き連れ田舎下りしてきた。安次富金橋の子孫が「屋良家」、八幡加那志の子孫が「仲栄真家」を創設し、この地域に小集落ができ、後の仲間村となった。その後、富名腰按司の次男佐慶田大屋子も住み着き、新たに「富里ん渠」という小集落をつくった。これら小集落が明治一三年（一八八〇）に合併して富里となった[10]。

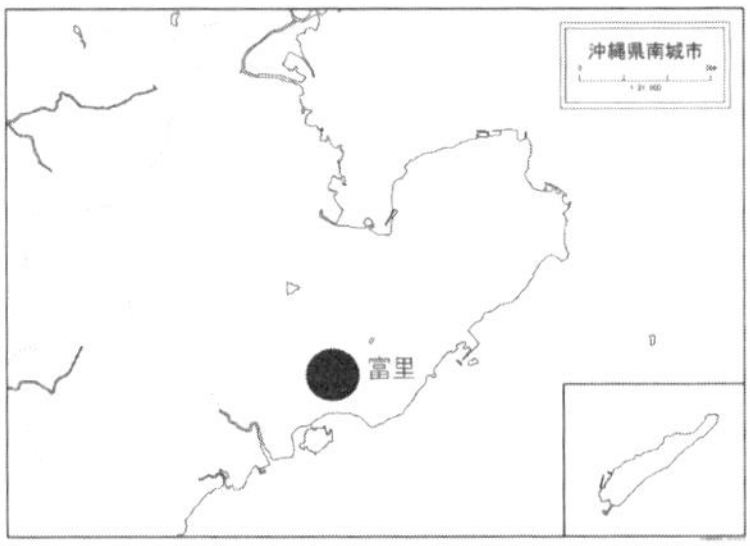

図2　富里の位置

（二）神座原古墓群

神座原古墓群は、南城市玉城字富里小字神座原五五一番三に位置し、琉球石灰岩を地盤とする丘陵一帯は標高約七五mの「ウフギシ森」と称されていた（図3）。墓地として使われ始めた時期については文献記録がなく不明であるが、当該墓群は富里集落の東側、眼下に奥武島や太平洋が見える眺望の良い丘陵上に、琉球石灰岩の半洞窟を利用して築造されていた[11]。

牛乳工場の新設は平成四年（一九九二）七月に土地の造成工事が始まり、平成五年（一九九三）八月二三日に竣工している。Ａコープ店舗の建設は、平成七年（一九九五）七月七日に建設が開始され、同年一一月二四日に完成していることから、古墓群が取り壊されたのは平成四年（一九九二）の春頃で、代替墓（納骨堂）の建設と三基の蔵骨器と人骨の移動も同じ時期のことだったと考えられている。平成三〇年（二〇一八）から平成三一年（二〇一九）にかけて調査をおこなったところ、二基の納骨堂のうち、大きい方の納骨堂には三基の蔵骨器（石厨子、厨子甕、陶製家型厨子）が、小さい方の納骨堂には人骨が納められていた。ここでは前者の納骨堂を「一号墓」、後者を「二号墓」と呼称する（図４）。一号墓、二号墓からは少なくとも合計八七体の人骨が検出された。

図３　調査区周辺

図４　一号墓（左）ならびに二号墓（右）

（三）一号墓の石厨子

一号墓には三基の蔵骨器が存在した。入り口から奥に向かって、左から順に、石厨子、厨子甕、陶製家型厨子が安置されており（図５）、それぞれの容器の中には複数体の人骨が納められていた。一号墓の石厨子の実測は、南城市教育委員会文化課と糸満市教育委員会生涯学習課が実施し（図６）、人骨の形態学的分析を松下が、人骨のＤＮＡ分析を水野が中心となっておこなった。

西平剛[12]によれば、一号墓内の石厨子は、家形蔵骨器で、蓋部と身部からなる完形資料である。蓋は寄棟状を呈し、前縁下部には垂木状の整形が施されるが、両側及び後縁下部には垂木状の整形は見られない。身部の内部は、蓋部・身部ともノミによって刳り貫かれ、蓋部の整形は身部に比べて丁寧に整形されているが、内底面の整形は雑で、石灰岩の凹凸やノミ跡が残る部分もある。外底面の四隅には削り出しにより方形状の脚部が整形されている。調査時は、蔵骨器内に三体分の人骨が収められていた。法量は、蓋部が器高二五・五㎝、幅六八・二㎝、奥行五四・四㎝で、身部が器高五二・二㎝、幅六四・二㎝、奥行四八・㎝である。石厨子をクリーニングしたところ、前壁の外面に墨書の痕跡が認められたため、赤外線カメラで撮影したところ銘書が確認できた（図7）。判読できたのは一部であるが「大清康熙四五」と読み取ることができた。大清康熙四五年は一七〇六年である。

宮城弘樹[13]によれば、石厨子の素材は輝緑岩、凝灰岩、サンゴ石灰岩に分類されている。輝緑岩製は、屋根に宝珠の付される浦添ようどれの大型輝緑岩製の型式と、玉陵や小禄墓で見られる入母屋屋根の家形に二体別される。凝灰岩製石厨子は、崇禎元年（一六二八）銘を最古とし、一八〇〇年代以降のものは確認されていないとされる。石灰岩・サンゴ石灰岩製石厨子は、石灰岩の方が初期に、サンゴ石はやや後続して

図5　一号墓の納骨堂に安置された三基の蔵骨器

図6　石厨子の実測の様子

図7　「大清康熙四五」との銘

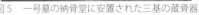

利用されたと評価されている。宮城弘樹によって、調査報告・研究論文等に掲載された約四五〇〇件の銘書が集成されたが、この作業で特定された紀年銘逗子は二六三九件あった。紀年銘の件数の数量変化が一〇年単位でまとめられており、それによると一六〇九年から一七二〇年代までは件数が少なく、今回の一号墓の石厨子で確認された「大清康熙四五年（一七〇六）」に相当する時期は、二〇から三〇件と記録されている。宮城弘樹[14]によれば、石灰岩製石厨子では、輝緑岩製でみられた石彫の装飾はみられず造形は相対的にシンプルになる。それ以前に板厨子等に納められていた国王の遺骸は、この時期に石厨子を新調した可能性が高く、シンプルなデザインも板厨子などのデザインを継承したものではないかと想定されている。また、王族以外の有力者層にも石厨子の使用がひろがり、琉球石灰岩製よりも相対的に削りやすいサンゴ石灰岩を用いて制作されるようになった。今回の一号墓の石厨子の銘は「大清康熙四五年（一七〇六）」であるが、一号墓には石厨子の他、厨子甕と陶器製家型厨子（図８）も納められていた。一七世紀中頃から後半には石厨子の普及と合わせてボージャー厨子が登場し、おおよそ半数が陶製に置きかわるとのことで[15]、一号墓の厨子甕や陶器製家型厨子も、移行段階を経て利用されたものと想像される。

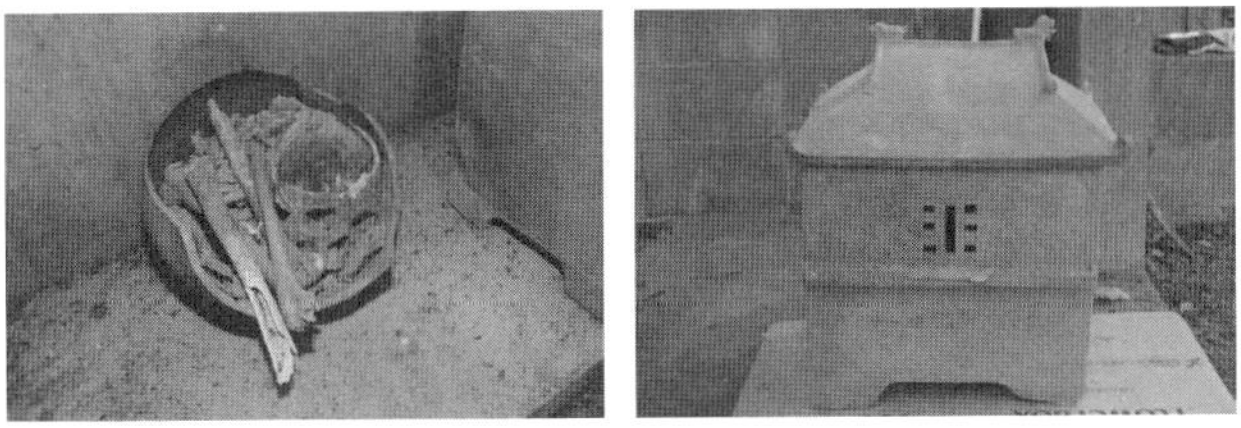
図８　一号墓に安置された厨子甕（左）と陶器製家型厨子（右）

（四）石厨子に納められていた人骨

石厨子には三体分の遺骨が納められており、人骨の検出状態は同時収納の様態を示していた（図９）。石厨子の長径の縁に沿って、大腿骨や脛骨などの長い骨を入れて、上腕骨や橈骨、尺骨などの短い長骨を石厨子の

短径に沿って納めて、最後に石厨子の中央部に頭蓋三個並べて入れていた。すなわち、人骨の埋納状態と保存状態は、三体の人骨が、ある時期に一度にこの石厨子に納められたと推察される(16)。

頭蓋は三体分あり、四肢骨についても上肢骨と下肢骨がそれぞれ三体分納められていた。また、四肢長骨を精査したところ、大きな一個体と、それよりもやや小さい二個体を容易に分けることができた。また、頭蓋の形態的特徴と四肢骨の大きさや形態的特徴から、頭蓋と四肢骨との組み合わせを推測することが可能であった。人骨番号は、三体をそれぞれA—1・A—2・A—3とした。頭蓋や四肢骨を取り上げる際には、取り上げ番号を付して石厨子に納める際に何らかの規則性があったかを検討したが、先後関係など、規則性を見いだすことはできなかった。

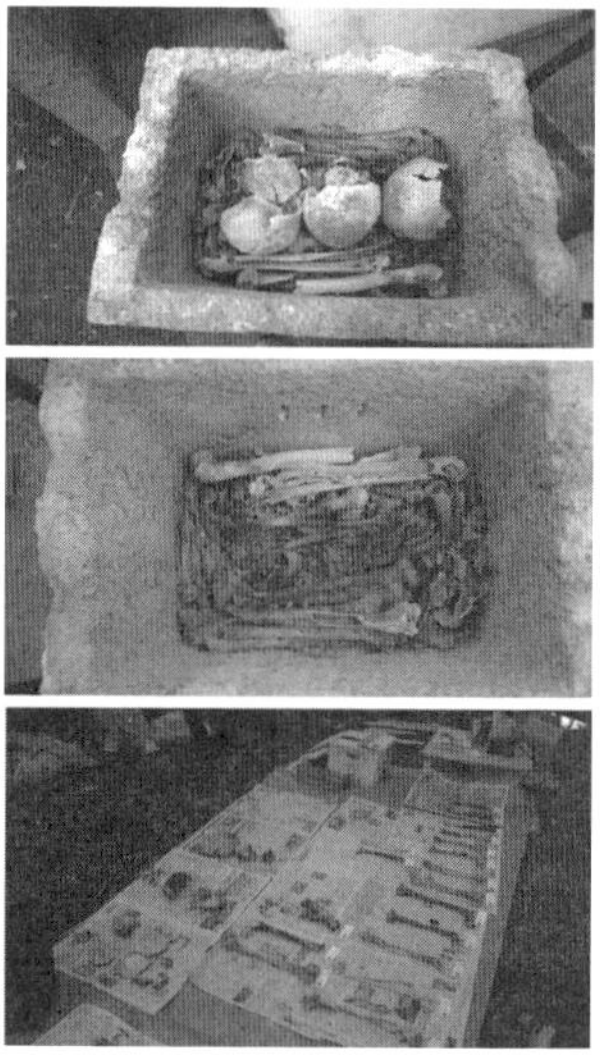

図9　石厨子に納められていた三体分の人骨

二　人骨の形態学的分析

（一）人骨A—1（図10）

脳頭蓋は、前頭骨の大部分と左側側頭骨を欠損している。骨壁はあまり厚くはない。また、骨壁はもろい。外後頭隆起の発達はきわめて良好で、特徴的な形態を呈している。最上項線は明瞭で、その上部が左右ともに膨隆している。また項平面は前方へ傾斜しており、頭蓋の高径は低い。右側の外耳道の観察ができたが、骨腫は認められない。乳様突起は小さい。内板は三主縫合がほとんど癒合しており、外板では矢状縫合を除いて、ほかの二つの縫合はまだ開離している。脳頭蓋の計測はできないが、観察したところ、頭型は短頭型ではなく、おそらく長頭型に傾いていたと推測される。顔面頭蓋は、左右の頬骨、左右の上顎骨および下顎骨が残存していたが、顔面の計測はできない。歯槽性突顎の傾向は弱い。下顎骨は両側の下顎頭を欠損している以外はほぼ完全である。径はかなり大きく、高径は高い。下顎枝は幅広く、下顎切痕は浅い。右側の咬筋粗面の発達はやや良好である。

　上下両顎には歯が釘植していた。咬耗度はBrocaの一度（咬耗がエナメル質のみ）～二度（咬耗が部分的に象牙質まで及ぶ）であるが、右側の両顎の第三大臼歯の咬耗度は第一、第二大臼歯よりも強い。左側の第二、第三大臼歯が脱落したために、右側の方で咬んでいたものと思われる。

　四肢骨は、鎖骨、上腕骨、橈骨、尺骨、大腿骨、脛骨および腓骨

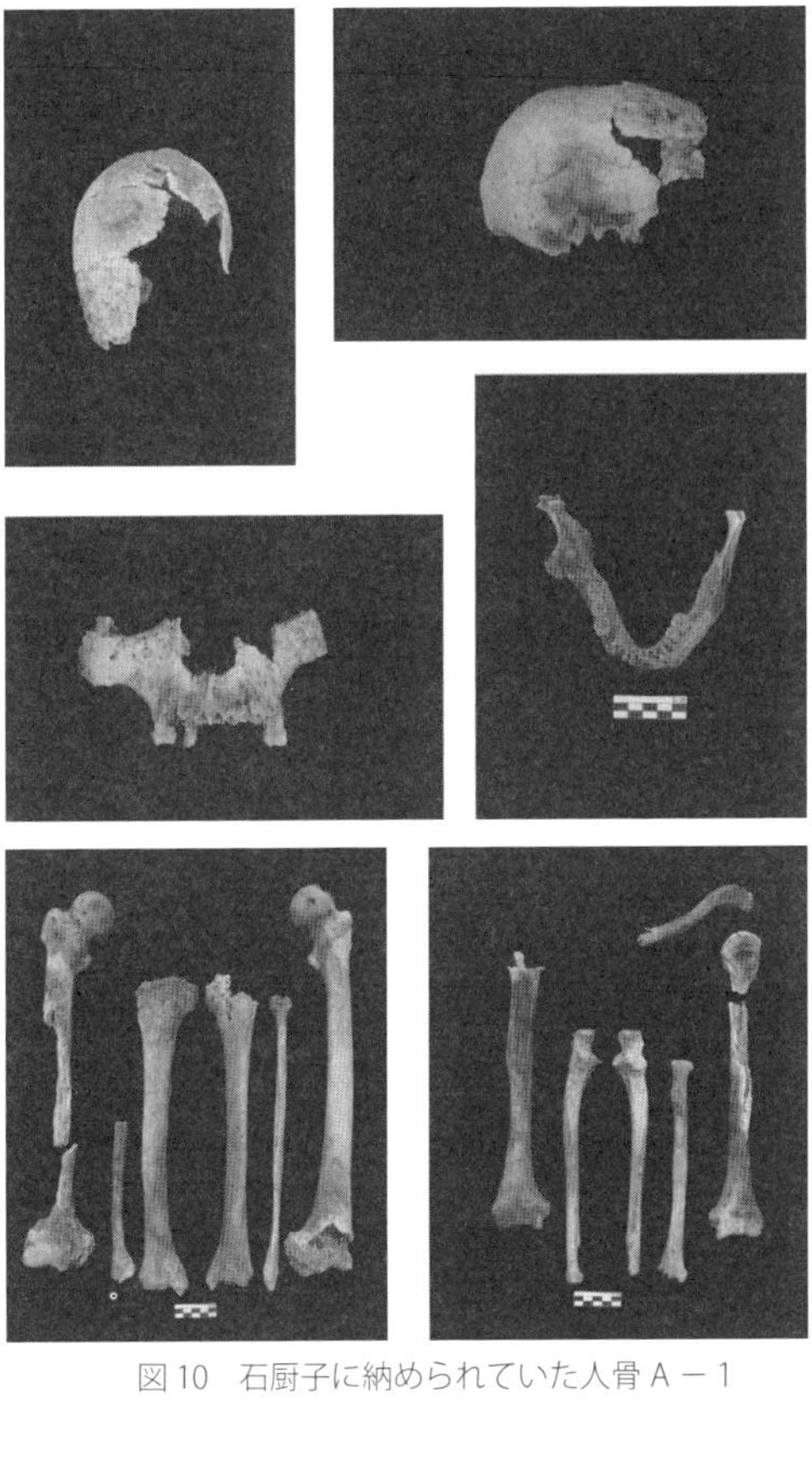

図10　石厨子に納められていた人骨Ａ－１

が残存していた。左側大腿骨最大長から、Pearson（ピアソン）および藤井の公式を用いて推定身長値を算出すると、それぞれ一五八・〇一㎝（ピアソン式）、一五五・五六㎝（藤井式）となり、低身長であるが、ピアソン式での身長値は著しい低身長値ではない。また、左側上腕骨最大長からは、一五五・四四㎝（ピアソン式）、一五五・八三㎝（藤井式）となり、右側脛骨からは一五七・三一㎝（ピアソン式）、一五六・九九㎝（藤井式）となり、大腿骨と脛骨からの値は上腕骨からの推定値よりも高い。

性別は、外後頭隆起の発達がきわめて良好なことから、男性と推定した。年齢は、三主縫合の内板がほとんど癒合しており、外板では矢状縫合を除いて、ほかの二つの縫合はまだ開離していることから、熟年（四〇～五九歳）と考えられる。

特筆すべき点として高濃度の鉛が検出されたが、骨に鉛が蓄積された経緯や原因は不明である。

（二）人骨A―2（図11）

脳頭蓋はほぼ完全である。頭蓋壁は厚い。外後頭隆起の発達は良好である。三主縫合は内外両板とも開離している。乳様突起はあまり大きくない。外耳道の観察はできない。眉間は膨隆しており、眉上弓の隆起も強い。脳頭蓋の計測値より、頭型は中頭型に属している。顔面頭蓋は下顎骨以外は残存していなかった。下顎骨の径は大きい。下顎枝の高径は高く、幅は幅広い。下顎切痕は浅い。下顎角は外反している。歯槽の健康状態は悪く、大部分の歯槽は閉鎖しており、歯周疾患の跡が認められる。下顎骨の歯槽部が残存していた。大部分の歯槽は閉鎖している。

四肢骨は、鎖骨、上腕骨、橈骨、尺骨、大腿骨、脛骨、腓骨が残存していた。上腕骨最大長から、ピアソンおよび藤井の公式を用いて推定身長値を算出すると、それぞれ一四八・二〇㎝（ピアソン式、右）、一四八・

七八cm（ピアソン式、左）、一四八・〇一cm（藤井式、右）、一四九・三一cm（藤井式、左）となり、かなり低身長である。また、左側脛骨からは、一四六・三八cm（ピアソン式）、一四五・九八cm（藤井式）となり、さらに低身長である。

性別は、外後頭隆起の発達が良好であることから、男性と推定した。年齢は、三主縫合の内外両板がまだ開離していることから、壮年（二一〜三九歳）と考えられる。

特筆すべき点として、A—２には変形治癒骨折が挙げられる。右側腓骨の遠位端内側に骨折痕が認められた。遠位端部は前方へ曲がった状態で治癒している。同側の脛骨の下関節面も正常ではなく、後方へ傾斜している。捻挫などによって距腿関節に大きな力が加わった際に、腓骨の遠位端が骨折し、その後治癒していく過程で、距腿関節の動きに伴って脛骨の下関節面が変形したものと思われる。脛骨の下関節面の状態から、本被葬者の右側脛骨は常に前方に傾斜していたことが予想される。また、両側の脛骨の遠位端前面には、やや大きな蹲踞面が存在する。

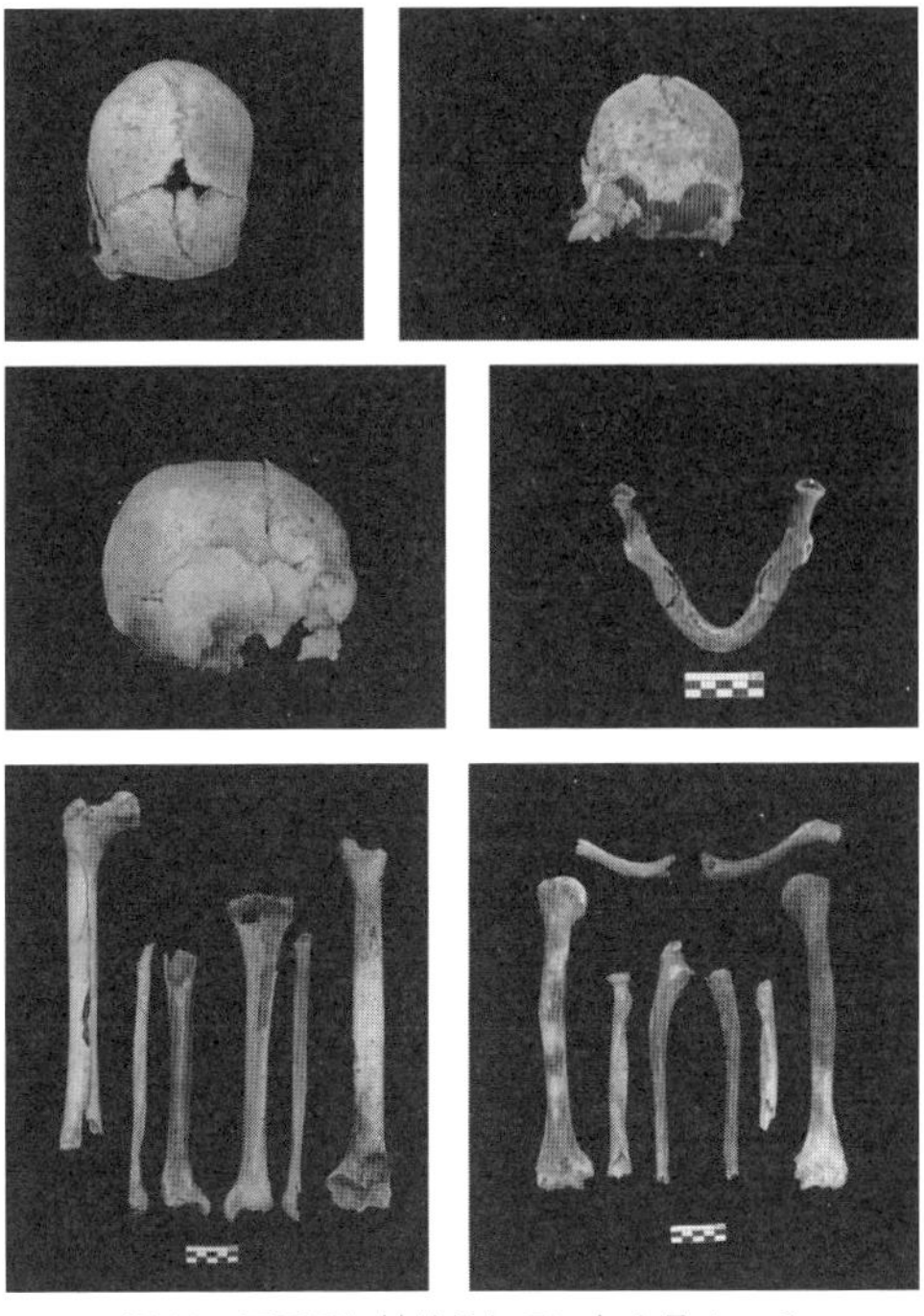

図11　石厨子に納められていた人骨Ａ－２

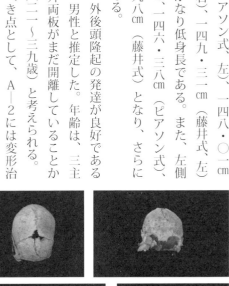

（三）人骨A―3（図12）

脳頭蓋はほぼ完全である。頭蓋壁は薄いが、骨質は堅牢である。眉上弓の隆起は弱く、前頭鱗は膨隆しており、前頭結節は発達している。外後頭隆起はやや突出しており、そのすぐ上部には凹みが見られる。乳様突起は丸くてやや大きい。両側の外耳道の観察ができたが、骨腫は左右とも存在しない。三主縫合の内板は、それぞれ部分的に癒合しているが、大部分は開離しており、外板は三主縫合とも開離している。また、ラムダ付近に直径約二㎝大の骨腫がみられる。脳頭蓋の計測値より、頭型は短頭型である。下顎骨以外は残存していなかった。歯槽の健康状態は著しく悪く、大部分の歯槽は閉鎖しており、歯周疾患の跡が認められる。下顎骨には歯は釘植していなかった。

四肢骨は、鎖骨、上腕骨、橈骨、尺骨が残存しており、骨体は細かった。大腿骨、脛骨および腓骨が残存していた。性別は、眉上弓の隆起が弱く、前頭鱗が膨隆しており、前頭結節も発達しているが、外後頭隆起はやや突出している。

性別はＤＮＡ分析から判明した。年齢は、三主縫合の内板が部分的には癒合しているが、大部分は開離しており、外板は三主縫合とも開離していることから、壮年後半（三〇歳～三九歳）と思われる。

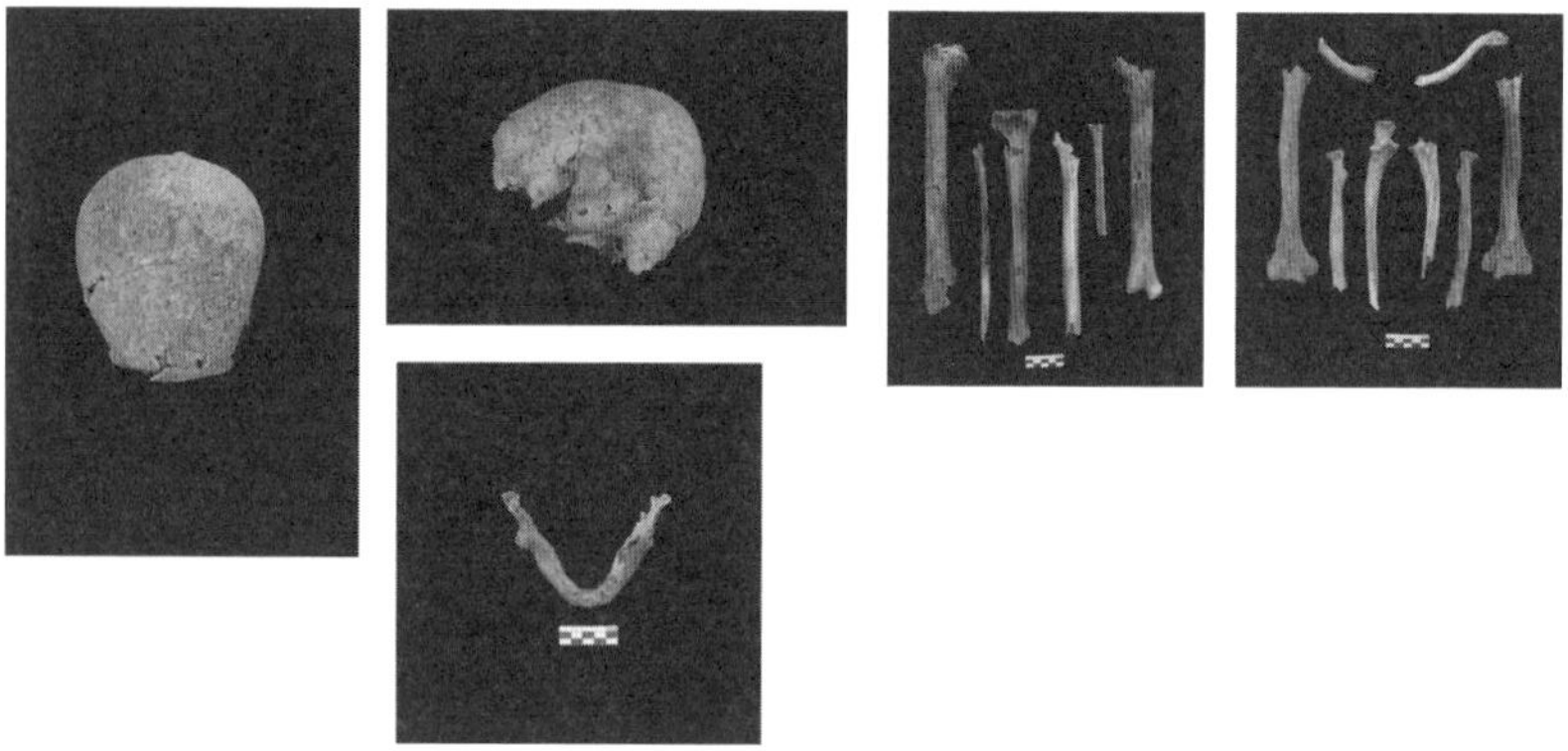

図12　石厨子に納められていた人骨A－3

三　人骨の科学分析

（一）放射性炭素年代分析

骨の有機成分は死後、置き換わることがないため、生きていた頃の情報を得ることができる。骨の成分の一つであるコラーゲンに含まれる放射性炭素を測定することによって年代測定を行うことができる。炭素14年代法（放射性炭素年代法）は、半減期を五五六八年と仮定し、経過年数の起点を西暦一九五〇年とし、「^{14}C BP」で表す年代法である。例えば三〇〇BP は 一九五〇年（放射性炭素年代測定が考案された年）から三〇〇年前を意味している。

炭素は自然界に広く分布し、生体を構成する有機物には必ず含まれていることから、考古学や歴史学で用いられている。自然界の^{14}Cは、大気圏上層で宇宙線の作用による核反応で生成され、酸化されて二酸化炭素として大気中に拡散する。^{14}Cは二酸化炭素として植物の光合成で取り込まれ、動物は摂食や排泄、呼吸等の生命活動により体内の炭素を交換する。しかし生命活動が停止すると炭素交換が行われなくなり、^{14}Cのみが放射壊変により減少していく。したがって、放射性炭素年代法が示すのは外界と炭素を交換しなくなった年代、すなわち生物が死んだ年代である。放射性炭素年代は、平衡状態によって生きている生物の^{14}C濃度が一定であると仮定している。また、大気中の^{14}C濃度は、過去から現在まで一定であると仮定されている。しかし実際には、前述の仮定は成立しないため、年代を算出する際にいくつか考慮する必要がある[17]。

年代未知の試料に含まれる^{14}C濃度を測定し、年代の判明している試料の^{14}C濃度と比較して「炭素14年代」を求める。次に、その値を較正曲線と比較することで「較正年代」を求める。較正曲線とは生育年の判明した樹木年輪等の炭素14年代によって作成されたもので、誤差が見積もられ、また過去の大気中の^{14}C濃度の変動を反映した凹凸があるため、較正年代はある確率を持った年代幅で表示される。対象試料の真の年代はその範囲のいずれかに収まると推定される[18]。

一号墓の石厨子に納められていた三体について、人骨に含まれていたコラーゲンから放射性炭素濃度を測定した結果、人骨A—1は、三三〇±三〇BP（Beta Analytic による Beta-523579）、A—3は、三五〇±三〇 BP（Beta Analytic による Beta-526431）であった[19]。A—2は分析に適するコラーゲンの質ならびに量ともに不十分であったため、測定データを求めることはできなかった。元々、人骨の三分の一ほどはコラーゲンであるが、埋葬されていた時間を経過することで微生物により分解されてしまうため、発掘された時にはコラーゲンの残存状態は数%にまで下がっていることが多い[20]。A—1、A—3について較正曲線を用いて求められた年代は、A—1が一四七七—一六四二 cal AD、A—3が一四五八—一五三〇、一五三八—一六三五 cal AD であった（表1）。すなわち、A—1は西暦一四七七から一六四二年の間、A—3は一四五八から一五三〇、一五三八から一六三五年の間で、この値をそのまま解釈すると、グスク時代後期から琉球王朝前期と考えられる。しかし、古人骨の放射性炭素年代測定をする場合には、海洋に由来する炭素の混入に注意が必要である。大気と海洋ではそれぞれの炭素循環の速度が異なるため、海洋中の^{14}C濃度は大気中よりも低い値を示し、同じ^{14}C濃度でも海洋中では大気中と比較して約四〇〇年古い年代となることが知られている。これを海洋リザーバー効果と呼ぶ。さらに、海洋リザーバー効果は地域ごと

表1　放射性炭素年代結果

試料名	測定 No	δ 13C(‰)	14C 年代（BP）	暦年代（較正年代） 2 σ（95.4% 確率）
A-1	Beta-523579	-17.54	330 ± 30	cal AD 1477-1642 (95.4%)
A-3	Beta-526431	-17.88	350 ± 30	cal AD 1458-1530 (41.2%) cal AD 1538-1635 (54.2%)

に異なり、世界各地における海洋リザーバー効果の地域補正値はデータベース化されている。この補正値を用いて、世界の平均値である四〇〇年から補正する。(21)今回、一号墓の石厨子に納められた人骨Ａ―１とＡ―３の年代値には、海洋リザーバー効果と沖縄周辺における地域補正等が考慮されていないため、年代値をそのまま解釈するのは少し注意が必要である。

（二）安定同位体分析

同位体とは、原子番号は同じだが重さが異なる元素で、炭素には12Ｃと13Ｃの安定同位体が、また窒素には14Ｎと15Ｎの安定同位体が存在する。安定同位体は、自然界ではほぼ一定の存在比で構成されているが、生物では育った環境や摂取した食物の同位体比を反映して僅かに変化することが知られている。植物の同位体比は、その植物が育った環境の同位体比や光合成の種類（Ｃ３植物やＣ４植物）を反映し、動物の同位体比は、摂取した食物や水の同位体比を反映している。つまり、同位体比をその生物が生息した環境を判別する指標として用いることができる。この指標を利用した分析法が「安定同位体分析法」である。炭素安定同位体では、Ｃ３植物（コメ、ムギ、イモなど）は、Ｃ４植物（トウモコロシ、サトウキビ、キビの仲間など）よりも炭素同位体比（13Ｃ／12Ｃ）が小さくなることを利用し、生物がどのような食物を摂取してきたかを推定している。また、窒素安定同位体では、海産物を食べると窒素同位体比（15Ｎ／14Ｎ）が高くなることを利用し、生物がどのような食物を摂取してきたかを推定する。(22)(23)

一号墓の石厨子に納められていた人骨三体について、炭素・窒素安定同位体分析が行なわれた。(24)Ａ―２は人骨コラーゲンが質ならびに量ともに不十分であったため、測定データを求めることはできなかったが、Ａ―１、Ａ―３については結果が得られた（表２）。炭素・窒素安定同位体比をプロットすると、両個体ともに、海産

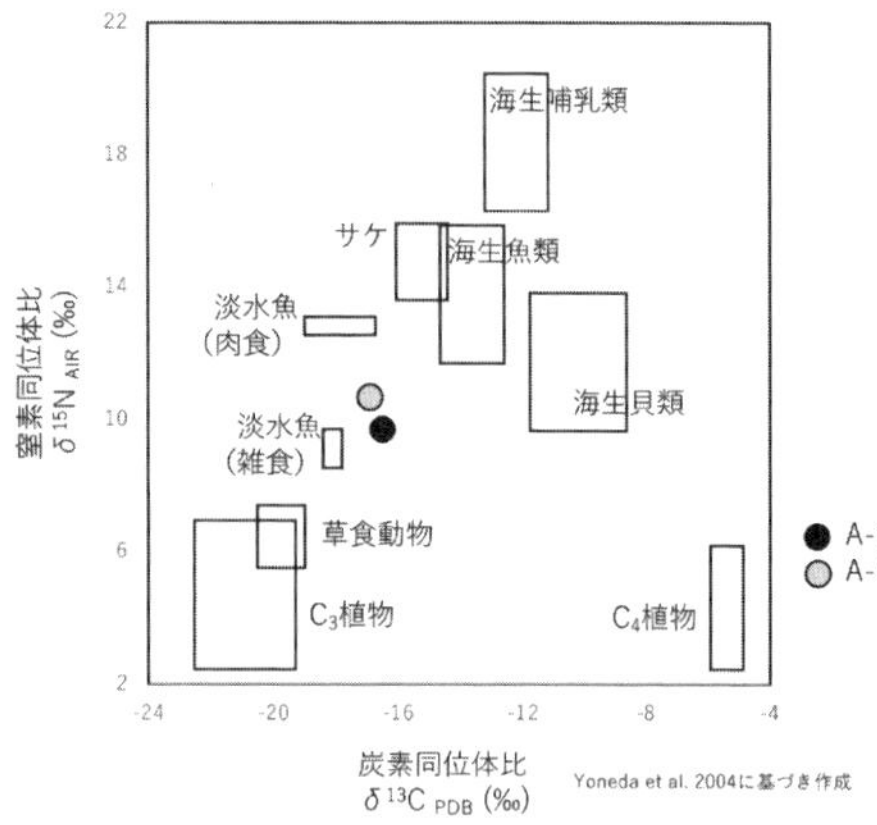

図13　A－1とA－3の炭素・窒素安定同位体比

表2　安定同位体分析結果

試料名	δ 13C (‰)	δ 15N (‰)	C (%)	N (%)	C/N 比
A-1	-17.54	9.10	41.80	15.04	3.2
A-3	-17.88	10.16	42.07	14.85	3.3

魚類と草食動物あるいはC３植物の間にプロットされ、これらの多様な食物資源を組み合わせて利用していた可能性が想定される（図13）。

（三）ＤＮＡ分析

①　核ＤＮＡとミトコンドリアＤＮＡ

私たちのＤＮＡは細胞に存在している。「核」には両親から受け継ぐＤＮＡが常染色体と、ＸやＹといった性染色体の形で格納されている。加えて「ミトコンドリア」という細胞小器官には、母親のみから受け継ぐもうひとつのＤＮＡが存在している。ゲノムは「ある生物をその生物たらしめるのに必須な遺伝情報の総体」と定義されており、核ゲノムサイズは約三〇億塩基であるのに対し、ミトコンドリアゲノムは一六五六九塩基である。一号墓の石厨子に納められていた三体の人骨のＤＮＡ分析では、ミトコンドリアＤＮＡと核ＤＮＡの一部を分析した。

一九六〇年代以降、分子を基盤とした生物系統に関する研究がはじまり、人類進化に関しても分子から進化を探る研究が盛んになったが、研究初期に対象とされたのがミトコンドリアＤＮＡである。細胞内に存在するミトコンドリアＤＮＡは、受精の際に精子に含まれる父親由来のミトコンドリアＤＮＡは失われてしまうため、母親のみから受け継がれる。ミトコンドリアゲノムは小さいが、突然変異率が高いため個人差が大きい、すなわち多様性が大きい。また、核ゲノムとは異なり基本的に組み替えがなく、母から子供、その子供が女性の場合はさらにその子供へと受け継がれていく。したがって、ミトコンドリアＤＮＡはシンプルに母系を追うことのできる「母系遺伝指標」である。

ミトコンドリアＤＮＡの塩基配列を比較することで母系をたどることができる。世界中のヒトに目を向けてみると、塩基配列の類似したものをグループ分けした「ハプログループ」という分類方法がある。今世紀に入って全塩基配列の解析が容易になり、世界中の人類集団の情報がもちいられるようになったことで、多数のハプログループが定義された[25]。その結果、塩基配列の相違から詳細な系統関係を描けるようになった。ヒトのミトコンドリアのハプログループの体系は、アルファベットの大文字で大きな分類を行っている。それぞれの下部には、数字やアルファベットの小文字で細分類されており、例えばＤ５ｂ１ａ１のように細かいサブハプログループになるほど、後ろにつくアルファベットと数字が多く並ぶ。

世界の人類集団で見られるハプログループの種類とその割合を調べると、例えばアフリカ人集団ではハプログループＬが、ヨーロッパ人集団ではハプログループＨが大部分を占めるなどの特徴が見られる。一方アジアでは、多様なハプログループが見られる[26]。現代日本列島人集団で見られるハプログループの種類と割合は多様であり[27]（図14）、東アジア集団の間で共通するものが多い。したがって、このハプログループだから日本人であると断定することは難しいが、日本列島人集団に特徴的なハプログループもある。例えば、Ｍ７ａやＮ９ｂというグループは、縄文人に高い割合で見られるハプログループである[28][29]。アフリカでのＬ、ヨーロッパでのＨ、

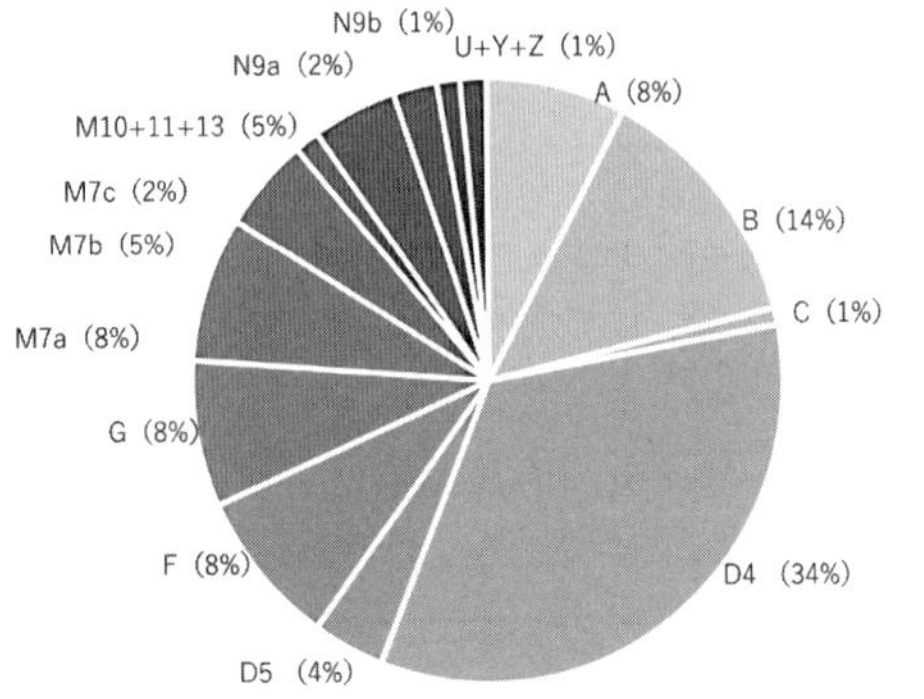

Mizuno et al. 2021 に基づき作成

図 14　現代日本列島人（2,062 名）におけるハプログループの割合

日本でのN9bやM7aなどの特徴的なハプログループは、帰属集団推定のスクリーニングに利用することもできる。

②古代DNA分析

歴史的に初めて、古代DNA分析、すなわち過去に生きていた生き物のDNAを抽出・分析が行われたのは一九八四年に遡る。一九八三年に絶滅し、博物館に保管されていたクアッガ（Quagga）の筋肉からDNAを抽出、分析したのが古代DNA研究のはじまりと言われている。[30] クアッガは、体高一三五㎝程度で、頭の方は縞模様で後ろ半分は茶色一色というウマともシマウマとも言える特徴を持つ動物である。シマウマとウマ科動物との交雑で生まれたものはゼブロイドと呼ばれ、体表には同様の縞模様が現れるが、クアッガの縞模様はゼブロイドではなくクアッガ特有のものである。一九八四年、クアッガから二二九塩基のミトコンドリアDNA情報が取得された。クアッガはウマとシマウマのどちらに近縁かという議論があったが、ミトコンドリアDNA分析の結果、サバンナシマウマの亜種とされた。[31] この当時は、PCR（Polymerase Chain Reaction）法と呼ばれる実験手法を用いて、限られたDNA領域を対象としていた。

その後、分析技術の進歩に伴って今世紀には次世代シーケンサが登場し、並列的に大量の塩基配列情報を取得できるようになったことで古代ＤＮＡ分析も大躍進を遂げた。しかし、全ての試料で分析が成功するとは限らない。その理由は、古人骨などの生物遺骸から抽出したＤＮＡには、いくつかの固有の問題点があるためである。代表的なものは残存ＤＮＡ量が少ないこと、またＤＮＡは断片化されて短くなっていることなどである。このため、次世代シーケンサを用いた初期の古代ＤＮＡ分析では、その対象は極めて保存状態の良い試料に限られていた。例えば、永久凍土から発見された毛髪のケラチン試料や、冷涼な洞窟や石灰岩層といった良好な保存環境から出土した骨試料などである[32][33]。これらは、抽出したＤＮＡの中に、永久凍土から発見された毛髪では八四％、冷涼な洞窟から出土した人骨では七〇％といった極めて高い割合で、目的とするヒトのＤＮＡが含まれていた。一方、日本列島を含む温暖多湿なアジア地域では、ＤＮＡの保存状態は厳しいことが多い。原因は、骨に残存するＤＮＡの量が少ないことに加え、抽出したＤＮＡの大部分は土壌菌等に由来する外因性ＤＮＡであり、目的とするヒトのＤＮＡが微量であることが挙げられる[34]。さらに、日本列島には火山が多いため、火山灰による酸性土壌では骨が残らない、あるいは骨は残っていてもＤＮＡの保存に悪影響を与えている状況がある。実際に日本列島の古人骨を分析してみると、目的とするヒトのＤＮＡは〇・一％未満である状況も多い。

ＤＮＡ保存状態の厳しい人骨では、大量の塩基配列情報を取得可能な次世代シーケンサを用いても、目的のヒト塩基配列情報はわずかしか得られず、分析費用ばかりがかさむことになる。そこで、ターゲットエンリッチメントという手法をカップリングさせる方法が開発された。ターゲットエンリッチメントとは、次世代シーケンサで塩基配列情報を読み取る前に、目的とするＤＮＡを対象にデザインしたベイトを用いてハイブリダイゼーションをおこない、選択的に濃縮する技術である。実験の手順は増えることになるが、塩基配列情報の読み取りと情報解析にかかるコストをカットできるため、解析の効率化が可能である。我々も、まずはミトコンドリアＤＮＡ全長配列の取得を目指して独自のデザインを設計し[35]、改善を続けた結果、ヒトのＤＮＡを〇・〇〇〇六％しか含まない古人骨からでも、目的のＤＮＡ情報を効率的に獲得できるようになった[36][37][38]。現在は、核ＤＮＡをエンリッチメントするためのデザインも多数開発されているが、デザインには一長一短があるため、我々も試行錯誤しながら分析に取り入れている。

今回、一号墓の石厨子に納められていた三体の人骨についても、ターゲットエンリッチメントをカップリングさせた方法でＤＮＡ分析をおこなった。分析に使用した人骨の部位は、側頭骨の錐体部である。現在、ＤＮＡ分析の対象となっている多くは、歯牙や側頭骨の錐体部である。錐体部は耳骨に近い部位でかなり緻密であり、歯牙と同等かそれ以上にＤＮＡの残りが良いとされる[39]。また、錐体部は人骨の内側からサンプリングするため人の手が触れにくく、調査や分析に関わる現代人のＤＮＡ混入（コンタミネーション）も少ないと期待される。そこで、石厨子に納められていた三体とも側頭骨の錐体部を使わせていただいた。錐体部を切り出し粉末化の後、脱灰して溶液にし、タンパク質を除きＤＮＡの精製を繰り返して、ＤＮＡ溶液を得た。なお、このような古人骨ＤＮＡ分析全般についても、所属大学に設置された倫理委員会の承認を得てから実施している。

③ＤＮＡ分析結果

三体ともＤＮＡ抽出が順調に進み、ターゲットエンリッチメントをおこない、次世代シーケンサで数千万本のＤＮＡ断片を取得した。ところが解析を進めていくと、その中に含まれていたヒト由来のＤＮＡ断片はわずか数十本しか得られなかった。これは当該試料に残っていたＤＮＡの大部分が土壌菌などの外因性由来であり、ヒト（本人）のＤＮＡは極めてわずかしか残っていなかったためである。その結果、ミトコンドリアＤＮＡ全長一六五六九塩基のうち三〇～五〇％の情報しか得られなかった。そこで再度分析の機会を得て、同じ個体と判別されたそれぞれの上腕骨から、緻密質が残っていると考えられる部位を分析に使わせていただいた。結果として、上腕骨の方がＤＮＡの保存状態が良好で、今回は三個体ともにミトコンドリアＤＮＡ全長一六五六九塩基のうち、Ａ―１は九九・七％、Ａ―２は九八・三％、Ａ―３は九九・八％と、すべての個体で約九割を決定することができた（表３）。

取得した塩基配列情報からそれぞれのハプログループを決定したところ、Ａ―１は「Ｍ７ａ１ａ」、Ａ―２は「Ｕ５ａ２ｂ」、Ａ―３は「Ｍ７ｃ１ａ」であった。Ｍ７ａやＭ７ｃ系統は、現代の沖縄を含む日本列島人で見られるグループである。前述の通り、特にＭ７ａは日本列島人に特徴的なグループの一つであり、縄文人に由来する特徴的なグループである。[40][41]沖縄本島ではナカンダリヤマ古墓群、具志川グスク崖下遺跡から出土した人骨のミトコンドリアＤＮＡ分析からもＭ７ａが検出されていることから、Ｍ７ａは貝塚時代後期には沖縄に存在するハプログループであると考えられる。[42]一方、大変興味深いことにＡ―２のハプログループはＵ５ａ２ｂであったが、これは日本列島人では見られず、現代のヨーロッパや中央アジアで見られるグループであった。そこで、母系遺伝指標のミトコンドリアＤＮＡだけでなく、父親・母親の両方から受け継ぐ核ＤＮＡを用いた解析も行なった。現在、様々な民族のゲノム情報を解読するプロジェクトが世界中で進められており、アフリカ、ヨーロッパ、アジア、アメリカなどのゲノム情報がデータベース化されている。Ａ―２の核ＤＮＡの一部（二二番染色体）を用いて、共同研究者である東京大学の大橋順

表３　DNA 分析結果

試料名	ミトコンドリア DNA カバー率 (%)	ミトコンドリア ハプログループ	ゲノム性別判定 (性染色体の組み合わせ)
A-1	99.7	M7a1a	男性（XY)
A-2	98.3	U5a2b	男性（XY)
A-3	99.8	M7c1a	男性（XY)

と中伊津美によるアフリカ、ヨーロッパ、アジア、アメリカの核ＤＮＡ情報と比較解析の結果、Ａ―２はヨーロッパ人集団の中に完全に含まれた（未報告）。このことから、Ａ―２は日本人とヨーロッパ人の混血ではなく、沖縄を終焉の地とした「ヨーロッパ人」であることが示された。

さらに、核ＤＮＡに含まれるＸとＹの性染色体情報に基づいた生物学的な性別判定も行なった。人骨の形態情報に基づいた性別判定が行われているが、未成人で形態からの性別判定が難しい場合や、性別判定にもちいる骨の部位が残存していない場合もある。そのような状況においては、ＤＮＡ情報に基づいた生物学的な性別判定が有用である。性染色体情報として得られたＤＮＡ断片数の比率をもちいることによって、XXの組み合わせを持つのか、XYの組み合わせを持つのかで、生物学的な男性か女性かを判定することができる。石厨子に納められていた三体の人骨はいずれもXYの組み合わせを持っていたことから、すべて男性であると判定された。Ａ―１とＡ―２では形態情報から判定された性別と一致していた。Ａ―３は形態情報からの性別判定は難しかったが、ＤＮＡ情報から男性と判定することができた。

以上、石厨子（大清康熙四五との銘）に納められていた三体に関する人骨の分析結果をまとめる。Ａ―１（男性・熟年）とＡ―３（男性・壮年）のミトコンドリアＤＮＡ分析から、ハプログループはそれぞれＭ７ａ１ａ、Ｍ７ｃ１ａであった。これらは現代の日本列島や朝鮮半島ならびに中国大陸で数％以上の割合で観察される。興味深いことに、Ａ―２（男性・壮年）はＵ５ａ２ｂというハプログループで、東アジア集団では見られずヨーロッパ系集団に特徴的なタイプであった。さらに、両親から受け継ぐ核ＤＮＡ分析からもＡ―２はヨーロッパ人であることが示された。すなわち「沖縄で終焉を迎えたヨーロッパ人が在地の人と同様に葬られていた」ことが示唆された。なお、Ａ―２の放射性炭素年代ならびに炭素・窒素安定同位体分析に適するコラーゲンは抽出できなかったため、他の二体と同じ時代に生きた人物であったのか、どのような食性をもつ人物であったのかは今後の課題である。

おわりに

沖縄県南城市玉城字富里神座原に存在した古墓群からの出土人骨を対象に、分析方法やその結果を紹介してきた。最後に、大名家の墓所から出土する人骨に関して、ＤＮＡ分析からどのようなアプローチが可能か、現在進めている研究を含めて以下に紹介する。

大名家の墓所は、江戸や領国等の複数箇所に選定・建墓される場合が多いが、歴代当主やその妻子などの複数の近縁者が、ある程度まとまった場所に埋葬されていることが通常であろう。墓所の発掘調査等においてこれらの遺骸が取り上げられる場合、家系図に基づいた血縁関係の検証をＤＮＡ分析から行うことができる。また大名家においては、後嗣がいない場合に宗家と分家や支藩との間で養子を取り交わして対処することがあるが、もしそれぞれの墓所の遺骸の調査が可能であれば、さらに範囲を広げた形で親族関係に関するＤＮＡ分析を行うことができる(43)。

母系の血縁関係の検証や出自の推定にはミトコンドリアＤＮＡ情報を、父系の血縁関係にはＹ染色体情報を利用する。さらに、父親と母親の両方から受け継ぐ常染色体の膨大なＤＮＡ情報を使うと、「近親度」を推定することも可能である。医学的に用いられる「近親」は、法律などで主に用いられる「親等」とは定義が異なり、自分と同じ遺伝子を二分の一持っている者（両親・同胞・子ども）を第一度近親、四分の一持っている者（祖父母・叔父・叔母・甥・姪・孫）を第二度近親、八分の一持っている者（いとこなど）を第三度近親と呼ぶ。

二者の間でＤＮＡ情報を共有する度合いによって、相互の関係を推定できる。現在、我々が進めている例としては、縄文時代遺跡から出土した人骨がある。折り重なるように隣り合わせに埋葬されていた二体の人骨の核ＤＮＡ情報を用いて近親度推定を進めているところで、今後は年代情報、埋葬順序、埋葬法を考慮して精査していく予定である。なお、本稿で紹介した伝・三浦按針墓、神座原古墓群の人骨のＤＮＡ分析にあたっては、所属大学医学部の倫理委員会の承認を得た上で実施しているが、現存子孫の方がおられる場合は、関係者に研究内容に関する説明をした上で了承を得るという手続きを進めることになる。

神座原古墓群からの出土人骨については、骨コラーゲンの炭素・窒素安定同位体比を用いた食性分析をおこなった。この分析からは、摂取した物に関する情報が得られるが、その解像度は「食した物を合体した値」であり、摂取した物個々の同定は不可能である。それに対し、人骨の歯石内に残されているＤＮＡを分析することによって、食した（口腔内で咀嚼した）物の同定が可能である。こちらも現在、我々が進めている研究の一つである。歯石とは、食べ物の残りカスが歯の表面に付着した歯垢が石灰化したものであり、歯石に残されたＤＮＡの保存性は高いことが知られている。[44][45] 歯石に残されていることは口腔内で咀嚼した物、すなわち食した物である直接的な証拠である。歯石から抽出したＤＮＡは、歯石に含まれるＤＮＡ分子のプールであるが、次世代シーケンサではＤＮＡ分子を個々に分離した状態で分析するため、多種多様な食物の混在物からでも個々のＤＮＡ分子が由来する生物種を同定できる。したがって食した物のレパートリーを明らかにできる。

また、歯石ＤＮＡに含まれる口内細菌叢に関する解析も進めている。口内細菌叢の構成は個人によって様々な違いがあり、虫歯や歯周病との関連があるため、その時代背景や生活環境に関する重要な示唆を与えてくれる。[46] このように歯石ＤＮＡ分析は、食性だけではなく当時の生活文化を明らかにするためにも有用であり、大名墓の被葬者に応用することができれば、この階層の生活の実態を解明するために大いに役立つと考えられる。

さらに、骨に現れる病変から疑われる感染症、遺伝病などに関してもＤＮＡ分析と合わせて考察することで、その人が生前に罹患していた疾患など、[47][48]死因の究明にも示唆を与えることができる。科学分析を組み合わせることで、個別のケースに応じた様々なアプローチが可能になり、今後はますます多分野の協働によって新しい知見が明らかになっていくと期待される。

最後に、執筆の機会を与えていただいた松原典明先生、ご指導いただいた黒崎久仁彦先生に深く感謝申し上げます。

写真：松下孝幸編　二〇二四刊行予定「神座原古墓群出土の古人骨」より

註

1　Mizuno F., et al. Population dynamics in the Japanese Archipelago since the Pleistocene revealed by the complete mitochondrial genome sequences. Scientific reports,11.1: 12018. 2021.

2　松下真実、塩塚浩一、松下孝幸　二〇二一「長崎県平戸市伝・三浦按針墓出土の人骨」『土井ヶ浜遺跡人類学ミュージアム研究紀要』第一六号。

3　黒崎久仁彦・水野文月　二〇二二「V 遺骸と科学分析—三浦按針の遺骨分析から—」『松原典明編、坂詰秀一監修、近世大名の葬制と社会』雄山閣。

4　宮永孝　一九九七「ウィリアム・アダムズの埋葬地は平戸か」『社会労働研究』四三巻三・四号　八七—一一五頁　法政大学社会学部学会。

5　松下孝幸、松下真実　二〇二二「第九章　伝三浦按針墓出土の人骨を鑑定して」『森良和、フレデリック・

6　クレインス、小川秀樹編　三浦按針の謎に迫る - 家康を支えたイギリス人臣下の実像』玉川大学出版部。
Mizuno F., et al. A biomolecular anthropological investigation of William Adams, the first SAMURAI from England. Scientific Reports, 10.1: 1-7. 2020.
7　西平剛　二〇二四刊行予定「神座原古墓群の概要、第三章　遺構と遺物」『松下孝幸編　神座原古墓群出土の古人骨』。
8　註7と同じ。
9　註7と同じ。
10　註7と同じ。
11　註7と同じ。
12　註7と同じ。
13　宮城弘樹　二〇二二「Ⅲ墓制から紐解く近世琉球社会」『松原典明編、坂詰秀一監修、近世大名の葬制と社会』雄山閣。
14　註13と同じ。
15　註13と同じ。
16　松下孝幸、松下真実、水野文月、植田信太郎　二〇二四刊行予定「沖縄県南城市神座原古墓群出土中・近世人骨」『松下孝幸編　神座原古墓群出土の古人骨』。
17　坂本稔　二〇一九「放射線ＲＩ室」『炭素年代法と較正年代』一二月号　No.七六六。
18　註17と同じ。
19　註16と同じ。

20 日下宗一郎　二〇一八「古人骨を測る　同位体人類学序説」京都大学学術出版会。
21 註20と同じ。
22 註20と同じ。
23 Yoneda M., et al. Isotopic evidence of inland-water fishing by a Jomon population excavated from the Bojo site, Nagano, Japan. Journal of Archaeological Science, 31: 97-107. 2004.
24 註16と同じ。
25 van Oven, M. PhyloTree Build 17: Growing the human mitochondrial DNA tree. Forensic Science International: Genetics Supplement Series, 5: e392-e394. 2015.
26 Yamamoto, K., et al. Genetic and phenotypic landscape of the mitochondrial genome in the Japanese population. Communications Biology, 3.1: 104. 2020.
27 註1と同じ。
28 Mizuno, F., et al. A study of 8,300-year-old Jomon human remains in Japan using complete mitogenome sequences obtained by next-generation sequencing. Annals of Human Biology, 47.6: 555-559. 2020.
29 Mizuno, F., et al. Diversity in matrilineages among the Jomon individuals of Japan. Annals of Human Biology, 50.1: 324-331. 2023.
30 Higuchi, R., et al. DNA sequences from the quagga, an extinct member of the horse family. Nature, 312.5991: 282-284. 1984.
31 註29と同じ。
32 Gilbert, M. T P., et al. Paleo-Eskimo mtDNA genome reveals matrilineal discontinuity in Greenland.

Science, 320.5884: 1787-1789. 2008.
33 Reich, D., et al. Genetic history of an archaic hominin group from Denisova Cave in Siberia. Nature, 468.7327: 1053-1060. 2010.
34 Jans, M M., et al. Characterisation of microbial attack on archaeological bone. Journal of Archaeological Science, 31.1: 87-95. 2004.
35 Kihana, M. and Mizuno, F., et al. Emulsion PCR-coupled target enrichment: An effective fishing method for high-throughput sequencing of poorly preserved ancient DNA. Gene, 528.2: 347-351. 2014.
36 註１と同じ。
37 註28と同じ。
38 註29と同じ。
39 Gamba, C., et al. Genome flux and stasis in a five millennium transect of European prehistory. Nature communications, 5.1: 1-9. 2014.
40 註１と同じ。
41 註29と同じ。
42 篠田謙一　二〇一五「ＤＮＡで語る日本人起源論」岩波現代全書。
43 註３と同じ。
44 Cristiani, E., et al. Dental calculus reveals Mesolithic foragers in the Balkans consumed domesticated plant foods. Proceedings of the National Academy of Sciences, 113.37: 10298-10303. 2016.
45 Akcalı, A., and Niklaus P. L. Dental calculus: the calcified biofilm and its role in disease

development. Periodontology 2000, 76.1: 109-115. 2018.

46 Sawafuji, R., et al. Ancient DNA analysis of food remains in human dental calculus from the Edo period, Japan. PLOS ONE, 15.3: e0226654. 2020.

47 Warinner, C., et al. Pathogens and host immunity in the ancient human oral cavity. Nature genetics, 46.4: 336-344. 2014.

48 Weyrich, Laura S., et al. Neanderthal behaviour, diet, and disease inferred from ancient DNA in dental calculus. Nature, 544.7650: 357-361. 2017.

あとがき

二〇二一年に近世大名墓の新視点1『墓からみた近世社会』、二〇二二年に同2『近世大名の葬制と社会』と題して各地の大名家並びに有縁の人々の墓所や、それに纏わる習俗などに視点を当て、社会の側面を具体的に明らかとすることを意図してきた。大名の墓は、考古学的な発掘調査によって明らかに出来るケースは稀であり限定的である。かかる中で、如何に大名の墓とその被葬者、そして「イエ」を歴史的に位置付けられるかということに注視して頂いた。

具体的には、各家の系譜と墓碑・標に刻まれた銘の確認との対照を通じ、明らかになる被葬者との婚姻関係や姻戚関係と墓所の関係に言及して頂いた。というのも、この作業は、今後、各地における大名墓や有縁の人々の墓所を保存・活用・歴史的位置付けを行う場合において、最も基礎的重要なデータ作りであると理解しているからである。また墓所形成は、相続と直結しており「イエ」継承に関わる。継承が如何に行われたかを解明することが藩政や幕府との政治的な関係性を示すことに繋がると考えている。

以下、限られた紙数であるので、各執筆者の論点や詳細については各執筆者本文に拠って頂き、ここでは、全体の構成とその意図について若干触れ「あとがき」とさせて頂きたい。

Ⅰ「大名家の葬制と親族形成」では、先述したように、大名家における「死」は、相続・親族形成が前提となり、継承が可能になる。幕府は、血縁原理に基づく継承だけを重視したものの、実現は難しく、「家」の継承は難しく、改易になる「家」も多かった。そのために血縁によらない擬制的な養子縁組による継承を許可し安定的継承を求めることで幕藩体制の維持を考えた。この結果、擬制的な血縁関係による相続は、血縁という確実な裏付けがない中で「家」を継承することについて疑念を抱かせないために何らかの形で正統性をアピールが必要であったと思われる。そのために継承の手続きとして墓所における承継祭祀が重要であったと思われる。つまり、継承者（祭主・施主）は先代に倣い墓所造営を行った結果、同様式の墓所景観が成立したと思われる。この継承祭祀こそ、儒教的な思惟が反映された結果であろうと思う。

村上達哉先生は、丹党武士に由来する「直張系中山家」の親族形成と菩提寺である飯能市能仁寺における墓所造営について悉皆的な墓碑の調査に基づいて纏めて頂いた。

北脇義友先生は、「加賀藩主前田家の死と埋葬」と題して、加賀藩と支藩である富山藩・大聖寺藩における藩主の死と埋葬について家譜など文献記録との比較研究である。加賀藩では、藩記録から六代藩主宗辰の死亡から幕府提出の記録（寛政重修諸家譜）と墓碑に刻まれた没年月日に齟齬が確認できるが、この齟齬について六代以降の藩主の死に至る経緯を確認し、相続との関係に言及された。また、富山藩・大聖寺藩における藩主の死亡と家譜と墓碑に刻まれた没年月日との齟齬に言及され「二つの死亡日」と相続との関係の関連に言及されている。藩存続のための急養子事情と葬送・造墓との関連が興味深い。

編者は、「近世京極家の祖先祭祀と墓所造営」と題し、近世初期京極家は、転封を余儀なくされるが、どの様に「イエ」を存続継承し、藩主の墓所をどのように造営したかについて各転封地に遺る墓所と墓碑を資料として墓所造営祭祀の実態と幕府との関係について触れると共に、近世初期の高野山における祭祀の意味づけについて纏めている。

乾貴子先生は、「美作国津山藩主森家・松平家の墓所・菩提寺について」と題して歴代藩主と菩提寺の関係や現存する墓所の実相について纏めていただき、初期津山藩の森家における二代藩主森長継の祭祀継承の位置付けと、一八世紀に津山藩を治めた松平家の継承と墓所造営について特に徳川家との関係を中心に纏めていただいた。さらに初期津山藩森家における葬祭の背景には藩主の思想的な傾倒が隠元隆琦への帰依から始まる黄檗宗との関連が重要である点を強調されている。また津山松平家八代藩主斎民の祭祀継承の意識形成に儒臣昌谷精渓と師匠である佐藤一斎からの思想的影響について言及された。

下高大輔先生は細川家の国元における墓所の成立について「熊本藩細川家墓所成立考―国元墓所空間形成過程の再検討―」と題して肥後における墓所造営について、既往の考古学的調査研究や文献史学の成果なども踏まえた上で、これまでに示されてきた国元の「四つの御廟」の年代的な位置づけについて再検討された。藩主の墓石の形態的研究と『藩主幷一門連枝墳墓帳』（寛政六年〈一七九四〉以降作成か）に着目し再検討した結果、葬地に造立された五輪塔は「御墳墓」と位置付け、異形五輪塔を「御位牌」と位置付けている文献史料が重要である点を指摘した。また三章に既往の調査・研究の課題が六点示され「四つの御廟」の成立の再検討の必要性が強調され、石塔の石質の違いや五輪塔の形態的な異同などの検証から墓所の形成の再検討が示されており、新見解と言えよう。

以上、各筆者の論考は、大名家における墓所造営は、「イエ」の親族形成と密接に関わっていることが明らかにされおり、歴代の葬祭儀礼が墓所構造や形成に端的に示されていることを示唆されており、今後、改めて国元における藩主の葬送・葬制研究の重要性が喚起されたのではなかろうか。

Ⅱ「儒者の葬制」では、阿南大輔先生によって江戸期前半、武家社会を中心に広く儒教敷衍の過程で、大きな影響力を果たした中心的人物である人見友元とその一族の墓所の儒教に基づいた葬制の復元的研究を示して頂いた。中でも興味深いのは、水戸家と人見家との関係についてこれまで伯父で水戸家の儒者であった人見卜幽軒との関係は指摘されてきたが、卜幽軒とその子供である懋斎の墓所についてはこれまであまり触れられることがなかった。卜幽軒は、当初不忍池西畔に墓所があったが、懋斎によって水戸藩初代藩主の義母英勝が院創建した英勝寺境内地の一角に改葬された。今回この論考では、英勝寺に水戸光圀も延宝二年（一六七四）に滞在していた点に触れ、光圀に重用された卜幽軒との関係性が示され、懋斎による水戸家所縁の地に改葬が行われ両名の墓所が営まれた点が明快に論述されている。さらに彼らの墓碑型式採用の背景には朱舜水と竹洞（友元）との親交の影響があったことに付いて言及されている。

Ⅲ「東アジア研究への視点」では、韓国中清南道歴史文化研究院の金炳完先生がご寄稿下さいました。昨年一〇月二七日、「生命誕生文化の象徴、朝鮮の加封胎室、世界遺産を夢見る！」と題して韓国ソウル市内の江南地区の漢城百済博物館を会場として胎室研究のシンポジュームが開催された。このシンポジュームは京畿道文化遺産課・慶尚北道文化遺産課・忠清南道文化遺産課・忠清北道文化芸術産業課と忠清北道文化財研究院が主催で、加封胎室を世界遺産化するための取り組みとし実施されたものである。この学術シンポにおいて中心的役割を果たされた一人が金先生であった。編者は、李芝賢先生の紹介でシンポに参加ができ、かかる中で、エクスカケーションを通じ、様々な韓国の胎室を学んだ。韓国における胎室研究については、前回刊行した『近世大名の葬制と社会』（二〇二一、雄山閣）で韓国胎室研究所所長・蔚珍鳳坪里新羅碑展示館管長の沈賢容先生に「朝鮮王室胎室の立地と構造」と題してご寄稿頂いた。沈先生は、今回のシンポでもパネラーで基礎的な胎室研究の現状と課題について発表されており大変学びが多かったことを思い起こしている。シリーズ三冊目では、金先生によって朝鮮王朝の加封胎室造営における思想的な点について、八角形図像学的な視点から仏教との関連について明快に纏めて頂いた。中でも、胎室に用いられた石造物の図像を整理し、八角図像は仏教に由来し、具体的には僧侶の墓塔や朝鮮王陵の石造物に類似する点と相違点があることをを論じ、その相違の背景は、胎室が、胎児の誕生以前に形成される胎盤を埋葬した施設（誕生儀礼に関連する施設）である点を踏まえ、欄干などの様式が開花前の蓮花を意識した可能性を指摘しており、これまでの胎蔵界曼荼羅の中台八葉院を象徴的に立体化させたとする説に加えて新視点であり、建築学を専門とした文化財修復に日々携わっている筆者ならではの発想と言えよう。今後の研究の展開が興味深い論考である。

編者は、韓国の胎室のシンポにパネラーとして参画する中で、大名家墓所と朝鮮加封胎室造営における意識が共通している点に着目してみた。しかし、朝鮮半島の胎室文化については門外漢のために言及は出来ないが、近世大名家あるいは武家における日本習俗上の胞衣納めについては中村禎里『胞衣の生命』（鳴海社、一九九九）横井清氏『的と胞衣』（平凡社、一九八八）を代表とした一連の先行研究を参考に「胞衣を納める」行為は、生命の誕生と穢れ、あるいは相続、家の継承に直結する行為である点に着目して、「納める」行為が死者を葬り復活を願う儀礼とも共通することに着目し、誕生儀礼に用いられる品々のうち、「あまがつ」が夭逝した子供や胎児、女性の墓の埋葬品などに確認できる点を指摘し、儒教的な復魄に対する意識を示す副葬品として位置付けられる点を言及した。「胞衣納め」という生命誕生の儀礼に用いた品々が、死者を葬る儀礼の中に副葬品として取り入れられていることは、復活を願う来世への意識が込められているのではないかという点を言及した。近世社会の誕生や死への精神的な意識の変化の一端が示されているものと解釈している。

Ⅳ「大名墓研究と学際的研究の連携」では、前回の近世大名墓の新視点2で東邦大学医学部法医学講座の黒崎久仁彦・水野文月両先生による近世大名墓調査における遺骸の科学分析の有効性と可能性を示して頂いた。既に歴史的な人物である（伝）三浦按針墓埋葬遺骸の個人識別分析に触れて頂き、その成果を披瀝して頂いた。既に知られている三浦按針ことウィリアム・アダムスは英国人であったことと、発掘調査によって得られた遺骸の科学分析を通して形態学的所見から西洋人と捉えられ、人骨のミトコンドリアDNA分析においても西ヨーロッパ集団に特徴的なタイプで、人骨のコラーゲンを用いた放射性炭素年代においても矛盾がなく、出土人骨がアダムスの遺骸である蓋然性が高いことに言及して頂き、多角的な分析・視点の必要性を示して頂いた。

今回は、同視点の第二弾として、黒崎久仁彦先生を通じ、東邦大学医学部法医学講座・水野文月、NPO法人人類学研究機構・松下真実両先生にお願いして頂き「遺骸と科学分析 2 ―沖縄県南城市神座原古墓群の人骨分析から―」と題して、琉球国の独特の葬制の内、厨子に納められた古人骨の分析を通じ、被葬者像の手がかりを得ることを目的とし、人骨の形態学的分析・年代測定・食性分析・DNA分析の結果を中心に論じて頂いた。特に、DNA分析結果から共同研究されている東京大学（大橋順・中伊津美）の分析結果をもとにアフリカ・ヨーロッパ・アジア・アメリカの核DNA情報との比較から沖縄を終焉の地とした「ヨーロッパ人」であるという結果が提示されていて驚かされる。日本に辿り着いたヨーロッパ人が沖縄独特の風葬から厨子への納骨という葬制によって納められた点は、没年を示すと思われる厨子銘文の「大清康熙四五年〈一七〇六〉」との関係の追及によって歴史学で何らかの言及が出来る可能性が遺されているのであろうかと、興味深い。これらの医学的な多角的分析から得られた視座の有効性は、今後の墓所とその被葬者の人物像をより理解することへ可能を示していただけものとして極めて重要であると認識したところである。今後もこの学際的研究について連携的研究の可能性を大いに模索できればと考えている。

令和六年甲辰　編者

執筆者紹介（各章順）

刊行にあたって

坂詰秀一《さかづめひでいち》

（立正大学特別栄誉教授・石造文化財調査研究所顧問）

Ⅰ　大名家の葬制と親族形成

村上達哉《むらかみたつや》（飯能市立博物館）

北脇義友《きたわきよしとも》（備前市立伊里中学校）

松原典明《まつばらのりあき》（編者紹介）

乾《いぬい》　貴子《たかこ》（津山市観光文化部文化課文化財保護係）

下高大輔《しもたかだいすけ》（熊本市立熊本博物館）

阿南大輔《あなみだいすけ》（大分県庁）

豊田徹士《とよたてつし》（豊後大野市役所）

Ⅱ　アジア研究の視点

金《きむ》　炳完《びょんわん》（忠清南道歴史文化研究院 研究員、

韓国伝統文化大学校 文化財修理技術学科 博士課程）

松原典明《まつばらのりあき》（編者紹介）

Ⅲ　大名墓研究と学際的研究の連携

水野文月《みずのふづき》（東邦大学医学部法医学講座講師）

松下真実《まつしたまさみ》（NPO 法人人類学研究機構）

■監修者紹介

坂詰秀一（さかづめ ひでいち）

立正大学特別栄誉教授。
1936 年東京都生まれ。
立正大学大学院文学研究科（国史学専攻）修了。文学博士。
立正大学文学部教授、立正大学名誉教授。

主要編著書に『歴史考古学の視角と実践』（1990、雄山閣出版）、『太平洋戦争と考古学』（1997、吉川弘文館）、『釈迦の故郷を掘る』（編著、2015、北隆館）、『日本歴史考古学を学ぶ』〈3 巻〉（共著、1983 ～ ‘86、有斐閣）、『論争学説日本の考古学』〈7 巻〉（共編著、1986 ～ ‘88、雄山閣出版）、『仏教考古学事典』（編著、2003、雄山閣、2018 新装版）、『新日本考古学辞典』（共編著、2020、ニューサイエンス社）、『転換期の日本考古学－1945～1965 文献解題－』（雄山閣、2021）、『仏教の考古学』上・下巻（2021、雄山閣）、『墓からみた近世社会』（監修、2021、雄山閣）、『近世大名の葬制と社会』（監修、2022、雄山閣）など。

■編者紹介

松原典明（まつばら のりあき）

石造文化財調査研究所代表。
1960 年京都府生まれ。
立正大学大学院文学研究科博士後期課程中退。

主要編著書に『近世宗教考古学の研究』（2009、雄山閣出版）、『石造文化財への招待』（共著、2011、ニューサイエンス社）、『近世大名葬制の考古学的研究』（2012、雄山閣）、『別冊季刊考古学 20　近世大名墓の世界』（共編著、2013、雄山閣）、『近世大名葬制の基礎的研究』（編著、2018、雄山閣）、『近世大名墓の考古学－東アジア文化圏における思想と祭祀』（編著、2020、勉誠出版）、『墓からみた近世社会』（編著、2021、雄山閣）、『近世大名の葬制と社会』（編著、2022、雄山閣）など。

2024 年 2 月 25 日初版発行　　《検印省略》

近世大名家《きんせいだいみょうけ》 墓《はか》の形成《けいせい》と背景《はいけい》

監　修　坂詰秀一（立正大学特別栄誉教授・石造文化財調査研究所顧問）
編　者　松原典明（石造文化財調査研究所代表）
発行者　宮田哲男
発行所　株式会社　雄山閣
〒 102-0071 東京都千代田区富士見 2-6-9
TEL 03-3262-3231 FAX 03-3262-6938
振替 00130-5-1685
https://www.yuzankaku.co.jp
印刷・製本　ティーケー印刷株式会社

N.D.C. 210　280p　21cm
ISBN978-4-639-02966-3　C0021